RUSSIAN
EMPIRE

白建才 著

俄罗斯帝国

罗马与蒙古传统的融合体

中国国际广播出版社

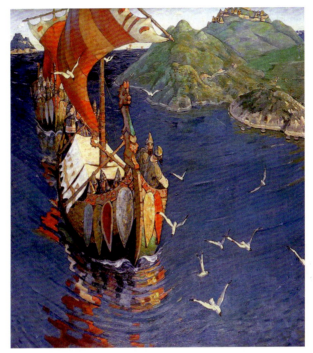

描绘瓦良格人应邀为王的画作《海外来的客人》

描绘"基辅受洗"的油画

油画《伊凡三世撕毁金帐汗国索要贡赋的国书》

油画《伊凡雷帝杀子》

油画《莫斯科使团邀请米哈伊尔·费奥多罗维奇·罗曼诺夫就任沙皇》

油画《近卫军临刑的早晨》

彼得大帝半身像

亚历山大一世戎装骑马像

油画《亚历山大一世率领反法联军通过巴黎凯旋门》

油画《亚历山大二世发布解放农奴诏书》

俄罗斯帝国大国徽（1882 年至 1917 年版）

描绘十月革命的画作《布尔什维克》

前　言

在迄今为止绵延数千年的世界文明史上，曾经出现过许多大大小小独霸一方、称雄一时的帝国。它们为世界文明的发展既创造过令人炫目的辉煌成就，又带来过令人切齿的巨大灾难。它们的兴衰更替构成了世界文明史的重要内容，它们为人类社会留下了丰厚的文化遗产。本书所要介绍的便是其中之一——俄罗斯帝国。

提起俄罗斯，人们并不陌生。打开世界地图，首先映入人们眼帘或最引人注目的便是俄罗斯。它像一只巨大无比的北极熊横卧在欧亚大陆北部，令人肃然起敬，令人望而生畏，令人浮想联翩……人们也知道，这块辽阔无垠的土地上曾经爆发著名的十月革命（1917），建立过世界上第一个社会主义国家，改变了整个世界历史的面貌，开创了人类历史的新纪元；曾经打败过“武装到牙齿”的德国法西斯的野蛮侵略，为世界反法西斯战争的胜利做出了巨大贡献；70多年后，这个国家又分崩离析，使多少人弹冠相庆，又使多少人扼腕叹息。人们都知道，这块土地上曾诞生过罗蒙诺索夫、普希金、列夫·托尔斯泰、高尔基、柴可夫斯基、列宾、列宁等许许多多举世闻名的杰出科学家、文学家、艺术家、革命家。但说到俄罗斯帝国，说到它是如何诞生、发展、强盛、衰落直至灭亡的，知道的人就不多了。本书将向读者展示这一切。

其实，在鼎盛时期，俄罗斯帝国囊括的土地和人口比现今的俄罗斯要大得多。1914年，俄罗斯帝国加入第一次世界大战时，其领土总面积达2280万平方千米，占据欧洲的1/2和亚洲的1/3，相当于世界陆地面积的1/6，人口达1.69亿。而俄罗斯现今的领土面积为1709.82万平方千米，人口为1.46亿（2020），分别比俄罗斯帝国减少了500多万平方千米和2000多万人口。俄罗斯帝国堪称世界历史上众多帝国中最大的帝国之一。

然而，俄罗斯帝国的形成并非一蹴而就的，而是经历了一个漫长的过程。如果从最早的俄罗斯国家——公元882年建立的基辅罗斯算起，到1721年正式称帝国，经历了839年；如果从1263年建立的莫斯科公国算起，也历时458年，但其领土的膨胀速度却是惊人的。基辅罗斯建立时领土只包括小城堡基辅以及周围的一小块地方，100年后其版图已扩展至西起喀尔巴阡山，东迄顿河，北达波罗的海南岸，南抵黑海北岸，面积约为100万平方千米。莫斯科公国建立之初，面积约为1300平方千米，领土仅包括莫斯科城堡及周围的一片林地，真可谓"小国寡民"。但200多年后，到俄罗斯统一国家形成之时，其疆土已北达白海，南至奥卡河，西抵第聂伯河上游，东到乌拉尔山脉，面积达280万平方千米，成为欧洲版图最大的国家。此后，俄国的领土继续成倍增加，巅峰时期达2500万平方千米（19世纪70年代）。这种领土扩张速度，在世界各国的历史中实属罕见。

俄罗斯帝国如此庞大的版图是通过各种手段获得的。从莫斯科公国到俄罗斯帝国的历代统治者，似乎都有一种扩张领土的嗜好或无穷的贪欲。他们为了扩疆拓土，采用各种手段，或不惜屡屡发动战争，或派出殖民者逐步蚕食，或伙同几个强国瓜分，或威逼利诱私自侵吞，或狐假虎威伸张势力，或乘人之危趁火打劫，可谓无所不用其极。首先，他们这样做是为了满足其统治阶级——贵族地主穷奢极欲的腐朽生活的需要和对财富的贪欲。俄国实行落后的封建农奴制，严重束缚生产力和经济的发展，他们便通过不断扩张领土、掠夺别国财富的办法来满足其需要和贪欲。其次，他们这样做是为了建立大国霸权地位，为俄国的发展获取更有利的条件和利益。最后，不能不提到的是，俄罗斯统一国家是在连绵不断的战争中孕育形成的。从基辅罗斯建立到莫斯科大公国统一罗斯全境这 700 多年的历史中，俄罗斯几乎始终处于战火之中，这就铸造了俄罗斯人勇武好斗的性格。这个国家如同登上了一辆飞奔疾驰的战车，不到精疲力竭，难以停下来。可以断言，如果不是革命风暴摧垮了俄罗斯帝国，如果仍然有机可乘，俄罗斯帝国的统治者是不会满足于已经获得的庞大版图的，他们必将继续扩张下去，直至统治全世界。彼得大帝和叶卡捷琳娜大帝都曾绘制过称霸世界的蓝图。

到 19 世纪上半叶，俄罗斯经过几百年持续不断的扩张，经过历代君主苦心孤诣的经营，已建成一个庞大的帝国，成为欧洲大陆的霸主。它凭借着辽阔无垠的疆土和雄厚的军事实力，打败了气焰骄横、不可一世、控制着大半个欧洲的一代枭雄拿破仑，创造了一时无与伦比的辉煌。而后，沙皇亚历山大一世又越出国境，挥师西征，绞杀了拿破仑帝国，把一顶顶被拿破仑打落在地的王冠重新戴到了欧洲各国封建君主的头上，重新把他们扶上国王宝座。最终，轮到俄罗斯帝国皇帝亚历山大一世耀武扬威、不可一世了，欧洲各国封建君主俯首帖耳听命于他，这位俄罗斯帝国皇帝颐指气使，挥斥方遒。此后，俄罗斯帝国不仅是欧洲大陆的霸主，也开始充当欧亚大陆的"宪兵"和

"消防队"，哪里发生革命，便到哪里去镇压；哪里燃起烈火，便到哪里扑灭，它扮演了世界近代史上独一无二的角色。

俄罗斯帝国貌似强大，其实是一个外强中干的泥足巨人，是一个纸老虎。17世纪以来，当西欧、北美一些先进国家和地区已进入资本主义发展时代，当自由与民主的浪潮滚滚而来的时候，沙皇俄国却不断在强化农奴制和专制统治。在这里，沙皇至高无上，拥有绝对权力。占全国人口绝大多数的农奴被束缚在地主、宫廷和国有土地上，没有人身自由，承担着沉重的劳役，还可被任意惩罚、买卖。彼得大帝、叶卡捷琳娜大帝等"开明君主"进行过一系列改革，但他们都进一步强化了农奴制。俄罗斯帝国的内部发展与时代潮流太不合拍了，这就使得沙皇俄国内部矛盾重重，农民起义、民族起义不断发生，它成为欧洲农民起义最多的国家。1667年，沙皇俄国在法律上固定农奴制后仅仅18年，就发生了17世纪规模最大的农民起义——斯杰潘·拉辛起义，它可以说敲响了农奴制的第一声丧钟。

反对农奴制和沙皇专制制度的不只是农民。1825年12月，正当俄罗斯帝国在欧洲充当镇压革命的"宪兵"之时，后院起火。一批深受西欧自由民主思潮熏陶的先进贵族青年为在俄国实现自由民主，不惜抛头颅、洒热血，举行了著名的十二月党人起义。它标志着俄罗斯帝国的根基开始动摇，农奴制和专制制度出现了危机。1853年至1856年，沙皇俄国在克里木战争中惨败，不仅使俄罗斯帝国丧失了欧洲霸主的地位，也充分暴露了俄国农奴制与沙皇专制制度的腐朽。克里木战争惨败的教训、国内不断加剧的反抗斗争，迫使沙皇亚历山大二世进行了一系列改革，废除了农奴制，实行地方自治，改革司法、军事、教育等。

　　这一系列改革加快了俄国资本主义的发展和向现代化迈进的步伐，也培育了俄罗斯帝国的掘墓人。其时，欧美先进国家已由自由资本主义过渡到垄断资本主义，一种新的更加革命的学说——马克思、恩格斯创立的共产主义学说也已广泛传播，开始由"幽灵"转为实践。在俄国，自由民主思想已深入人心，马克思主义的和风也渐渐吹来。俄罗斯帝国的人民要求的不是沙皇政府在保留沙皇专制制度前提下所做出的微小让步、所进行的不彻底的改革，而是彻底废除农奴制和沙皇专制制度，在资本主义发展过程中所诞生的无产阶级更是这一立场的坚决支持者和捍卫者。这是一个剧烈动荡的时代，一个英雄辈出的时代。革命民主派、民粹派、君主立宪派、马克思主义者，八仙过海，各显其能。1904 年至 1905 年的日俄战争和 1914 年沙皇俄国参加的第一次世界大战更是彻底暴露了俄罗斯帝国的落后腐朽，激化了国内的各种矛盾，也给革命人士提供了有利时机。俄国无产阶级和广大人民群众于 1905 年至 1907 年发动了第一次资产阶级民主革命，进行了一场革命的"总演习"，他们之后于 1917 年 2 月再次发动革命，一鼓作气推翻了沙皇专制制度，建立了民主政权。腐朽的俄罗斯帝国寿终正寝，俄国历史揭开了新的一页。

目录

第一章
石破天惊：统一国家的形成

一、应邀为王：基辅罗斯的建立

辽阔无垠的东欧平原，分布着许多河流湖泊，其中有一条著名的河，叫作第聂伯河。它作为欧洲的第三大河（仅次于伏尔加河和多瑙河），从瓦尔代高地出发，时而奔腾急下，时而缓缓流淌，蜿蜿蜒蜒，曲曲折折，经过2000多千米的奔波，途中接纳了无数支流，最后注入黑海。多少年来，它就这样奔流不息，没有人能说得清它的实际年龄。人世间沧海桑田，不知经历了多少风云变幻，它却依然青春永驻，并作为历史的见证，诉说着发生在它身边的一切……

公元882年，就在古老的中华文明已走过了3000多年的历程之时，就在最令国人自豪的大唐王朝历经"贞观之治""开元盛世"之后，在王仙芝、黄巢等领导的农民起义的打击下雄风不在、摇摇欲坠之际，远在欧洲的第聂伯河中上游一带出现了一个新兴的封建国家——基辅罗斯。说起基辅罗斯的建立经过，还颇有戏剧性呢。

早在公元1世纪之前，中东欧的奥得河、维斯瓦河、第聂伯河和布格河的流域就居住着斯拉夫人。公元1世纪至公元6世纪，随着斯拉夫人内部的变化，以及持续 200 多年从亚洲到欧洲的民族大迁徙的冲击，斯拉夫人逐渐分为三支：东部的称东斯拉夫人，分布在第聂伯河中上游，奥卡河、伏尔加河上游，西德维纳河一带，成为现今俄罗斯人、白俄罗斯人和乌克兰人的祖先；西部的称西斯拉夫人，分布在维斯瓦河、奥得河和易北河一带，成为现今波兰人、卢日支人、捷克人和斯洛伐克人的祖先；南部的称南斯拉夫人，分布在多瑙河流域和巴尔干半岛，成为现今保加利亚人、塞尔维亚人、克罗地亚人、斯洛文尼亚人和马其顿人的祖先。

直到公元 6 世纪，东斯拉夫人尚处于原始公社阶段，还没有形成国家。他们以农业生产为主，同时从事畜牧业、渔业和养蜂业，也从事一些手工业，如冶金、纺织、皮革、木工、制陶等。他们在农业生产中已采用铁犁、铁镰、铁斧等铁制工具，生产水平得到提高。他们一般沿河流两岸建筑村落。村落面积很大，四周用土墙和壕沟围起来。房屋用土坯砌成，呈长方形，房间之间有通道连接，有几个出口。他们基本的社会组织是父权制氏族公社。同父所生的几代子孙及其妻室儿女住在一起，共同劳动，共同占有生产资料和剩余产品，构成一个氏族家庭。若干氏族家庭组成一个部落。部落由德高望重的部落首领（酋长）主事，重大事情由全民大会决定。同时代的东罗马帝国（又称拜占庭帝国）作家普罗柯比记叙道："斯拉夫、安特，此二部落自古以来即享有民权（民主），非一人治天下者也。"

公元 6 世纪，东斯拉夫人卷入了民族大迁徙的滚滚洪流。他们和匈奴人、其他斯拉夫人一起不断向东罗马帝国发动进攻，历时 100 多年。在战争中，东斯拉夫人各部落结成部落联盟，大量战利品、赎金、贡赋落入了部落首领和部落联盟领袖手里。同时，东罗马帝国是当时欧洲最大的帝国，经济文化最为昌盛，同东罗马帝国的长期接触必然使东斯拉夫人受到先进经济文化的影响。这一切都促进了东斯拉夫人私有财产的出现、阶级的分化和封建国家的形成。

公元7世纪至8世纪，随着生产力的发展，私有财产和阶级分化进一步发展，出现了东斯拉夫人的准国家组织。

当时，东斯拉夫人的准国家组织主要有两个：一个叫库雅巴，它以基辅为中心，包括整个第聂伯河中游地区，是以波利安人为核心的大部落联盟。据传说，库雅巴曾由基辅、谢克和霍利夫三兄弟统治。他们在第聂伯河右岸建了一座小城，并以大哥的名字命名为基辅。这便是今日乌克兰首都基辅的由来。另一个叫斯拉维亚，以北方的诺夫哥罗德为中心，是以斯洛文人为主的大部落联盟。

此时，东斯拉夫人正处于国家形成过程。他们的首领、贵族并不以逐渐攫取的大量土地、财产、奴仆为满足，还想把整个部落，甚至部落联盟，置于自己的控制之下。他们似乎已经尝到了拥有权力的甜头，权力似乎比黄灿灿的金子更贵重，比成群的美女更诱人，只要拥有了权力就拥有了一切，他们为此展开了无休止的厮打争斗。鹬蚌相争，渔翁得利。但得利的渔翁并非斯拉夫人，而是罗斯人。

罗斯人就是居住在斯堪的纳维亚半岛的北欧日耳曼部落——诺曼人。芬兰人称他们为罗斯人，意为北方人或诺曼人；东斯拉夫人则称他们为瓦良格人，意为商人，因为他们主要以经商为业。他们带着狐皮、貂皮、银鼠皮等珍贵兽皮，以及"活的商品"——奴隶，从斯堪的纳维亚半岛出发，中经芬兰湾、涅瓦河、拉多加湖、沃尔霍夫河、伊尔门湖、洛瓦梯河、西德纳河、第聂伯河、黑海，抵达东罗马帝国首都君士坦丁堡，换成钱币、纺织品、香料等，再原路返回。沿途他们有时也顺手牵羊，干些打家劫舍、杀人越货的海盗勾当。他们就这样年复一年，日复一日，时而驾船远航，乘风破浪，时而弃舟登陆，策马扬鞭，栉风沐雨，历尽风霜。旅途的艰辛与商海的险恶磨炼了他们强悍的身体、坚忍的意志，也培育了他们有点儿奸诈的性格。同时，他们经风雨，见世面，行万里路，开阔了眼界，增长了见识，特别是和东罗马人的长期交往，使他们深受东罗马先进的政治、经济、文化等方面的影响。

公元 862 年，东斯拉夫人中间发生了一件似乎不可思议而又影响深远的大事。斯拉维亚各部落相互争雄，内战不休，给各方都造成巨大损失，搞得大家都精疲力竭了，于是他们商议道："我们为自己寻找个王公吧，由他来治理我们，根据法律裁决（我们的纠纷）。"瓦良格人距他们最近，而且和他们长期交往，在他们眼里，瓦良格人精明能干，瓦良格社会被治理得井然有序。就这样，他们选派代表，渡海来到瓦良格人那里，恳切地说道："我们那里土地辽阔，物产丰饶，但没有秩序。请到我们那里称王，去治理我们吧。"瓦良格人的首领留里克欣然接受了邀请，偕同两个兄弟——西涅乌斯和特鲁沃尔率领众亲兵来到诺夫哥罗德，自称王公，建立了留里克王朝。

这就是著名的"瓦良格人应邀为王"的故事。这是一个在某些人看来不是很美丽的传说。它最早见诸 1113 年基辅别彻尔修道院一位名叫涅斯托尔的僧侣完成的《往年纪事》。该书是俄国历史上最古老的编年史著作，基本按年代顺序记述了东斯拉夫人和古罗斯国家的历史，从传说时代一直写到 1110 年，资料来源主要是东罗马帝国的编年史、斯拉夫人的历史著述、关于罗斯编年史的手稿、王公贵族的档案、民间传说等，是研究东斯拉夫人和古罗斯国最重要的文献。18 世纪，在圣彼得堡科学院工作的德国学者根据《往年纪事》记载的这个传说和其他史料，得出结论说基辅罗斯国家是瓦良格人创建的。但这一学说遭到沙皇俄国和苏联时期的许多学者激烈反对，其中包括享有崇高地位的著名自然科学家米哈伊尔·瓦西里耶维奇·罗蒙诺索夫。罗蒙诺索夫在 1757 年奉女沙皇伊丽莎白·彼得诺夫娜之命完成的《古罗斯史》第一卷就说《往年纪事》中关于"邀请瓦良格人为王"的记述是虚构的，因为瑞典史料中根本没有提及留里克这个人，以及他来到罗斯的史实。时至今日，俄罗斯学术界仍对这个问题争论不休，赞成者有之，反对者有之，也有学者认为有关留里克的传说是真实事件的反映，但它又绝不是编年史作者所叙述的那样。总之，这场争论持续了 200 多年，反对者始终拿不出令人信服的证据来否定这一学说。在国际上，英国、美国、丹麦、瑞典等国的学者则支持这一学说。在没有足够证据推翻这一传说的时候，我们权且信以为真吧。

瓦良格人留里克应邀到诺夫哥罗德称王后，派两个弟弟分别驻扎在白湖和扎伊兹鲍尔斯克，把其他亲信分派各地，并开始向当地居民征收贡赋。公元 879 年，留里克暴病身亡，其子伊戈尔年幼，其亲属奥列格接掌权力。奥列格野心勃勃，有雄图大略，不甘心坐守一隅之地，认为诺夫哥罗德地势偏僻，交通不便，气候寒冷，不利于发展，决心南下攻占基辅。公元 882 年，他率兵南下，首先占领了第聂伯河上游的重镇斯摩棱斯克和柳别奇，然后顺江而下，直趋基辅。基辅位于地势高耸的右岸，有重兵把守，易守难攻。于是，奥列格想了一条妙计，让士兵埋伏在船舱内，然后派人去拜见坐镇基辅的阿斯科尔德和迪尔，说他们是从诺夫哥罗德来的商人，路过这里，前往希腊，想请两位王公到城外和同胞叙旧。阿斯科尔德和迪尔也是瓦良格人，听说同乡来了，十分高兴，便随他们来到城外。这时，伏兵从船舱里冲了出来，奥列格大声喝道："你们不是王公，连王族也不是，我才是王族。"他指着随从抱着的伊戈尔说："看，这就是留里克的儿子！"于是，众人一拥而上，杀了阿斯科尔德和迪尔，然后冲进城里，占领了基辅。奥列格在基辅称王，定都基辅，称基辅为"罗斯诸城市之母"，并开始扩建基辅。

此后，奥列格一鼓作气，乘胜前进，继续对周围部落用兵，所到之处，或武装征服，或自动归顺，很快将斯洛文人、克里维奇人、德列夫利安人、谢维利安人、拉迪米奇人等东斯拉夫人部落，以及麦里亚人、维西人、楚得人等非斯拉夫人，置于他的控制之下，要他们缴纳贡赋。他要求诺夫哥罗德每年缴纳 300 格里夫纳（银锭），以供瓦良格人维持社会治安；他向每户德列夫利安人征收一张紫貂皮；他要求每户拉迪米奇人缴纳一希利亚格（货币名称）的钱。

为巩固自己的统治，奥列格制定了《罗斯法令和法律》，把居民分为自由人和奴隶，又把自由人分为富人和穷人，并明确规定：抢劫富人财产的穷人要受到严厉惩罚。

这样就形成了一个以基辅为中心的罗斯国家，史称基辅罗斯。人们习惯上把公元 882 年作为基辅罗斯的建国之年。

基辅罗斯由瓦良格人（也称罗斯人）留里克、奥列格所建，但它建立在东斯拉夫人的土地上，东斯拉夫人构成了其居民主体，瓦良格人只是极少数。同时，在瓦良格人到来之前，东斯拉夫人已经奠定了形成国家的基础，基辅罗斯实际上是东斯拉夫人的国家，也即后来的俄罗斯人、乌克兰人和白俄罗斯人的第一个国家。

二、巡行索贡：霸王的戏码

正如新生儿呱呱坠地之时身上总是带有许多母胎的印记，总是显得那样稚嫩孱弱一样，基辅罗斯建立之初是一个保留着浓厚原始公社制度残余的早期封建国家。当时，生产力已比较进步，铁器早已使用，单家独户有能力进行独立生产，封建主不必再像古罗马时代那样驱使成百上千的奴隶使用简陋的工具在田间劳动，也能获得足够的剩余产品供自己消费。当时，东斯拉夫人的农业生产已经是一家一户在农村公社范围内进行，其邻近国家大多已进入封建社会：中国的封建制度已建立了1000多年并发展到鼎盛，和东斯拉夫人交往甚密的东罗马帝国已完成封建化过程，西欧的封建制度也正在确立。基辅罗斯没有经过奴隶社会这一阶段，而由原始社会末期直接跃入封建社会。这样，基辅罗斯自然也就保留着浓厚的原始公社制度的残余。耕地、森林、草原、荒地都是农村公社的财产，耕地的使用权可以继承。农村居民中绝大部分是村社自由农民，封建地主及其拥有的土地都是极少的。

当然，我们说基辅罗斯没有经过奴隶社会，并不等于说基辅罗斯没有奴隶。和许多民族一样，东斯拉夫人在原始公社末期，在形成阶级和国家的过程中，也出现了奴隶——主要由战俘组成。战争中的被俘者，或被出卖，或被部落首领充作家奴。这种做法也被基辅罗斯继承下来了，只不过这种剥削方式没有成为占主导地位的剥削方式。

基辅罗斯作为一个稚嫩的封建国家，突出表现在一个很有意思的制度——巡行索贡上。

基辅罗斯的王公大臣、武士贵族要吃喝玩乐，但他们所需费用和物品从哪里来呢？答案就是去巡行索贡。

每年秋季，基辅大公和地方王公率领大批亲兵扈从威风凛凛地来到农村，逐村逐户向村民征收毛皮、蜂蜜、蜂蜡、粮食等，这一过程会持续几个月，直到来年 4 月第聂伯河解冻时，他们才带着掠夺来的财物满载而归。这就是所谓的巡行索贡，是基辅罗斯早期的主要剥削方式。基辅罗斯的绝大部分土地为农村公社所有，封建主无法依靠土地进行剥削，只得采取这种劫掠式剥削方式。这种剥削方式非常野蛮，索贡者往往肆意掠夺，常常遭到反抗。

公元 945 年，基辅罗斯大公伊戈尔率亲兵前往德列夫利安人所在的地区索贡。他们横征暴敛，向当地村民索要了比上一年更多的贡物。在返回途中，贪得无厌的伊戈尔还不满足，决定回头再搜刮德列夫利安人一次。于是，他让扈从队带着已掠取的贡物先走，亲自带领少数亲兵折返回来了。

德列夫利安人闻讯后，立即和他们的王公马尔商量道："狼如果经常到羊群里来，要不杀死它，它就会把羊只糟害光。事情就是这样：我们不杀死他，他就要毁灭我们。"然后，德列夫利安人派使者去见伊戈尔，责问道："你怎么又回来了？全部贡赋不是已经收走了吗？"伊戈尔置之不理，蛮横要求他们交出更多贡物。德列夫利安人怒不可遏，奋起反抗。伊戈尔和亲兵寡不敌众，只得束手就擒。最后，愤怒的德列夫利安人将伊戈尔处以裂刑。基辅罗斯的第二任大公贪得无厌，就这样死于非命。

噩耗传来，伊戈尔的妻子、王后奥丽加悲恸欲绝，决定为夫报仇。

奥丽加可不是寻常女子，她不仅美丽有加，而且聪明过人，又心狠手辣。

德列夫利安人杀死伊戈尔后，一时得意忘形，王公马尔还想吞并基辅罗斯，取代留里克王朝，娶奥丽加为妃。有一天，德列夫利安人派出 20 名达官显贵乘船来见奥丽加，奥丽加强露笑容接待了他们，问他们所来何事。来者傲然答道："德列夫利安国派遣我们前来，传达这样的口信：'我们杀死了你的丈夫，因为你的丈夫像狼一样盗窃和抢掠我们。我们的王公十分出色，把德列夫利安国治理得井井有条。请嫁给我们的王公马尔吧。'"

奥丽加听后，恨得咬牙切齿，但她仍然客气地回答："你们的话令我感到十分愉快。我已无法使我的丈夫复活。我想明天早上在我的臣属面前向你们致意。此刻，请回到你们的船上，放心去睡吧。明天早上，我去迎接你们。"来人走后，奥丽加下令在城外挖了一个大坑。

次日清晨，奥丽加派人去请客人，她本人一身戎装，神情肃然地坐在塔楼上。当那 20 位达官显贵双手叉腰，胸前挂着光彩夺目的金属饰物，神气十足地乘船而来时，等待他们的是一个又深又大的坑。只听奥丽加一声令下，这些客人就在哭爹喊娘声中被连人带船抛入坑内。奥丽加鄙夷地问道："你们感到很自豪吧？""我们死得比伊戈尔还惨！"大坑里传来了即将被活埋的垂死者绝望的叫声。这是奥丽加对德列夫利安人的第一次报复。

然后，奥丽加派使臣去见德列夫利安人，对他们说："如果你们真心要与我交好，就请派遣地位最显赫的臣属来，以便让我极其荣耀地嫁给你们的王公。否则，基辅人是不会答应我启程的。"德列夫利安人立即选派才干出众、地位显赫的王族大臣去迎接奥丽加。德列夫利安人来到之后，奥丽加要他们洗澡后来见她。就在他们走进澡堂开始沐浴时，奥丽加下令将门关闭，放火将他们全部烧死在里面了。

紧接着，奥丽加再次派使节去见德列夫利安人，说："现在我就到你们那里去。请在杀死我丈夫的那座城市准备大量蜂蜜酒，我要在他的坟前哭泣，为他举行追奠亡魂的祭祀。"也许被奥丽加的国色天香所迷，也许急欲将基辅罗斯据为己有，接连两次上当受骗的德列夫利安人执迷不悟，急忙运去蜂蜜，并着手酿造蜂蜜酒。奥丽加带领着少数精兵，轻装简从地来到伊戈尔的墓地，大声哭祭。哭毕，她命令手下给伊戈尔堆造大冢，继续举行祭祀活动。祭祀活动结束后，德列夫利安人大摆酒宴，招待奥丽加一行。奥丽加让手下佯装喝酒，待他们把德列夫利安人一个个灌得烂醉如泥后，奥丽加一声令下，众亲兵一起动手，开始大肆屠杀德列夫利安人。可怜手无寸铁的德列夫利安人，一个个还在醉梦中就变成了刀下之鬼。据史书记载，奥丽加一行这次一共屠杀对方 5000 人。

心狠手辣的奥丽加通过三次报复屠杀了众多德列夫利安人，但她仍不肯善罢甘休。返回基辅后，她立即招兵买马，囤积粮草，准备实施更大规模的报复行动。公元 946 年，即伊戈尔被杀的第二年，她和年幼的儿子斯维亚托斯拉夫率领大军向德列夫利安地区扑来。德列夫利安人闻讯后列阵相迎。斯维亚托斯拉夫按照斯拉夫民族的古老习俗，首先向敌人投出第一枪，基辅罗斯军队立即呼喊着向敌方冲去。双方还没交手几个回合，德列夫利安人便败下阵来，跑回伊斯科罗斯坦城，关上城门，自此不出。

伊戈尔就是被伊斯科罗斯坦城的居民杀死的，因此基辅罗斯军队将该城团团围住，决心攻破城池，为伊戈尔报仇雪恨。伊斯科罗斯坦城的居民也知道，该城一旦被攻破，他们必将遭到血洗的命运。于是，一方猛烈攻城，一方苦苦死守，战斗打得十分激烈，持续了整整一个夏天，仍然毫无结果，奥丽加甚是苦恼。

有一天，奥丽加猛然心生一计，心中大喜。她立即派使臣到城里，告诉对方，她已三度复仇，为丈夫雪了耻，消了恨，现在已不再想复仇了，也不会像伊戈尔那样向他们征收沉重的贡赋，只要他们每户缴纳3只鸽子、3只麻雀即可。德列夫利安人听后十分高兴，很快向各户征收齐了鸽子和麻雀，恭敬地献给奥丽加。奥丽加将来人好言抚慰了一番，说："这表示你们已经投降了我和我的儿子。回城去吧。我明天早晨就离开这里，返回基辅。"来献鸽子和麻雀的人回城后告知众人，众人皆大喜。

与此同时，奥丽加却在周密准备。她把鸽子和麻雀分给士兵，让他们把每只鸽子和麻雀的腿上绑上硫黄等引火物，到黄昏时分一齐放飞，鸽子和麻雀纷纷飞回窝巢。不久，伊斯科罗斯坦城燃起了大火，只见火光冲天，火海一片，人们哭喊着从城里逃了出来，被早已张开口袋等在那里的基辅罗斯军队活捉。第二天，奥丽加占领了伊斯科罗斯坦城，将其夷为平地，城中居民或被杀掉，或被赏赐为奴，其余的人则要继续缴纳沉重的贡赋。

三、东征西讨：辛勤的创业

基辅罗斯大公不仅在本国疆土内巡行索贡，而且多次对外发动战争，索取贡品，拓展疆土。

早在公元 907 年，奥列格就御驾亲征，率领 8.8 万大军和 2000 艘战船，水陆并进，前去征讨东罗马帝国。一路上，基辅罗斯军队浩浩荡荡，所向披靡，几乎没有遇到任何抵抗便直逼东罗马帝国首都君士坦丁堡城下。东罗马帝国是一个地跨亚非欧三洲的大帝国，历史上也曾多次同波斯帝国、阿拉伯帝国等强敌一决雌雄，但几十年来却少有战事，军备松弛，见基辅罗斯来攻，震惊不已，连忙紧闭城门。基辅罗斯军队在城外肆意烧杀抢掠，焚烧教堂，抢夺财物，毁坏宫殿，砍杀战俘。据史书记载，他们对抓获的战俘或砍杀，或酷刑折磨，或作箭垛射杀，或抛入大海，残忍至极。末了，奥列格下令制造战车、云梯，准备攻城。

君士坦丁堡城中的东罗马帝国君臣将这一切看在眼里，恨在心头，却不知如何是好，急得像热锅上的蚂蚁。情急之中，一个谋士献上一计，皇帝依计而行，急忙派人带着美酒佳肴去向奥列格求和，表示愿意纳贡。奥列格久闻东罗马美酒香醇，佳肴盖世，正欲品尝，但他突然怒喝道："这酒食中有毒，难道你们想毒死我吗？！"于是，他将来使一刀砍翻在地。至此，东罗马再无计可施，只得老老实实纳贡求和。根据奥列格的要求，东罗马被迫向基辅罗斯纳贡银 96 万格里夫纳（约 392 吨），同时给予基辅罗斯商人供应口粮、免缴贸易税等优惠。奥列格与东罗马皇帝缔结和约，并以各自的方式互相宣誓，保证遵守和约。奥列格把他的盾牌高悬在君士坦丁堡城门上，作为胜利的象征，然后带着大量黄金、丝绸、水果、酒和其他贵重物品，高唱凯歌，班师回朝。

公元 912 年，就在远征东罗马得胜归来的第 5 年，奥列格有一天突然想起自己心爱的宝马来。这匹马曾随他驰骋疆场，立下汗马功劳。有一次他偶然问及术士自己将因何而死，术士答曰："你喜爱乘骑的那匹马将置你于死地！"他便发誓一辈子再不骑它，也不再见它，只让侍从好好养着它。好多年过去了，奥列格仍健康地活着，术士之话并未应验，于是他招来马厩长问道："我下令让好好喂养的那匹马现在何处？"马厩长说，那匹马已经死了。奥列格不由得暗自嘲笑术士预言不准。他一时兴起，吩咐左右，整鞍备马，去看那马的遗骸。他来到那马的遗骸前时，不禁放声大笑道："就是这个脑壳要弄死我吗？"说完，他顺便在马骨上踢了一脚。就在这时，突然从马骨堆中蹿出一条毒蛇，在奥列格的脚上狠狠咬了一口。奥列格从此一病不起，不治而亡。这真是：为人事事须谨慎，乐极生悲祸终来。

奥列格死后，已经长大成人的留里克之子伊戈尔继任王公。

10 世纪中叶，东罗马帝国国势中兴，遂企图撕毁与奥列格订立的条约。伊戈尔闻讯后自然不允，便于公元 941 年率领 1 万战船去征讨。如同上次奥列格远征东罗马一样，基辅罗斯军队一路烧杀抢掠，无恶不作：他们把抓获的人或钉死在十字架上，或作为箭靶射杀，还把许多教堂、修道院和村庄付之一炬，抢走财物。不久，基辅罗斯军队占领了整个尼科米底亚地区（小亚细亚西北、博斯普鲁斯海峡对岸地区），直逼君士坦丁堡。但这次东罗马已做好充分准备，他们很快调来各路增援大军，将基辅罗斯军队团团围住。于是，双方展开了激烈战斗。东罗马军队人多势众，士气高昂，人人奋勇，个个争先；基辅罗斯军顽强抵抗，仍败下阵来。伊戈尔见胜利无望，决定利用夜色作掩护，登舟逃遁，却又遭到东罗马战舰的阻击。只见一股股烈焰像一条条火龙一样向基辅罗斯军队扑来，基辅罗斯战船顷刻间燃起熊熊大火，士兵争先恐后地跳海逃命，却多被溺死。这一仗，基辅罗斯军队几乎全军覆没。伊戈尔只带着少数残兵败将逃回基辅。侥幸逃回的人一谈起东罗马船上喷出的火就面如土色，说它犹如天空的闪电，称之为"希腊火"。

然而，伊戈尔决不肯善罢甘休，他逃回基辅后立即重整旗鼓，招兵买马，征集军队，又派人到海外向瓦良格人求援。经过三年精心准备，伊戈尔再次率领大军，水陆并进，前去征讨东罗马。"罗斯人来了！他们的船舰不计其数，蔽海遮天。""罗斯人来袭击了！他们还雇佣了骁勇善战的佩切涅格人。"告急文书像雪片一样飞向君士坦丁堡。东罗马皇帝心想，这次伊戈尔是来者不善，善者不来，如像上次一样坚决抵抗，必然是一场苦战、恶战，导致生灵涂炭，甚至城毁国亡；识时务者为俊杰，不如求和为妙。于是，他急派使臣去求和，表示愿意继续向基辅罗斯纳贡，即使增加贡赋的数额也愿意；同时，他暗中派人向佩切涅格人贿赠了大量珍贵丝织品和黄金，分化瓦解基辅罗斯军队。这时，伊戈尔已进军多瑙河畔，他召集扈从商议。扈从对"希腊火"仍心有余悸。他们认为：既然不战即可赢得黄金、白银和珍贵丝织物，何必再战？何况前路艰险，胜负难料。伊戈尔遂听从了众扈的意见，派使臣与东罗马签订了和约，满载着东罗马人缴纳的财物，返回基辅。

和其父相比，伊戈尔之子斯维亚托斯拉夫更是不屈不挠，凶勇好斗。当时的东罗马史学家描述说，斯维亚托斯拉夫中等身材，颈粗肩宽，浓眉蓝眼，鼻子扁平，头顶光秃，两侧留着彰显高贵出身的卷发，一只耳朵佩戴着镶嵌两颗带红宝石的珍珠的金耳环，是一个热情奔放、大胆、易冲动、待人真诚、实践型的人物。基辅罗斯的史书则记述说，斯维亚托斯拉夫在战斗中行军步履矫健，轻如猎豹，吃饭不携带锅灶，不煮食肉类，只是把切成薄片的马肉、野兽肉或牛肉，架放在火堆上炙烧而食，夜宿不搭设帐幕，不铺鞍垫，枕马鞍，露天而眠。他一生戎马倥偬，致力于扩疆、掠土、索贡，直至血洒疆场。

公元 965 年，斯维亚托斯拉夫率军东征，首先击败伏尔加河畔的保加尔人和布尔达斯人，然后向南进军，占领哈扎尔汗国（又称可萨帝国）首都——位于伏尔加河口的东西方贸易枢纽伊蒂尔，然后经海路到达里海西岸，继续西进，一直挺进到亚速海沿岸，最后溯顿河而上，摧毁了哈扎尔汗国的要塞——白堡。这次远征，斯维亚托斯拉夫消灭了伏尔加河流域的保加尔王国和哈扎尔汗国，征服了北高加索，将基辅罗斯的疆域扩展到东部地区。

三年后，斯维亚托斯拉夫又率军南征，向多瑙河下游的保加利亚（保加利亚第一帝国）发起进攻。狭路相逢勇者胜。基辅罗斯军队长年征战，真可谓人人骁勇，个个善战，再加之统帅斯维亚托斯拉夫身先士卒，一马当先，更使基辅罗斯军队斗志高昂，锐不可当。结果，基辅罗斯军夺取了保加利亚北部的大片土地，占领了多瑙河沿岸的 80 座城池，包括保加利亚首都佩列雅斯拉维茨。该城位于多瑙河下游右岸，距黑海仅 80 千米，风景秀丽，交通方便，繁华而热闹。占领这里，既可以此为基地进一步拓展基辅罗斯的疆土，又可以快捷方便地享用来自君士坦丁堡的精美贡品。因此，斯维亚托斯拉夫便在佩列雅斯拉维茨做起大公来了。他得意地说："我要永久住在佩列雅斯拉维茨，这里是我的领土的中心。一切好东西都要送到这里来，希腊人供给我黄金、贵重织物、大米、水果和葡萄酒，匈牙利人提供牛羊和马匹，基辅罗斯则出产蜂蜜、蜂蜡、毛皮和人丁。"

好景不长，好梦难圆。斯维亚托斯拉夫在佩列雅斯拉维茨享乐没几日，就得到急报说游牧民族佩切涅格人乘虚而入，包围了基辅，国家与王室都处于危急之中。斯维亚托斯拉夫只得连夜赶回救援。

公元 971 年，斯维亚托斯拉夫再次率军南征，来到多瑙河地区。此时，佩列雅斯拉维茨早已被保加利亚人收复。经过激战，斯维亚托斯拉夫重新占领该城。然后，他派人去东罗马索贡，威胁东罗马说他将进攻君士坦丁堡。但东罗马皇帝并没有把罗斯军放在眼里，他一面假意答应纳贡，一面积极准备抵抗。斯维亚托斯拉夫见东罗马不来纳贡，便率军进攻君士坦丁堡，不想遇到东罗马 10 万大军的抵抗。当时基辅罗斯军队只有 1 万人，双方力量对比悬殊，罗斯人尽管身经百战，看到对方如此强大的阵营，仍然惊恐万分。但斯维亚托斯拉夫却显得沉着镇定，他慷慨激昂，大声动员道："我们已经无处藏身，无论愿意还是不愿意，都得不顾死活地拼杀一场！我们宁死不受辱，为了不玷污罗斯国名，可暴尸疆场！如若我们临阵脱逃，必将蒙受耻辱。不要后撤，挺身投入激烈的战斗！我和你们一齐前进！如果我的脑袋掉了，也想想你们自己吧。"这一番话说得众将士热血沸腾，大家齐声回答："你的脑袋落在什么地方，我们的脑袋就落在什么地方！"于是，基辅罗斯军队以一当十，奋勇杀敌，直杀得天昏地暗，尸横遍野，血流成河。东罗马军队伤亡惨重，力不能支，节节败退。基辅罗斯军队一路追杀，向君士坦丁堡逼近。至此，东罗马皇帝终于领教了斯维亚托斯拉夫的厉害，深感"再也不能同这个人抗衡了"，只得派使求和，答应纳贡，两国再次缔结和约。

这次战斗，基辅罗斯军队同样损失惨重，所剩无几，斯维亚托斯拉夫决定回国调集军队，以便一旦东罗马拒绝纳贡时再次向君士坦丁堡进军。两国缔结和约后，斯维亚托斯拉夫便率领少数扈从，携带大量财物，乘船回国。也许是命中注定，他乘船经过一处险要水域时，有位大臣劝他骑马绕过去，以免遭埋伏，但他不以为然，仍然乘船而行。对斯维亚托斯拉夫深怀敌意的佩列雅斯拉维茨人探得这一消息后，立即通知了佩切涅格人，佩切涅格人便在那里设下了埋伏。那一天，春光明媚，万物欣欣向荣，斯维亚托斯拉夫的船只在第聂伯河缓缓逆行，大公与众将士在舱内喝酒行乐。当船经过险滩时，等待多时的佩切涅格人一齐杀出，基辅罗斯军队英勇抵抗，但未敌得过人多势众且同样勇猛的佩切涅格人。这些罗斯人一个个变成了刀下之鬼。斯维亚托斯拉夫就此毙命，落得和其父一样的下场，时年仅30岁。佩切涅格人在杀死斯维亚托斯拉夫后，还割下他的首级，将其头盖骨制成杯子，镶以黄金，用作饮器。

四、圣徒时代：红太阳的光芒

斯维亚托斯拉夫死后，他的三个儿子兄弟相阋，上演了一出古今中外常见的宫廷中为争权夺利而手足相残的悲剧。长子雅罗波尔克杀死了弟弟奥列格，弟弟弗拉基米尔又杀死了哥哥雅罗波尔克。最后，大公权力落在了弗拉基米尔手里。这实际上也是从基辅罗斯到俄罗斯帝国不断发生的父子兄弟为争夺王位骨肉相残的一系列悲剧的序幕。

弗拉基米尔在位 35 年（980—1015），是基辅罗斯诸大公中较有作为的一位，当时流传的民间口头文学《壮士歌》颂扬他为"红太阳"。兄弟相争期间，一些原来归顺基辅罗斯的部族乘机叛变，不再向基辅罗斯纳贡称臣。弗拉基米尔首先对这些部族用兵，平息了叛乱，然后继续对外用兵，先后向今波兰、立陶宛、匈牙利等地进攻，占领了大片领土。至此，基辅罗斯的版图最终形成，它东起顿河，西迄喀尔巴阡山，北达波罗的海南岸，南至黑海北岸，总面积约为 100 万平方千米，人口约为 500 万，成为当时东欧的一个强国。

为了保卫王国的边境不受侵犯，保障基辅等重要城市的安全，弗拉基米尔在基辅罗斯境内修筑了许多由城堡、要塞、信号塔等组成的防御工事。这些工事主要是沿河岸修建的。如：他在第聂伯河左岸修建了一系列防御工事，在苏拉河沿岸建立了一道道防线。第一道防线建在基辅罗斯和游牧部落的交界地带，它虽不及中国的万里长城那样悠久绵长坚固，但也存在了 200 年之久，在防止游牧部落的偷袭侵扰方面起了重要作用。

公元 988 年，东罗马帝国军事将领巴尔德斯·福克斯发动叛乱，皇帝瓦西里二世无力镇压，只得向东欧强国基辅罗斯求救。但弗拉基米尔并未立即允诺，而是提出了一个条件：他要娶皇帝瓦西里二世的妹妹安娜公主为妻。说起这弗拉基米尔，他虽然在政治上是个有作为的大公，他在生活上却是个十足的好色之徒。弗拉基米尔妻妾成群，嫔妃如云，史书记载他有妾 800 人。他久闻东罗马皇帝有个妹妹仍待字闺中，有沉鱼落雁之容，闭月羞花之貌，就朝思暮想，意欲得之。现在，机会终于来了。东罗马皇帝知道弗拉基米尔是个淫荡之人，并不想把自己心爱的妹妹往火坑里推，但如今国难当头，国事为重，必须忍痛割爱。为了使妹妹免受侮辱，东罗马皇帝也提出了一个条件：只要弗拉基米尔皈依基督教，东罗马便答应这桩婚事。东罗马皇帝企图以基督教的清规戒律来约束弗拉基米尔。弗拉基米尔欣然应诺。双方经过谈判，达成协议。弗拉基米尔派出6000人组成的大军，打败福克斯，平息了叛乱。

然而，东罗马皇帝这时却食言了，不愿将妹妹嫁给弗拉基米尔。弗拉基米尔闻讯大怒，立即统率大军向东罗马发动进攻，占领了克里木半岛南端的东罗马重镇赫尔松，并派使臣警告东罗马皇帝，如再不把安娜公主送到赫尔松，便派兵踏平君士坦丁堡。东罗马皇帝见势不妙，只得将妹妹安娜公主送到赫尔松和弗拉基米尔完婚，弗拉基米尔则遵照诺言在那里受洗为基督徒。

基辅罗斯原为多神教国家。在罗斯人当时信奉的神中，主神斯文托维特是最高神——诸神之王，他既是战神，也是保佑富足的神；大神佩伦是雷电之神，同时也司战争和锻炼；贝洛伯格是光明与太阳之神；西丝拉伯格是月亮女神；女神西瓦是主司爱情、美丽和繁衍的女神。此外，还有掌管善恶的神，主宰风雨雷电等的神，主司农作物的神，等等。

弗拉基米尔皈依基督教后，宣布基督教为国教，下令将其他神像或砸碎或焚烧。他下令把佩伦的神像绑在马尾上，从山上一直拖到河边，让几名臣僚用权杖敲击后扔到河里。然后，他下令基辅全城的人都到第聂伯河支流博恰内河的河口受洗。他声称："谁要胆敢不到河边去，无论你是富人或穷人，还是乞丐或奴隶，一律将是我的敌人！"同时，他还下令在全国各地修建教堂，招募贵族子弟到东罗马学习经书。这些人学成后被委派到各地教堂担任神父，给全国城乡居民施洗，传经布道。他拿出本人总收入的 1/10，在基辅建造了什一教堂（又称圣母升天教堂）。从此，基督教传入基辅罗斯，成为东斯拉夫人共同信奉的宗教，直至今日。顺便说一下，1054 年，基督教正式分裂为天主教（罗马公教）和东正教（希腊正教），东斯拉夫人遂成为东正教徒。

基督教的传入促进了基辅罗斯的社会发展。基辅罗斯大公通过众多神职人员的传经布道活动，要人们多行善，不作恶，忍受苦难，逆来顺受，以便死后升入天堂，这自然有利于维护他们的统治。反过来，大公们不断把土地赏赐给为维护他们的统治立下汗马功劳的教堂、修道院，使教会成为封建地主阶级的重要组成部分，又加强了封建地主阶级的力量，促进了封建关系的形成。

基督教的传入也促进了基辅罗斯文化、教育及各种艺术的发展。基督教传入之前，基辅罗斯境内尚未统一的文字。公元 9 世纪中叶，希腊人西里尔和美多德两兄弟奉东罗马皇帝和君士坦丁堡最高主教之命开始在斯拉夫人当中传教。出于传教的需要，他们在希腊字母的基础上创造了一种新的字母，用来记录和表达斯拉夫人的语言。基辅罗斯皈依基督教后，西里尔兄弟创造的文字所翻译和编撰的祈祷文献和宗教著作也随之被引入基辅罗斯，从此西里尔字母在基辅罗斯被普遍采用。同时传入基辅罗斯的还有标点符号，制造兽皮纸、墨水、颜料等书写材料的技术，以及书籍装订的技术。统一文字及相关技术的使用，为教育、文学、史学等的发展奠定了基础。基辅、诺夫哥罗德等重要城市出现了专供贵族子弟读书的学校，作为传授知识中心的修道院如雨后春笋般在基辅罗斯各地建立。11世纪末，基辅罗斯的各大修道院的教育水平已与西欧相差无几。与此同时，罗斯人开始大量翻译东罗马的宗教、神学、历史、地理、文学等领域的作品，并编写和创作本国的历史、文学等领域的作品。10世纪末11世纪初，基辅和诺夫哥罗德开始编写最早的编年史。12世纪，罗斯各公国和城市已修史成风，许多修道士、神父、主教、官员，乃至王公，都乐此不疲，《往年纪事》便是这一时期完成的。在艺术方面，大大小小遍布各地的教堂集建筑、绘画、雕塑等艺术形式于一体，是这些艺术的集中体现。弗拉基米尔出资建造的什一教堂是罗斯第一座石砌结构建筑，共有25个圆顶，十分雄伟，可惜在1240年被蒙古入侵者焚毁。始建于1037年（一说1011年）的圣索菲亚大教堂更为壮观，它仿照君士坦丁堡的圣索菲亚大教堂修建而成，石砌结构，呈正方形，顶端是13个"洋葱头头"圆顶，内部以大理石和水磨石装修，并装饰着大理石的半壁浅浮雕、镶嵌画和彩绘图，显得富丽堂皇。它至今仍几乎完好无损，可谓基辅罗斯建筑的杰作。据史书记载，11世纪，仅基辅一地就有教堂几百座。那一座座金光闪闪、雄伟壮观的教堂使来往游客叹为观止，同时代的不来梅编年史家亚当把基辅称为"东方的明珠"。

此外，基督教传入后，基辅罗斯成为基督教国家，这就更密切了基辅罗斯和东罗马帝国的关系，加强了两国的经济、文化等方面的交流，也扩大了基辅罗斯同其他欧洲国家的联系，这些都有利于基辅罗斯经济、文化等的发展，同时也提高了基辅罗斯的国际地位，使它跻身于欧洲文明国家行列。

五、骨肉相残：王冠的诱惑

1015 年 7 月 15 日，弗拉基米尔大公病逝。弗拉基米尔共有 10 子 2 女，除早逝者外，他的儿子都在各地镇守，只有斯维亚托波尔克在基辅。斯维亚托波尔克生性狠毒，早就觊觎大公位，天赐良机，他决心干掉所有兄弟，一个人统治罗斯国家。他接连派人刺杀了鲍里斯、格列布和斯维亚托斯拉夫三个兄弟，然后在基辅就任大公位。这使他获得了“恶棍”的骂名。

当时，镇守诺夫哥罗德的雅罗斯拉夫获悉亲兄弟接二连三地惨遭屠杀的消息后十分震怒，知道如不动手除掉斯维亚托波尔克，他自己也将遭毒手。于是，雅罗斯拉夫率领 4000 人的军队前去讨伐并打败了斯维亚托波尔克，占领了基辅。

斯维亚托波尔克战败后，逃到波兰，向岳父——波兰国王波列斯瓦夫求援。波列斯瓦夫身材魁梧，膀大腰圆，力大无比，作战勇敢，人称“勇敢者”。他看到爱婿落难，自然不会袖手旁观。何况，他只要扶爱婿坐稳江山，就可乘机夺回被基辅罗斯占领的土地。于是，他亲率大军，直趋基辅。雅罗斯拉夫闻讯后，率军迎击，但被打得大败，逃回诺夫哥罗德。斯维亚托波尔克重新占领了基辅，波列斯瓦夫则携带着掠夺来的大量财宝返回波兰，顺便占领了被弗拉基米尔夺去的切尔文等地。

雅罗斯拉夫逃回诺夫哥罗德后，心灰意冷，本想流亡海外，但表叔康士坦丁·多布雷宁率众砸毁了雅罗斯拉夫的船只，表示要破釜沉舟，誓与斯维亚托波尔克决一雌雄。雅罗斯拉夫深受感动，重整旗鼓。他同瑞典国王奥洛夫·舍特康努格结盟，娶其女因格戈尔德公主为妻，赢得了瑞典的支持，又招募了大批瓦良格人，重新杀了回来，再次占领了基辅。斯维亚托波尔克兵败后又向佩切涅格人求援，搬来救兵，和雅罗斯拉夫决战，再次战败，狼狈逃窜，最后病死在波兰和捷克之间的荒原上。

然而，基辅罗斯内争并未就此结束。1024年，雅罗斯拉夫的另一个兄弟，远在亚速海附近的特穆托罗坎坐镇的姆斯季斯拉夫率军侵入罗斯内地。经过两年对峙，兄弟俩都厌倦了这种骨肉相争的生活，他们举行谈判，缔结了和约，规定两人分河而治：第聂伯河左岸由姆斯季斯拉夫占据，右岸归雅罗斯拉夫统治。从此，两兄弟相安无事。1034年，姆斯季斯拉夫无嗣病故，雅罗斯拉夫接管其权力，基辅罗斯复归统一。

雅罗斯拉夫在位35年（1019—1054），是基辅罗斯最有作为的大公之一。他学识渊博，人称"智者"，在位期间竭力传播基督教，在全国兴建了许多教堂，基辅的圣索菲亚大教堂和诺夫哥罗德同样辉煌的圣索菲亚大教堂即是这一时期兴建的。他还派人抄录、翻译了大量希腊经典著作，在基辅的圣索菲亚大教堂内建立了一个很大的图书收藏室，把它们收藏入内。他本人则是一个虔诚的教徒，每日诵读《圣经》，还常常到教堂做礼拜。雅罗斯拉夫还制定了《雅罗斯拉夫法典》（又称《最古老的罗斯法典》），这部法典同后来的《雅罗斯拉维奇法典》《弗拉基米尔·莫诺马赫法规》等共同构成《罗斯法典》。《罗斯法典》的颁布标志着基辅罗斯的封建社会正在走向成熟有序，是研究11世纪至12世纪基辅罗斯社会经济和阶级关系的重要史料。

雅罗斯拉夫不愧为"智者"。76 岁那年，他病入膏肓，自知将不久于人世，便把几个儿子叫到病榻前，语重心长地说道："我就要离开这个世界了。我死之后，你们兄弟要和睦相处。你们是手足，如果你们互相友爱，上帝将同你们在一起，帮助你们战胜敌人；如果你们陷入仇恨、纷争和内讧，便会自取灭亡，将使先辈缔造的国家毁于一旦。"然后，他宣布传位于长子伊兹亚斯拉夫，要其他儿子像遵从父命那样服从长兄，要长子帮助受欺侮的弟弟。同时，其余几个儿子各有所封：斯维亚托斯拉夫任切尔尼哥夫大公，弗谢沃洛德任佩利亚斯拉夫大公，伊戈尔任弗拉基米尔大公，维亚切斯拉夫任斯摩棱斯克王公。

雅罗斯拉夫死后，他的几个儿子起初还能和睦相处，但不久便发生内讧。1073 年，次子斯维亚托斯拉夫联合三子弗谢沃洛德打到基辅，赶走长兄，自任大公，伊兹亚斯拉夫亡命波兰。4 年后，伊兹亚斯拉夫率波兰军返回基辅，赶走弗谢沃洛德（斯维亚托斯拉夫已死），恢复大公位，弗谢沃洛德退踞切尔尼哥夫。不久，斯维亚托斯拉夫之子奥列格和维亚切斯拉夫之子鲍里斯联合进攻叔父弗谢沃洛德，弗谢沃洛德败逃到基辅求援，伊兹亚斯拉夫和弗谢沃洛德联合出击，大败奥列格和鲍里斯，奥列格逃亡，鲍里斯被杀，伊兹亚斯拉夫也阵亡，弗谢沃洛德继大公位。1093 年，弗谢沃洛德病逝，伊兹亚斯拉夫之子斯维亚托波尔克继基辅罗斯大公位。至此，智者雅罗斯拉夫的几个儿子全部亡故，争权夺利的斗争转移到了其孙子辈。

1097 年，南方草原的波洛夫齐人不断侵扰基辅罗斯，雅罗斯拉夫在各地出任王公的 6 个孙子，聚集在柳别奇，商议道："我们为什么要相互挑起纷争，毁灭罗斯国家呢？波洛夫齐人劫掠我们的土地，他们最高兴挑起和看到我们之间的战乱。从现在起，我们要齐心协力地保卫罗斯国家，保卫各自的世袭领地。"他们亲吻十字架，宣誓道："今后，如若有谁对他人图谋不轨，我们和正义的十字架将一致诛伐他！"这就是俄罗斯历史上的柳别奇大公大会。这次会议改变了雅罗斯拉夫确定的基辅罗斯大公和各领地王公由众子从长到幼次第继承制，确定各领地世袭，基辅大公仍由上位者轮流坐庄。这样一来，基辅罗斯实际上陷入了分封割据的局面，基辅大公丧失了对其他领地的政治控制。

在柳别奇大公大会上，弗谢沃洛德之子弗拉基米尔·莫诺马赫（1053—1125，本名为弗拉基米尔·弗谢沃洛多维奇）分到了佩列亚斯拉夫、斯摩棱斯克、罗斯托夫和诺夫哥罗德。1113 年至 1125 年，弗拉基米尔·莫诺马赫出任基辅大公，他一度团结罗斯诸公国，中兴了基辅罗斯。俄罗斯历史著名的莫诺马赫王冠就是弗拉基米尔·莫诺马赫从东罗马帝国获得的。

到了 12 世纪中叶，基辅罗斯分裂为许多独立的大公国和公国。第一个俄罗斯国家——基辅罗斯经过短暂的辉煌走向衰落。

六、俯首称臣：金帐汗国来袭

13 世纪初，正当基辅罗斯各公国忙于互相征战之际，远在亚洲腹地草原的蒙古部落狂飙突起，并铺天盖地而来，吞噬了中亚、西亚，吞噬了东欧、中欧，也吞噬了基辅罗斯。

早在唐朝时期，今内蒙古额尔古纳河上游一带就居住着一个被称为"蒙兀"（蒙古的唐代汉文译名）的部族。大约在唐代末年，蒙古一部逐渐西迁到斡难河（今蒙古国和俄罗斯的鄂嫩河）上游不儿罕山（今蒙古国肯特山）地区。当时，蒙古族尚处于原始氏族社会阶段。西迁后，蒙古人和中原地区的联系日益紧密，在中原先进经济、文化的影响下，特别是铁器的输入促进了其生产力的发展，氏族制度迅速瓦解，私有制日益发达，形成了世代当首领的"那颜"（蒙古语"贵族"的音译）和依附于他们的"哈剌抽"（蒙古语"平民"的音译）。各部贵族为了掠夺人口、牲畜，扩大统治地域，互相争战不休。在诸部争战中，蒙古乞颜氏贵族铁木真的势力逐渐壮大，先后打败其余各部，统一了蒙古诸部。1206 年，蒙古贵族在斡难河源举行忽里台（大朝会），铁木真被推举为大汗，尊号"成吉思汗"，蒙古帝国建立。

成吉思汗雄才大略，他并不满足于只在蒙古草原上"弯弓射大雕"。蒙古帝国很快走上了侵略扩张的道路。成吉思汗首先向其近邻用兵，分别于 1205 年、1207 年和 1209 年三次攻入西夏，迫使西夏称臣纳贡。紧接着，他全力攻打金朝，迫使金国皇室献上公主、金帛请和。在降服近邻后，成吉思汗开始劳师远征。1219 年，成吉思汗亲率大军开始第一次西征。蒙古人本是游牧民族，个个身体剽悍，能骑善射，加之长期征战，人人骁勇无比，第一次西征便长驱直入，越过青藏高原，深入中亚，消灭了花剌子模国。然后，成吉思汗派大将哲别和速不台继续西征。哲别和速不台率领的蒙古军攻城略地，过关斩将，接连征服波斯帝国、高加索诸国，又翻越高加索山脉，击败阿兰人和钦察人，直逼第聂伯河。

在第聂伯河一带游牧的钦察人的首领忽滩汗是罗斯诸公国中的加利奇公国的王公姆斯季斯拉夫·姆斯季斯拉维奇的岳父。他对即将来袭的蒙古旋风惊慌失措，只得向贤婿求援，说："今天鞑靼人（这里指蒙古人）夺走了我们的土地，明天就来夺你们的土地。"姆斯季斯拉夫深知"唇亡齿寒"的道理，但他也十分清楚自身的实力，知道单凭小小的加利奇公国很难抵御蒙古大军的金戈铁马，于是向罗斯各公国王公修书，建议共同抵御蒙古人的侵略。他在信中恳切地说："弟兄们，如果我们不去帮助波洛夫齐人，他们就会隶属于蒙古人，蒙古人的势力就会更加无法抵挡。"他还提议在基辅聚会，共商大计。姆斯季斯拉夫的提议得到了几位罗斯王公的响应，他们在基辅聚会后一致决定同钦察人一道抵御蒙古人，认为与其在自家的城邦中打仗，不如在别人的土地上迎击敌人。

1223 年初夏，罗斯诸王公率军偕同钦察人前往迎击蒙古军。在流入亚速海的卡尔卡河三角洲一带，罗斯军和蒙古军主力遭遇，双方展开了一场激战。姆斯季斯拉夫未和诸王公协商，便和几个年轻王公与钦察人一起冲入敌阵。也许蒙古军过于勇猛，也许被蒙古军的威名吓破了胆，钦察人最先招架不住，败下阵来，四下逃窜，这就扰乱了罗斯军的军心。蒙古军见状，乘胜追杀过来，罗斯军舍命抵抗，但最终仍然全军覆没，有 6 个王公阵亡，只有加利奇王公和沃伦王公幸免于难，率残部脱逃。

这场激战正酣时，基辅大公姆斯季斯拉夫·罗曼诺维奇却和其他几位王公驻扎在附近的山寨按兵不动，袖手旁观。结束战斗后，蒙古军便掉头包围了剩余罗斯军的兵营，发起了猛攻。罗斯军拼死抵抗了三日，获得可保全性命的许诺后缴械投降。然而，蒙古军却违背诺言，将投降的罗斯王公和官兵全部杀死，罗斯军无一生还。

蒙古军在击败罗斯军后，继续向北进犯，但他们在伏尔加河一带遭到保加尔人的袭击。此时，蒙古军西征已经历时4年，跋涉路程也逾万里，长期连续作战与跋涉使蒙古军损失惨重，疲惫不堪，亟须休整。于是，哲别和速不台下令掉头东向，经哈萨克草原返回本部。

需要指出的是，蒙古军无论在对其近邻用兵还是在远征中，所到之处，肆意烧杀掳掠，野蛮至极，给当地人民的生命、财产、社会造成极大损失，在世界历史上书写了悲惨的一页。

哲别和速不台返回本部后，成吉思汗对他们取得的辉煌战果极为高兴。1227年，成吉思汗命令长子术赤准备第二次西征，进一步拓展蒙古帝国的领土，但他们二人当年都去世了，第二次西征暂时搁置。随之，蒙古帝国也分裂为四个汗国：长子术赤的汗国（由其子拔都继承），领有额尔齐斯河以西的土地，包括北高加索、土库曼、花剌子模和伏尔加河流域；次子察合台的汗国，领有花剌子模以东的中亚地区；三子窝阔台继大汗位，领有蒙古本部和中国北部；四子拖雷的儿子旭烈兀领有中亚西部、波斯、伊拉克和南高加索。

1235年，蒙古大汗窝阔台命拔都进行第二次西征。如果第一次西征只伤及基辅罗斯的皮肉的话，第二次西征则给基辅罗斯带来了灭顶之灾。厄运首先降临在罗斯的梁赞公国头上。1237年冬，蒙古军打到了梁赞公国，勒令其投降，缴纳全部财产的1/10作为贡赋。梁赞公国王公尤里·伊戈列维奇颇有骨气，他斩钉截铁地回答道："如果我们都死了，那一切都属于你们！"同时，梁赞王公派人向弗拉基米尔－苏兹达尔大公国、切尔尼哥夫公国求援，但这两个公国只求自保，不愿出兵。梁赞公国只得孤军奋战，拼死防守，阻挡蒙古军的进攻。经过5天激战，梁赞军寡不敌众，梁赞城被攻陷，蒙古军烧杀抢掠，彻底摧毁了梁赞公国。

　　紧接着，厄运便降临到弗拉基米尔－苏兹达尔大公国头上。蒙古军在毁灭梁赞公国后便向弗拉基米尔城杀来，大公尤里·弗谢沃洛多维奇此时深悔未去援助梁赞公国，他决心效法梁赞王公拼死抵抗，与公国共存亡，并大义凛然地表示："我们宁肯死在城门口，也决不让蒙古人进城。"话虽如此，他还是借征集力量之名逃出城去，留下了年轻的王子守城。1238年2月初，蒙古军包围了弗拉基米尔城，经过猛烈攻打，攻破城池，又是一番烧杀掳掠，然后挥师北上，包围并消灭了尤里·弗谢沃洛多维奇的军队，尤里大公阵亡，弗拉基米尔－苏兹达尔大公国沦陷。这样，蒙古军很快征服了整个东北罗斯。根据史书记载，一个月之内，蒙古军就攻占并焚毁了包括莫斯科在内的14座城市。

　　之后，蒙古军向西北挺进，企图攻占诺夫哥罗德大公国，但沿途多为沼泽森林，行军不便，转而南下，诺夫哥罗德大公国幸免于难。

　　1240年深秋，蒙古军打到了基辅。基辅大公米哈伊尔·弗谢沃洛多维奇闻风丧胆，狼狈逃窜。但守将德米特里英勇不屈，率领全城军民坚持防守。蒙古军使用攻城槌等攻城器日夜攻城，守城军民拼死抵抗。同年11月19日，基辅城被攻破，基辅军民又在市中心筑起工事抵抗。蒙古军在付出巨大伤亡后最终占领了基辅。基辅罗斯至此灭亡。

　　蒙古军在占领基辅后继续西征，首先征服了罗斯的加利奇－沃伦公国，然后越出罗斯国境，击败波兰、匈牙利等国，一直打到亚平宁半岛东边的亚德里亚海边。1242年冬，拔都在获悉窝阔台大汗的死讯后率师东返，回到伏尔加河下游的大营，并在那里兴建了萨莱城，作为术赤汗国的国都。因拔都立国于钦察草原，穆斯林史家称术赤汗国为钦察汗国。罗斯人则因拔都大营的大帐为金顶，把他的汗国称为金帐汗国。

此时，除诺夫哥罗德公国外，罗斯诸公国都被蒙古军征服，变成了金帐汗国的臣属国。诺夫哥罗德公国虽未被占领，也不得不臣服于金帐汗国。蒙古军对罗斯的征服使其遭受了空前浩劫。如：蒙古军攻占基辅后毁城屠民，数年后教皇派往蒙古的使者普兰诺·加宾尼途经此地时，看到的仍是一片白骨遍野的景象，昔日人烟稠密、繁荣壮观的基辅只剩下不到 200 所房子。蒙古军队血腥屠杀，掳掠人口，罗斯男人损失过半，罗斯大地"千村薜荔人遗矢，万户萧疏鬼唱歌"。同时代的一位作家描绘道："父兄之血似流水浸润土地，无数兄弟子女被俘虏，田园荒芜，草木丛生，伟业沦丧，美景消亡，财富……劳动所获尽为歹徒所僭窃……土地悉为异族所掠夺。"从此，罗斯人民遭受了蒙古王公贵族长达 200 多年的野蛮统治和掠夺。

金帐汗国对罗斯的统治并没有采取直接占领的方式，而是通过其藩臣——各公国的王公进行统治。对愿意向金帐汗称臣纳贡的王公，金帐汗便任命其为该公国的王公，让他们继续统治该公国；对不忠顺者则予以镇压。同时，金帐汗国册封弗拉基米尔－苏兹达尔的新大公雅罗斯拉夫·弗谢沃洛多维奇为弗拉基米尔大公，作为金帐汗在罗斯的代理人，统治全罗斯，并要求各公国王公服从其领导，如有不服，便予以清除。1245 年，切尔尼哥夫王公米哈伊尔·弗谢沃洛多维奇不服弗拉基米尔大公的管辖，金帐汗拔都便将其召到国都萨莱杀害了。加利奇－沃伦王公丹尼尔·罗曼诺维奇本想和弗拉基米尔大公争权夺利，见状立即服从弗拉基米尔大公，这才保全了性命。

罗斯人既然成为金帐汗国的臣民，就得向金帐汗缴税纳贡。1257

年，蒙古大汗蒙哥派特使来罗斯进行户口调查，登记造册，作为征收贡赋、征集军队、摊派徭役的依据。罗斯人被强迫缴纳全部财产的1/10，违者即被卖身为奴。当时有首民谣唱道：

> 谁个没有钱，
>
> 就要他的子女；
>
> 谁个没有子女，
>
> 就要他的妻；
>
> 谁个连妻子也没有，
>
> 就把他脑袋砍去。

缴税纳贡的沉重负担完全落在了贫苦百姓的头上，而有钱的王公、贵族、教会则被免除赋税，享有种种特权，蒙古统治者企图以此来拉拢罗斯王公，使他们成为帮助其统治的工具。

为了加强对罗斯的控制，蒙古统治者在罗斯实行八思哈制度。"八思哈"为突厥语，意为"镇守官"。根据这一制度，罗斯各公国建立由十户长、百户长、千户长、万户长组成的军事政治组织，由蒙古指挥官来统领。八思哈的主要任务是监督罗斯各公国缴纳贡赋，充当社会宪兵，监视罗斯人的政治生活，防止和镇压反抗行动。

蒙古统治者对罗斯人的血腥屠杀、疯狂掠夺与野蛮统治必然遭到罗斯人的激烈反抗。这种反抗在罗斯沦亡不久就开始了。在反抗蒙古统治的斗争中，有个小公国悄然建立并迅速崛起，成为金帐汗国的掘墓人，并为未来强大的俄罗斯帝国奠定了基础，这就是莫斯科大公国。

七、因祸得福：莫斯科大公国坐大

众所周知，莫斯科是今日俄罗斯的首都，是一座世界名城。但对它的历史，对以它为中心的莫斯科大公国，知道的人就不多了。

前面提到了曾任基辅罗斯大公的弗拉基米尔·莫诺马赫。1108年，弗拉基米尔·莫诺马赫把基辅罗斯西北部的土地赐给第七个儿子尤里·多尔戈鲁基（1099？—1157）。根据史书记载，1147年，尤里·多尔戈鲁基在一场战争中获胜，他邀请盟友前往一个名叫莫斯科的边界地庆祝。这是史书上第一次提及莫斯科，俄罗斯人把这一年当作莫斯科建城的年份。

1156年，尤里·多尔戈鲁基加固了莫斯科的防御措施，使之成为防御性要塞。1169年，尤里·多尔戈鲁基之子安德烈·博戈柳布斯基自立为基辅大公。从此，弗拉基米尔城取代基辅城，成为罗斯的政治中心。

1243年，金帐汗国授予尤里·多尔戈鲁基的孙子雅罗斯拉夫·弗谢沃洛多维奇（1191—1246）"弗拉基米尔及全罗斯大公"称号。此后，拥有"弗拉基米尔大公"头衔者通常兼任全罗斯大公。

1263年，弗拉基米尔大公亚历山大·涅夫斯基将莫斯科划为他最小的儿子丹尼尔·亚历山德罗维奇的领地，赐封他为莫斯科王公，莫斯科公国从弗拉基米尔 – 苏兹达尔大公国分离出来。

同年，弗拉基米尔大公亚历山大·涅夫斯基逝世，此后罗斯公国的王公需要竞逐由金帐大汗任命的弗拉基米尔大公位。

莫斯科地处东北罗斯中心，是全罗斯相互交往的一个交通要冲。从陆路来看，从斯摩棱斯克到克里亚济马河畔的弗拉基米尔的古道由西向东穿越而过，诺夫哥罗德到梁赞公国的商路从北到南蜿蜒而来，交叉于此。就水路而言，莫斯科河穿城而过，其支流和伏尔加河与奥卡河相连。同时，莫斯科周围森林密布，河流纵横，土壤肥沃。这样的地理位置，首先有利于莫斯科的经济发展。单是莫斯科公国征收的过境货物贸易税，就使其国库充盈。其次，有利于莫斯科的人口增长。莫斯科公国周围有其他公国及森林、河流作屏障，莫斯科相对比较安全，受蒙古人的侵扰较少。不少人为了躲避战乱，逃到莫斯科定居，他们在这里砍伐森林，开垦土地，修建庭院，形成村庄，昔日的荒野密林逐渐变成人口稠密的地区。莫斯科公国的人口就这样迅速增长，逐渐发展为全罗斯人口最多的公国之一。人口的增长促进了莫斯科公国的农业、手工业和商业的发展，增加了王公的财政收入，也有可能为王公提供强大的军队。这一切为莫斯科公国的崛起提供了有利的物质条件。

1276 年，弗拉基米尔大公瓦西里·雅罗斯拉维奇无嗣而终，罗斯诸公国陷入争夺大公位的混战当中。莫斯科王公丹尼尔·亚历山德罗维奇在这场战争中左右逢源，时常转换立场，以谋取最大的利益。就这样，莫斯科大公国于 1283 年正式建立，丹尼尔·亚历山德罗维奇也由莫斯科王公变为莫斯科大公。

在位期间，丹尼尔一直致力于扩大莫斯科大公国的版图。1301 年，他从梁赞公国王公康斯坦丁手中夺得商业和战略要地科洛姆纳。1302 年，佩列斯拉夫利－扎列斯基王公伊凡·德米特里耶维奇无嗣而终，丹尼尔设法接管了该公国，这使莫斯科公国的疆土几乎扩大了两倍。

1303 年，丹尼尔去世，其子尤里·丹尼洛维奇继位。尤里被其父的辉煌成就所鼓舞，决心取得弗拉基米尔大公之位，成为全罗斯的主宰者。1304 年，尤里来到金帐汗国，和特维尔公国王公米哈伊尔·雅罗斯拉维奇竞争弗拉基米尔大公位。由于尤里献上的贡品没有米哈伊尔多，弗拉基米尔大公位被米哈伊尔夺得，尤里在金帐汗国逗留一年后两手空空地返回莫斯科。

这次失败并未使尤里丧失信心，他知道失败的根本原因在于国力没有特维尔公国强盛。于是，他继续拓展疆土，增强国力。10 年后，尤里带着大量金银珠宝、稀世珍品，再次来到金帐汗国。金帐汗国大汗月即别见状大喜，不仅诰封尤里为弗拉基米尔大公，还把妹妹康察黑公主赐予尤里为妻，并派万户侯合兀合迪率一班使臣及大队骑兵护送尤里夫妇回莫斯科大公国。

特维尔王公米哈伊尔得知尤里夺去了弗拉基米尔大公之位，甚是恼怒，便率军和尤里对阵。交战结果是，尤里战败，王后康察黑公主、万户侯合兀合迪、尤里的兄弟鲍里斯及许多莫斯科公国的领主被俘。几天后，康察黑暴卒，合兀合迪等人获释。尤里闻讯后十分悲痛，再次来到金帐汗国，控诉米哈伊尔指使手下人毒死了康察黑，要月即别大汗为新婚宴尔即惨遭毒害的康察黑报仇雪恨。月即别大汗听说心爱的妹妹被米哈伊尔毒害，怒火中烧，立即命令米哈伊尔前来晋见。米哈伊尔自从康察黑死后便一直提心吊胆，惴惴不安，现在大汗召见，他自知凶多吉少，但身为金帐汗国的臣子，他又不能不去，只好硬着头皮来到金帐汗国。在那里，等待他的自然只有审讯和死刑。米哈伊尔被处死后，尤里重新以弗拉基米尔大公的身份返回莫斯科大公国，成为全罗斯的主宰，特维尔大公国也被置于其控制之下，但从此二者也结下了不解之仇。

尤里是莫斯科大公国第一位担任弗拉基米尔大公的，这提高了莫斯科大公国的地位。作为大公，他颇尽职尽责。首先，他担负起保卫全罗斯的责任。1322年，他统率诺夫哥罗德军队打败了瑞典对卡累利阿的进攻，迫使瑞典求和，双方签订了《奥列霍韦茨和约》，确定了瑞典和罗斯的边界。从此，瑞典人有很长时间不敢对罗斯采取军事行动。其次，他亲自向各公国为金帐大汗征收"贡税"，充当金帐大汗与其他王公之间的唯一中间人。在此过程中，莫斯科大公国的影响进一步扩大。

再说特维尔大公国，米哈伊尔死后，他的几个儿子不甘心失去弗拉基米尔大公位，对尤里恨之入骨。他们不愿通过尤里大公向金帐汗国纳贡，而企图直接向金帐汗缴纳贡税。这显然是藐视尤里大公的权力。尤里极为不满，就带着军队来到特维尔，迫使米哈伊尔之子——特维尔大公德米特里·米哈伊洛维奇答应把贡税缴给尤里，也不再觊觎弗拉基米尔大公之位。尤里从特维尔征税后并没有立即缴给金帐汗国的使臣，而是到诺夫哥罗德处理军务去了。德米特里便乘机来到金帐汗国，状告尤里把特维尔缴给金帐汗国的贡税据为己有，金帐汗国的使臣也出庭做证。月即别大汗听后颇为生气，就褫夺尤里的封号，封德米特里为弗拉基米尔大公。

尤里闻讯后，知道大事不好，急忙携带收缴的贡银前往金帐汗国。祸不单行，他途中又遭到德米特里的弟弟亚历山大·米哈伊洛维奇的袭击，贡银被抢劫一空，只得落荒而逃。不久，月即别大汗下旨召见尤里，尤里奉旨前往金帐汗国。途中，他和仇人德米特里不期而遇，德米特里想起杀父之仇，一时怒从心头起，拔剑向尤里刺去，结束了尤里的性命。

德米特里杀死尤里后向月即别大汗邀功请赏，没想到月即别龙颜大怒，喝道："朕的妹夫，岂容尔等鼠辈杀得？"他立即下令处死了德米特里，敕封德米特里之弟亚历山大为弗拉基米尔大公。

尤里死后，其弟伊凡·丹尼洛维奇继位，成为莫斯科大公国的第三任大公。

伊凡在继位之前就已协助其兄统治莫斯科大公国多年，积累了丰富的政治经验，在位期间为莫斯科大公国的崛起做出了比其父兄更多的贡献。

伊凡也许十分清楚教会在罗斯社会生活中的分量，他和罗斯都主教多年来一直保持着良好的关系，并设法把主教府从弗拉基米尔迁到莫斯科。莫斯科大公就这样慢慢和罗斯教会结成了联盟，扩大了莫斯科大公国的实力和影响。

伊凡继位时，弗拉基米尔大公的敕书在莫斯科大公国的宿敌特维尔大公亚历山大手中，伊凡处心积虑，想要夺回敕书。1327年，月即别大汗怀疑亚历山大不忠，派堂弟乔尔汗率大军占领了特维尔，把亚历山大逐出宫廷。乔尔汗在特维尔横行无忌，肆意抢劫和侮辱罗斯人，特维尔市民敢怒不敢言。8月15日早晨，有个特维尔市民牵马饮水，被一伙蒙古人瞧见了，他们见这匹马膘肥体健，威风凛凛，煞是喜欢，动手便抢。马主人情急之中大声喊叫，特维尔市民再也无法忍受，便发动起义，把所有蒙古人赶到一起，全部杀光，包括乔尔汗本人。

事件发生后，月即别大汗怒不可遏，准备御驾亲征。伊凡见有机可乘，急忙来到金帐汗国，表示愿效犬马之劳。于是，月即别大汗就派伊凡和苏兹达尔王公亚历山大·瓦西里耶维奇率5万军队前往讨伐特维尔大公国。来到特维尔后，伊凡乘机报复，残酷地镇压了起义，俘虏了大量人口，亚历山大逃往普斯科夫。

月即别大汗看伊凡对自己倒也忠实，便于1328年敕封伊凡为弗拉基米尔大公。伊凡如愿以偿，莫斯科大公再次成为全罗斯的主宰者。此后，这一敕书基本上都保留在伊凡的后裔手中。

伊凡荣升全罗斯大公后，并没有志得意满，就此止步。这时，他获得了征收全罗斯的贡赋并直接送交金帐汗国的大权。此后，他便乘机以权谋私，充实莫斯科大公国的国库。他在征收贡赋时，或者私自加码，敲诈勒索；或者瞒天过海，从中截留。他原想做得神不知鬼不觉，但世上没有不透风的墙，他的所作所为还是被人看破，为此他获得了"卡里达"（钱袋）的绰号。但伊凡大公并不害怕被治罪或者丢掉大公之位，因为他早已从多收或截留的贡赋中拿出一部分买通了金帐大汗及其妻妾和近臣。

伊凡大公还到处收买土地，竭力扩充自己的势力范围。他通过收买兼并了加利奇等公国，他还收买了弗拉基米尔、科斯特罗马、罗斯托夫等大公国的不少乡村，这使莫斯科大公国的国土不断扩大。同时，他又实行吸引人口的政策，以少缴或免缴赋税的政策把其他公国的农民、市民吸引到莫斯科大公国来。此外，他还从金帐汗国赎买罗斯俘虏，让他们成为莫斯科大公国的臣民。这就使得莫斯科大公国的人口迅速增长。

随着土地的扩大和人口的增长，莫斯科大公国的农业、手工业、商业进一步发展，城市数量在增加，城市规模在扩大，呈现出一派欣欣向荣的景象。这又对其他公国的领主产生了强大的吸引力，他们纷纷来到莫斯科大公国，或聚集到莫斯科大公国周围，如切尔尼戈夫公国的领主罗季翁·涅斯捷罗维奇举家迁到莫斯科大公国，主仆多达1700人。伊凡大公在位期间，奠定了莫斯科大公国强盛的基础，他成为逐渐把所有罗斯公国统一起来的"第一位合并者"。

1340年，伊凡大公辞世，罗斯各公国的王公齐聚金帐汗国，等待大汗宣布弗拉基米尔大公的敕书。可以想见，有不少王公渴望得到这一敕书，以凌驾于众王公之上；也不乏有人暗中活动，力图得到这一敕书。然而，也许伊凡大公德高望重，政绩辉煌；也许"钱袋"的钱没有白花，金帐大汗出人意料地宣布伊凡的长子谢苗·伊凡诺维奇继任弗拉基米尔大公，并把敕书颁赐予他。众王公见木已成舟，便默然认可了。

谢苗大公并非寻常之辈。为了把持弗拉基米尔大公宝座，他对罗斯诸王公飞扬跋扈，颐指气使，为此获得了"骄王"的绰号。诺夫哥罗德大公一度不服统治，图谋不轨，谢苗大公便派军征讨，迫使其接受他为全权代理人。对金帐大汗，他竭力逢迎讨好，卑躬屈膝。他在位期间，曾5次带着一车车丰厚的礼物长途跋涉来到金帐汗国，向金帐大汗朝贡。他得到的回报自然是"荣耀和赏赐"，以及统治全罗斯的弗拉基米尔大公的公位。

谢苗大公有心栽柳，却无力回天。1353年，正当他雄心勃勃，力图进一步扩大莫斯科大公国的势力时，一场可怕的瘟疫——"黑死病"席卷欧洲，罗斯诸公国也未能幸免于难，不少地方人烟灭绝。谢苗大公也在这场可怕的瘟疫中一命呜呼，同时死去的还有他的两个儿子和兄弟安德烈。

谢苗大公临终前把几个兄弟叫到病榻前，嘱咐他们要团结一致，不要听从企图挑拨他们兄弟关系的"恶人"的话，而要听从都主教阿列克谢和可靠的领主的话。谢苗大公死后，其弟伊凡·伊凡诺维奇继大公位。在位期间，伊凡·伊凡诺维奇性格懦弱，优柔寡断，毫无建树，多亏他遵从兄长的遗嘱，凡事请教都主教阿列克谢，才保住了弗拉基米尔大公位，没有让日益强大起来、时刻觊觎着大公宝座的特维尔、梁赞、下诺夫哥罗德三个公国夺去大公位。1359 年，伊凡·伊凡诺维奇执政仅 6 年即死去，留下两个年幼的儿子，长子德米特里·伊凡诺维奇仅 10 岁。弗拉基米尔大公的敕书被下诺夫哥罗德公国的王公夺去。

德米特里少年老成，心高志鸿，不同凡响，他决心夺回弗拉基米尔大公的敕书。都主教阿列克谢和莫斯科的领主更是积极支持德米特里维护莫斯科大公国的地位。当时，金帐汗国出现分裂，短短二十年间就有 18 位大汗。1362 年，德米特里取得了受封为弗拉基米尔大公的敕书。然后，他们拥戴德米特里率军来到弗拉基米尔，赶走了盘踞在那里的下诺夫哥罗德王公德米特里·康斯坦丁诺维奇。翌年，金帐汗国在收受厚礼之后也给德米特里送来了弗拉基米尔大公的敕书。下诺夫哥罗德王公德米特里·康斯坦丁诺维奇颇不甘心，又设法从金帐汗国获得了弗拉基米尔大公的敕书，把德米特里赶出了弗拉基米尔，但他只在城里坚持了 12 天便被莫斯科军队击溃。德米特里重登弗拉基米尔大公的宝座，德米特里·康斯坦丁诺维奇只得俯首称臣，并把女儿嫁给了德米特里。

德米特里渐渐长大成人，他的雄心与才干也与日俱增，他决心让罗斯诸公国都服从他的意志。他首先降服了加利奇、罗斯托夫、斯塔罗杜布等公国，然后向最强大的特维尔大公国发起挑战。

特维尔大公国王公米哈伊尔·亚历山德罗维奇自知不是莫斯科大公国的对手，便急忙向女婿——立陶宛大公阿尔吉达斯求援。1368 年，阿尔吉达斯和其弟率立陶宛大军偕同米哈伊尔的军队前来攻打莫斯科。德米特里见大军压境，力量悬殊，便躲进用石头改建的克里姆林宫，紧闭城门，拒不出战。立陶宛军队攻城不克，在城外烧杀掳掠三日后退去。1370 年 8 月，德米特里对特维尔宣战，米哈伊尔逃往立陶宛，德米特里的军队攻破了特维尔大公国，完全破坏了米哈伊尔的世袭领地米库林公国。同年年底，米哈伊尔又带着立陶宛军队打到莫斯科。德米特里再次躲进克里姆林宫。同时，几个罗斯公国的王公率军前来增援。阿尔吉达斯见形势对他不利，便自行退兵。

这时，米哈伊尔又企图利用金帐汗国与德米特里抗争。1371 年，他来到金帐汗国，设法从权臣马麦处取得了弗拉基米尔大公的敕书，马麦的使者陪同他到弗拉基米尔赴任，但弗拉基米尔人把他拒之门外，不让他进入弗拉基米尔大公国。德米特里闻讯后，立即把马麦的使者请去，赠以厚礼，然后又带着大量珍贵礼物来到金帐汗国，夺回了受封弗拉基米尔大公的敕书。当时，米哈伊尔因无力偿还金帐汗国的债务，把儿子伊凡·米哈伊洛维奇留在金帐汗国做人质。德米特里便替伊凡偿还了这笔债，把伊凡作为人质留在了他本人身边。

1375 年，米哈伊尔终于被迫屈服，自称莫斯科大公之"弟"，允诺放弃与立陶宛结盟，同莫斯科大公国一起攻打罗斯的敌人。至此，莫斯科大公国最强大的竞争者屈服了。

八、顿河英雄：勇与宗主开战

降服特维尔大公国后，莫斯科大公国成为罗斯诸公国的核心，罗斯诸公国纷纷归附，聚集在其周围，听从莫斯科大公的号令。此时，金帐汗国则内讧不已，国势日衰，1360 年至 1380 年出现了 18 位大汗。德米特里渐渐滋生了摆脱金帐汗国统治的思想，并开始与之对抗。

看到罗斯人企图谋反，金帐汗国当然不会应允。1378 年夏，马麦派大将别吉奇率军前来讨伐。德米特里大公早有准备，亲率罗斯大军迎敌。两军在梁赞公国的沃扎河相遇。德米特里兵分三路，普隆斯克王公丹尼尔和德米特里的两员爱将分别率军从左右两翼出击，德米特里则居中路，向蒙古军发起猛烈进攻。蒙古军被打得大败，丢下蒙古包、大车和军事装备狼狈逃窜，别吉奇中箭身亡。

马麦暴怒，他对着手下的王公贵族、文臣武将大声咆哮："处死那些固执而任性的奴隶！把他们的城市、所有的基督教堂化为灰烬！我们要靠罗斯的金子发财致富！"

1380 年夏，马麦调集 20 万大军向罗斯扑来。罗斯的另一个宿敌立陶宛闻讯立即与之结盟，双方商定 9 月 1 日会师，共同进军莫斯科。

但德米特里并未被吓倒，决心抵抗来犯之敌。宣诏官跑遍罗斯的城镇乡村，高声宣读德米特里大公关于同金帐汗国作战的诏书。诸公国的王公领着亲兵前来参战，各地的普通老百姓也扛着斧头、猎矛、木棍等"武器"前来参战。德米特里很快就征集了 15 万大军。

德米特里首先派出"探子"侦察。当探知马麦正在等待与立陶宛军会合时，他决定立即向蒙古军出击，以免两军会合后对罗斯军造成更大威胁。

德米特里检阅了军队，然后调兵遣将，向顿河进发。

马麦表面上气势汹汹，实际上都深知国势衰弱，如果硬拼，不一定是日渐强盛的罗斯诸公国的对手，便遣使说只要罗斯诸公国继续向金帐汗国纳贡，便可议和。德米特里断然拒绝。

同年9月初，罗斯军抵达顿河附近。在这里，德米特里召开了军事会议，同部下就是否渡河作战进行了讨论。一部分部下认为，背水作战乃兵家大忌，如果渡河作战，一旦战败，便无退路，蒙古军人多势众，罗斯军应当留下退路。另一部分部下认为，背水作战会断绝罗斯军退却的希望，只能奋力杀敌寻找生路，置之死地而后生。德米特里坚决支持第二种意见，他慷慨激昂地说道："我们来这里是为了解救罗斯国土免遭奴役破坏，屈辱地活着莫如光荣地死去。"他下令立即渡河作战，如果不能获胜，就为祖国献出生命。

9月7日晚，黑夜沉沉，大雾弥漫，罗斯军队在夜色和大雾的掩护下渡过顿河，进入库里科沃原野。库里科沃原野周围山峦起伏，沟壑纵横，丛林密布，中间有一片沼泽，地形复杂。德米特里认为，在这里决战，蒙古军队无法采用大批骑兵从两侧迂回包抄的惯用战术，有利于罗斯军队采取伏击战，以己之长，击彼之短，稳操胜券。于是，他进行了周密部署。

罗斯军渡河时，蒙古军队就驻扎在离库里科沃原野仅七八千米的地方。为了阻止罗斯军渡河，或乘其渡河后立足未稳将其歼灭，蒙古军迅速扑了过来。9月8日中午12时许，蒙古军和罗斯军在库里科沃原野相遇。此时，罗斯军严阵以待。按照惯例，双方首先各出一名壮士单打独斗。只见罗斯军中一位名叫佩列斯韦特的勇士策马而出，高声挑战。蒙古军中一位叫帖木儿·穆尔扎的勇士策马而出，大声应战。两位勇士挥舞着刀枪，纵马疾驰，你来我往，互相迎战。二人使出浑身解数，打了几十个回合，最后双双死于马下。随后，双方的大

规模厮杀开始了。蒙古军像数不清的乌鸦，黑压压一片，铺天盖地扑
了过来。德鲁茨克公国军队组成的罗斯军的先锋团拼死抵抗，但由
于双方力量悬殊，几乎全部被歼。紧接着蒙古军猛攻莫斯科大公国军
队守卫的罗斯军大营，双方展开了激烈的肉搏。库里科沃原野不算开
阔，几十万大军在这里互相厮杀，拥挤程度可想而知。据史书记载，
这场肉搏拥挤到如此程度，以致许多人喘不过气来，被杀死的人倒不
下来。不少战士被马蹄踏死。这一记载虽有夸大其词之嫌，但战斗之
惨烈是显而易见的。蒙古军毕竟骁勇善战，杀得罗斯军连连后退，一
直杀到中军帐前，德米特里大公的旗也被砍倒撕碎。罗斯军大营眼看
就要被攻占，就在这千钧一发之际，弗拉基米尔、苏兹达尔、布良斯
克等公国的援军赶了过来，投入战斗，罗斯军这才打退了蒙古军的
进攻。

蒙古军见正面进攻不能得逞，便转而进攻罗斯军左翼。罗斯军左
翼很快被突破，蒙古军深入罗斯军的后方。蒙古军以为胜利在望，一
时欢声震天。但蒙古人高兴得太早了，只听德米特里一声令下，在树
林里埋伏多时的罗斯军一跃而起，犹如神兵天降，冲了出来。蒙古军
被这突如其来的打击搞得晕头转向，只得转身逃跑。罗斯军乘机转入
反攻，蒙古军一溃千里，一直在一个山头上观战的马麦也一溜烟逃走
了，罗斯军一直追了大约 30 千米才停了下来。

这场战斗双方损失惨重。战斗结束后，战死战场上的罗斯士兵
达 6 万多，蒙古军战死的更多。这场战争以罗斯军的胜利而告终。这
就是俄罗斯古代史上著名的库里科沃之战。德米特里不仅是这场战役
的组织者、指挥者，他还身先士卒，英勇杀敌，身上多处负伤。战争
结束后，德米特里躺在一棵砍倒的树下昏迷不醒，身上的甲胄也被砍

碎。德米特里的指挥才能与英勇无畏赢得了人们广泛的赞誉，他的美名传遍了整个罗斯，从此人们尊称他为"顿斯科伊"，意为"顿河英雄"。莫斯科大公国在罗斯诸国的威信和地位进一步提高，这就为其日后统一罗斯奠定了基础。

九、罗斯之主：全新的开始

1389 年，顿河英雄德米特里辞世，他在遗诏中把莫斯科大公国传给长子瓦西里·德米特里耶维奇，并说："上帝要推翻金帐汗国，吾子不应向其纳贡。"这再次表明莫斯科大公国摆脱金帐汗国控制的决心。

瓦西里·德米特里耶维奇在位 36 年。他继承父业，继续兼并其他公国，使莫斯科大公国的版图进一步扩大。

1425 年，瓦西里病故，传位其子瓦西里·瓦西里耶维奇，是为瓦西里二世。瓦西里二世即位时年仅 10 岁，其叔父——加利奇王公尤里·德米特里耶维奇不服他的统治，欲即大公位。从此，莫斯科大公国开始了长达 20 年的内乱。这场内乱，叔侄相争，兄弟相残，上演了一出争权夺利的人间悲剧。在这场内乱中，瓦西里二世被其堂兄弟德米特里·舍米亚卡剜去了双眼，成为失明大公。直到 1446 年，失明大公瓦西里二世进军莫斯科，赶走自封莫斯科大公的德米特里·舍米亚卡，结束了这场内乱。

瓦西里二世复位后，继续其祖上兼并邻国、统一罗斯的事业。到其统治末年，莫斯科大公国在政治上已控制了大多数公国，其版图已达东北罗斯的一半。

1462 年，瓦西里二世辞世，其子伊凡继位，这就是著名的伊凡三世。伊凡三世在位长达 43 年。据史书记载，他处事谨慎，"连一粒樱桃都要分两次吃"。历史证明，他有雄才大略，正是在他在位期间，罗斯彻底摆脱了蒙古人的统治，基本实现了统一，形成了一个中央集权的国家。

伊凡三世即位后，首先兼并了雅罗斯拉夫尔公国（1463），将雅罗斯拉夫尔公国的王公贵族贬为莫斯科大公的扈从。1474 年，他又吞并了罗斯托夫大公国。

在伊凡三世统一罗斯的事业中，最具决定意义的是征服诺夫哥罗德大公国。当时，诺夫哥罗德大公国是一个独立的封建共和国，经济发达，拥有辽阔的领地，被称为"罗斯诸公国的首领"。那么，诺夫哥罗德怎么是封建共和国呢？原来，早在 1126 年，诺夫哥罗德的贵族就开始通过市民大会从他们中选举市政官，改变了由基辅大公委派市政官的做法。1136 年，诺夫哥罗德人民发动起义，弗谢沃洛德王公及其家属被市民大会逮捕，由封建领主和富商把持的市民大会掌握了政权。市民大会不只选举市政官，也选举军队统领"千人长"、主教等重要职务。从此，诺夫哥罗德大公国成为封建共和国。它虽然有时也臣属某一大公，但大公无权干涉其内部事务，只限于在战时统率军队。一旦大公同市民大会发生冲突，大公就被赶走，市民大会另请新的大公。

莫斯科大公伊凡三世把诺夫哥罗德看作自己的世袭领地，早就图谋吞并。对此，诺夫哥罗德大市长伊萨科·鲍列茨基的遗孀玛尔法·鲍列茨卡娅及其子为首的亲立陶宛派坚决反对，他们担心莫斯科大公的集权统治会使他们丧失权力、土地与财富，公开叫嚷诺夫哥罗德大公国不能做莫斯科大公的世袭领地，并于 1470 年同波兰国王和立陶宛大公卡西米尔四世结盟。卡西米尔四世立即派基辅王公米哈伊尔·奥列尔科维奇坐镇诺夫哥罗德。诺夫哥罗德的亲立陶宛派还计划将玛尔法嫁给米哈伊尔，以加强双方的联盟。

对此，伊凡三世当然不能坐视不理。他首先请罗斯都主教出面谴责亲立陶宛派的背叛行为，劝说他们放弃与波兰—立陶宛结盟。劝说无效后，他便召集莫斯科大公国的王公、领主、将军等举行会议，决定征讨诺夫哥罗德。1471 年 6 月，莫斯科军队出发。7 月 14 日，两军在舍隆河畔决战。双方投入的兵力极为悬殊：莫斯科军队为 4000人，诺夫哥罗德军队则为 4 万人。但莫斯科军队听从统一指挥，人人奋勇，个个争先，以一当十，诺夫哥罗德的军队则一盘散沙，各自行动，十不顶一，诺夫哥罗德大败，1.2 万人被杀，1.7 万人被俘。在北德维纳河战场，人数同样只有 4000 人的另一支莫斯科军队击败了为数 1.2 万人的诺夫哥罗德军队。

诺夫哥罗德战败了，它不得不和莫斯科签订和约，保证不反对莫斯科大公，不勾结立陶宛政权，接受莫斯科大公的裁判权和全权代理人地位，继续缴纳贡税。谨慎的伊凡三世这次并没有吞并诺夫哥罗德，而是表现得很有节制。在他看来，吞并的时机还没有到来。

但亲立陶宛派并不甘心失败，他们又重新聚集在大市长瓦西里周围，恣意践踏百姓，暗中和波兰—立陶宛勾结。饱受亲立陶宛派领主蹂躏的诺夫哥罗德下层百姓请求莫斯科大公为他们申冤做主。1475 年10 月，伊凡三世来到诺夫哥罗德，在大市长、大主教和领主的列席下开庭审判，将瓦西里等人以谋逆、叛变罪逮捕，戴上镣铐押解到莫斯科。此举既打击了亲立陶宛派的嚣张气焰，又赢得了诺夫哥罗德黎民百姓的支持拥护，可谓一举两得。伊凡三世在诺夫哥罗德停留期间，为了笼络人心，不分尊卑贵贱地向人们分赠礼物，仔细听取人们的申诉，给人们留下了仁慈、慷慨、公正的君主形象。

1477 年，伊凡三世认为吞并诺夫哥罗德的时机已经成熟，便寻找借口，采取行动。同年 3 月，诺夫哥罗德的两位使者——市民大会书记扎哈尔和传令官纳扎尔来到莫斯科，他们在呈文中称伊凡三世为"国君"，而非过去的"君主"。据此，伊凡三世认为诺夫哥罗德人已把自己看作他们的"国君"，便遣使到诺夫哥罗德询问具体细节，问他们是否希望设立国君直辖的法庭和行政机关。但诺夫哥罗德统治集团答复说，他们根本不希望这样，矢口否认曾派遣扎哈尔和纳扎尔两位使臣出使莫斯科大公国，也不曾称伊凡三世为"国君"，还表示不准备废除"老规矩"。伊凡三世闻讯大怒，指责诺夫哥罗德出尔反尔，背信弃义，决定率军征讨。同年 10 月 9 日，莫斯科军队出发，迅速挺进，沿途几乎没有遇到抵抗，11 月即兵临诺夫哥罗德城下，将其团团包围。诺夫哥罗德无力抵抗，只得同意谈判，接受了伊凡三世的全部要求。从此，诺夫哥罗德归由伊凡三世的全权代理人管辖，诺夫哥罗德的大片领地转归伊凡三世，一部分诺夫哥罗德领主被遣送到莫斯科，其世袭领地也转归伊凡三世。市民大会制度被废除，数百年来用以召集诺夫哥罗德人参加市民大会的大钟也被拆下来，运往莫斯科。1478 年 1 月 15 日，伊凡三世作为诺夫哥罗德的"国君"向全体诺夫哥罗德人宣誓，诺夫哥罗德的全体领主、贵族及其子弟也宣誓效忠莫斯科大公。诺夫哥罗德被莫斯科大公国兼并了，此举使莫斯科大公国的土地扩充了好几倍。

此后，伊凡三世继续采取行动。1485年莫斯科大公国又吞并了特维尔大公国。至此，伊凡三世基本统一了东北罗斯。从这一年开始，莫斯科大公真正成为"全罗斯大公"。

就在莫斯科大公国的疆土和实力像滚雪球一样越滚越大，形成统一罗斯国家之势时，统治罗斯已达200多年的金帐汗国却像进入垂暮之年的老人一样越来越弱。蒙古封建统治者的无穷贪欲和无尽掠夺，使其境内的经济遭到严重破坏，民不聊生，怨声载道，危机四伏。同时，蒙古统治集团内部又争权夺利，内讧不已，导致金帐汗国四分五裂。到15世纪中叶，金帐汗国已分裂为克里木汗国、喀山汗国、阿斯特拉罕汗国、大帐汗国等汗国。罗斯名义上仍在金帐汗国残余势力的大帐汗国的统治下，但大帐汗国已无力像从前那样控制罗斯了。对罗斯人来说，摆脱蒙古人统治的时机到来了。

1478年，莫斯科大公伊凡三世停止向金帐汗国缴纳贡赋。1480年，伊凡三世更是直接拒绝了前来索取贡赋的金帐汗国特使的要求，当场撕毁了金帐汗国特使带来的索要贡赋的国书，还下令处死了金帐汗国特使。大帐汗阿黑麻大发雷霆，视之为大逆不道，便调集兵马，亲率大军前往征讨莫斯科大公国。金帐汗国虽已四分五裂，国力式微，但蒙古民族毕竟是"马背上的民族"，其能骑善射、能征善战的名声享誉天下，加之又为讨逆而来，来势汹汹，自然不可等闲视之。伊凡三世便派其长子伊凡·伊凡诺维奇率军前去御敌，两军在奥卡河支流乌格拉河两岸扎下营来。

这时，伊凡三世的王后——东罗马帝国末代皇帝（1453年，东罗马帝国灭亡，取而代之的是奥斯曼土耳其帝国）的侄女索菲娅·帕列奥罗格公主吓破了胆，她唯恐莫斯科城破人亡，在伊凡三世奔赴前线巡视之际，自作主张，将王宫迁到莫斯科大公国北部的白湖城（别洛焦尔斯克）。一些胆小如鼠的大臣也力劝伊凡三世撤兵。伊凡三世本属谨小慎微之人，在王后和那些大臣的影响下，思想产生了动摇，他去前线看了一下就返回了莫斯科，并从莫斯科移居莫斯科大公国北部的红村，还坚持要召回其子伊凡·伊凡诺维奇。伊凡三世夫妇的这一系列做法遭到民众激烈反对，莫斯科市民群情激愤，将伊凡三世团团围住，要求他坚决抵抗蒙古人的进犯。罗斯托夫主教瓦西安·雷洛致书伊凡三世，鼓励他像弗拉基米尔·莫诺马赫和德米特里那样勇敢地与蒙古人作战。其子伊凡·伊凡诺维奇也拒绝返回莫斯科，坚持要和蒙古人战斗到底。民众的呼声、意志和力量使伊凡三世受到极大鼓舞，他终于振作精神，重返前线，统率三军，指挥御敌。罗斯军队士气大振。蒙古军几次企图渡河进攻，都被罗斯军挡了回去。严冬到来了，北风呼啸，大雪纷飞，蒙古军粮秣短缺，衣衫单薄，饥寒交迫，士气低落，苦不堪言。阿黑麻原指望其盟友——波兰—立陶宛大公卡西米尔率军增援，两面夹击罗斯军，但立陶宛此时发生内乱，卡西米尔大公无暇他顾。与此相反，罗斯军的增援部队却源源不断地赶来，罗斯军士气更加高涨。1480 年 11 月的一天，伊凡三世调整战略部署，将一支罗斯军从克列缅茨调往博罗夫斯克。阿黑麻以为罗斯军要从侧翼包抄，意图将其一举歼灭，立即下令撤退。不久，金帐汗国再次发生内讧，阿黑麻在内讧中被杀，大帐又分裂为几个小汗国。蒙古人再也没有力量攻入罗斯，恢复对它的统治了。罗斯在饱受蒙古封建统治者近两个半世纪的野蛮蹂躏之后终于获得了独立。

伊凡三世在基本统一罗斯，领导罗斯人民摆脱蒙古人的统治取得独立之后，又在罗斯建立了一套中央集权的统治制度。

这时，莫斯科大公真正成为"全罗斯君主"。伊凡三世有时在外交文件中自称"上帝垂恩之全罗斯君主及莫斯科大公国大公伊凡三世"。他是全罗斯的最高统治者，手握生杀予夺大权。

莫斯科大公国的波雅尔杜马（最高等级贵族组成的贵族议会）成为直属大公的常设最高管理机关和咨议机关，其成员都是显赫的王公贵族，和大公一起议决国家最重大的事务。

大公下设分掌中央各部门事务的衙门，如管理使节、官吏、宫廷、驿站、粮仓等事务的衙门，还有专管大公马匹的马房、专管奴仆的霍洛普、专管大公的国库与档案的公家事务等衙门。16世纪初，莫斯科大公国共有10个衙门，衙门的长官由法官、贵族、王公担任，司书则管理日常事务。

地方官为总督和乡长，他们从波雅尔和自由人中产生，掌管地方行政、司法、征税大权。

在军事方面，伊凡三世废除了先前由各王公独立指挥的亲兵队，建立了以服役贵族为主体的常备军，规定每个从国家取得土地的贵族都必须服兵役，军权直接掌握在大公手里。

1497年，伊凡三世颁布了一部法典，史称《一四九七年法典》（又称《伊凡三世法典》）。该法典限制农民从一个地主名下转到另一个地主名下的权利，规定只有在每年秋后尤里耶夫节（旧历11月26日）前后各一个星期，农民才可以迁移。这是罗斯国家第一部全国统一的法典，它把农民如奴隶般限制在地主的土地上，初步确立了农奴制。

此外，在税收、铸币、邮政等方面，罗斯国家也逐渐走向统一。

这样，罗斯诸公国分裂割据的局面结束了，蒙古人统治罗斯的局面结束了。在罗斯东北部悄然兴起的莫斯科大公国经过200多年的发展，日渐壮大强盛，领导罗斯诸公国摆脱了金帐汗国的统治，并吞并了东北罗斯诸公国，统一了东北罗斯。从此，莫斯科大公开始自称为"全罗斯君主"。以莫斯科大公国为核心，东北罗斯实际上形成了一个新兴的统一国家——俄罗斯。莫斯科大公伊凡三世也因领导罗斯诸公国摆脱金帐汗国的统治、统一罗斯而获得了"伊凡大帝"的尊号。他是俄国历史上第一位获得"大帝"尊号的君主，也是仅有的获此殊荣的三位君主之一（另两位是彼得大帝和叶卡捷琳娜大帝）。

第二章
气吞山河：俄罗斯帝国的建立

一、幼主继位：伊凡雷帝自称沙皇

1505 年 10 月 17 日，伊凡三世带着统一俄罗斯的辉煌业绩辞别人世，其子瓦西里·伊凡诺维奇继位，是为瓦西里三世。

瓦西里三世在位 28 年，他完成了伊凡三世的未竟事业，将尚未并入俄罗斯国家的普斯科夫大公国和梁赞大公国吞并，并从立陶宛手中夺取了斯摩棱斯克。到 1533 年瓦西里三世去世时，俄罗斯的领土已从 1462 年伊凡三世继位时的 43 万平方千米扩展到 280 万平方千米，疆域北达白海，南至奥卡河，西抵第聂伯河上游，东到乌拉尔山脉的支脉。经过两代君主的努力，俄罗斯成为欧洲幅员最辽阔的国家。

1533 年 12 月 3 日，瓦西里三世病逝，传位长子伊凡·瓦西里耶维奇。这就是著名的伊凡四世。据说，伊凡四世出生时正好电闪雷鸣，因此他又被称为伊凡雷帝。

伊凡四世即位时年仅 3 岁，父亲遗诏任命尤里耶夫、舒伊斯基、沃龙佐夫、安德烈、格林斯基等 7 位大贵族和伊凡四世的母亲叶莲娜·格林斯卡娅组成摄政会议，代理朝政，直至伊凡四世长大成年。

这就注定了莫斯科宫廷将发生一系列血雨腥风的夺权斗争，演出一幕幕令人战栗的悲剧。

叶莲娜·格林斯卡娅是瓦西里三世的第二任妻子。瓦西里三世和原配夫人结婚20多年，虽然恩爱，却无子嗣。为了使龙脉相传，他不得已和她离婚，将其送进了修道院，随后便娶了年轻貌美的叶莲娜为妻，4年后喜得贵子伊凡，次年又添一子尤里。

但叶莲娜福浅命薄，结婚刚刚几年，正当她那年长的丈夫对年少的妻子百般疼爱、万般柔情之际，丈夫却突然撒手人寰。按照莫斯科大公国的祖制，大公死后，遗孀就靠所赐封地了却余生了。这对风烛残年的老妇犹可，年纪轻轻的叶莲娜怎能耐得住这等寂寞？况且爱子只有3岁，没有父母在身旁呵护，在充满刀光剑影旋涡陷阱的宫廷，谁又能保证他长大成人并顺利加冕呢？于是，她便开始利用自身的特殊身份，设法独揽大权。她首先任命宠臣奥博连斯基为总管，任用别利斯基等一批亲信处理朝政，并将一直觊觎大公宝座的伊凡四世的叔父尤里投进监狱，不给吃喝，让其饥渴而死。然后，她利用宠臣和亲信采取一系列措施以巩固王权，如限制修道院、波雅尔的世袭领地和纳税特权，设立地方长官审理"盗贼"案件，加强从首都莫斯科到边防重镇的城防工事，等等。

叶莲娜看似一位没有从政经验的弱女子，实则是一位精明能干的女强人。叶莲娜摄政时期很短，只有5年，其最大的贡献是进行了币制改革，统一了俄国货币。当时，随着货物流通和商品经济的发展，市场上的货币供不应求，不法商贩便大量制造赝币。尽管法律制裁很严，制造赝币者或被砍掉双手，或被往嘴里灌滚烫的锡水，但总有不法之徒铤而走险。大量赝币的存在严重扰乱了市场秩序，也影响了王公贵族积累财富。叶莲娜下决心从根本上解决问题。她让波雅尔杜马制订了货币改革方案，下令将旧币全部收回，发行统一的银币。新发行的银币上面铸有一个手持长矛的骑士像，俄语中的长矛为"戈比"，故新币又称"戈比币"。戈比成为基本货币单位。货币的统一，加强了国家的财政管理，促进了商品经济的发展。

叶莲娜独揽朝政的行为遭到瓦西里三世指定的7位辅政大臣等王公贵族的激烈反对。叶莲娜一不做二不休，干脆废除了摄政会议，收回了7位辅政大臣的监护权，将不服从者投入监狱。1537年，伊凡四世的另一个叔父安德烈逃往诺夫哥罗德，企图纠集当地势力发动叛乱，但没有得到响应。事败之后，安德烈只身来到莫斯科，乞求叶莲娜的宽恕，但被戴上铁面具囚禁起来，后来终因长长的须发窒息而死。支持过安德烈的贵族也被一一绞死在从莫斯科到诺夫哥罗德的驿道旁的绞架上。

1538年4月2日，正值盛年的叶莲娜突然身亡。叶莲娜的死因和许多中外帝王后妃的死因一样，至今仍是个谜。有人说她是得暴病不治而亡的，有人说她是被痛恨她的波雅尔毒死的。不管怎样，她的死意味着新一轮宫廷斗争的开始。当时伊凡四世只有7岁半，还是一个不谙世事的顽童，在宫廷中地位显赫、势力强大的舒伊斯基王公家族趁机夺取了政权。舒伊斯基心狠手辣，暴戾专横，对政敌一一开刀。他首先逮捕了叶莲娜的宠臣奥博连斯基，将其囚死狱中。之后，他又关押了另一个强大对手别利斯基王公，处死了其亲信、御前司书米舒林，并把支持别利斯基的都主教达尼尔革职。此外，他还逼死了尤里耶夫，放逐了图奇科夫。就这样，舒伊斯基将政敌一一消灭，从此他和他的党羽把持朝政，胡作非为，横行无忌，甚至深夜闯入伊凡四世的卧室，威胁恫吓他。

但斗争并没有结束。1540 年夏，别利斯基在都主教约瑟夫的努力活动下获释出狱。别利斯基家族也是莫斯科颇有势力的名门望族，自然不会对所受的欺凌忍气吞声，也不甘心让舒伊斯基专权肆虐。于是，他暗中准备，组织力量，于当年年底发动政变，夺取了政权。但一年后，舒伊斯基集团反扑过来，再次逮捕了别利斯基，将其杀害。都主教约瑟夫也被罢黜。

在宫廷斗争的血雨腥风中，伊凡四世渐渐长大。作为全罗斯大公，他虽然年幼，却也享有无上的尊荣，群臣向他俯首，百姓向他致敬，而他又时常被阴谋所包围，被刀光剑影所笼罩，黑暗中有人向他射来如电的目光，有人向他伸出如剑的魔爪，让他不寒而栗，防不胜防。他熟读经典史书，饱尝宫廷中血淋淋的斗争。这种尊荣而又险恶的环境铸造了他独特的性格——孤傲多疑，冷酷无情。1543 年，即 13 岁那年，他命令御狗官放狗将舒伊斯基的弟弟安德烈·舒伊斯基活活咬死，暴尸宫门示众。

1547 年 1 月 16 日，伊凡四世在莫斯科克里姆林宫的圣母升天大教堂举行了隆重的加冕式。祈祷之后，都主教马卡里把缀满珠宝的莫诺马赫王冠戴到了伊凡四世的头上。莫诺马赫王冠是 12 世纪初东罗马皇帝君士坦丁·莫诺马赫送给其外孙、基辅罗斯大公弗拉基米尔·莫诺马赫的，故名。它实际上是皇权的象征。伊凡三世为了显示其威严，曾偶尔戴过它。现在，它正式戴在了伊凡四世的头上，标志着伊凡四世成为俄罗斯的第一个皇帝。从此，伊凡四世自称沙皇，莫斯科大公国也改称俄罗斯沙皇国或沙皇俄国。

伊凡四世加冕为皇帝后，把持朝政的仍是其舅舅格林斯基的家族。他们利用特权，横行无忌，滥杀无辜，一时怨声载道。

同年夏天，俄罗斯大旱，从春季开始，几乎滴雨未下。6月21日，莫斯科突然失火。火借风势，风助火威，繁华的莫斯科城几乎化为灰烬。在这场火灾中，有2.5万多所房屋被毁，2700人至3700人被烧死，大约8万人无家可归。火灾点燃了人们心中的积怨，他们把怒火烧向格林斯基家族，说火灾是沙皇的外祖母安娜·格林斯卡娅施展的妖术，是她把人心挖出来浸泡在水中，结果人心变成喜鹊飞到天空，将血水洒遍全城，引起大火。愤怒的人群冲进克里姆林宫，把沙皇的舅舅尤里·格林斯基从圣母升天大教堂拖出，用乱石砸死了。他们又赶到伊凡四世藏匿的沃罗布约沃村，要求沙皇交出其外祖母安娜和舅舅米哈伊尔·格林斯基。沙皇指天发誓说，安娜和米哈伊尔不在那里，他决不会窝藏他们。善良的人们听信了沙皇的保证，终于散去。

一场骚乱结束了。这是莫斯科民众反对把持朝政、胡作非为的波雅尔的一次起义。骚乱平息后，伊凡四世处决了起义的发起人，也将声名狼藉、激起民愤的舅舅米哈伊尔·格林斯基革职流放。沙皇夺回了格林斯基家族把持的权力，建立了沙皇专制政权，从叶莲娜死后开始的波雅尔当权时期就此结束。

二、特辖制：肆无忌惮的疯狂屠杀

如果从1547年加冕亲政算起，沙皇伊凡四世在位37年。在位期间，他对内进行了一系列改革，以巩固和加强封建中央集权制和农奴制。

伊凡四世推行改革时，有三位得力助手，他们是御前侍从阿列克谢·阿达舍夫、莫斯科都主教西尔维斯特、王公安德烈·库尔布斯基。伊凡四世组建了以他们为核心的"重臣拉达"，或称"近臣杜马"，推行改革。

1549 年 2 月 27 日，伊凡四世在莫斯科召开了由统治阶级各等级参加的联席协调会议。出席会议的有波雅尔、司书、高级神职人员，以及莫斯科封地贵族的代表。会议的中心议题是改革与编纂新法典。这就是俄国历史上的第一次全俄罗斯缙绅会议，这一会议的召开标志着俄国等级代表君主制的确立。

会上，沙皇伊凡四世严厉谴责了波雅尔乘他年幼权弱而滥用职权、胡作非为的行为，要求与会者共同行动，推行改革，指令西尔维斯特编纂新法典。第二天，他又颁布法令，宣布解除波雅尔的城镇司法权，此后一切案件归沙皇法庭审理，改革的大幕正式拉开。

1550 年 6 月，新法典编纂完毕。1551 年 2 月，伊凡四世再次召开了宗教界代表和世俗封建主代表共同参加的会议，讨论通过了新法典，史称《一五五〇年法典》（又称《伊凡四世法典》）。新法典规定，审判权和行政权集中于中央，废除王公领地的司法特权，地方权力由封建贵族、商人、手工业者和农民选举的地方长官行使，他们对中央政府负责。新法典重申了《一四九七年法典》关于农民在尤里耶夫节的出走权，但对"外遇"（离开原主人，另寻新主人）手续费、"卖身折债"和"易主赎金"做了更详细的规定，增加了"居住费"的数额。这是俄国第一部统一的法律文献，它的实施显然加强了中央政府的权力，削弱了波雅尔的权力。

颁布新法典只是伊凡四世改革的第一步，他紧接着推行了其他一系列改革。他改革中央机关，以管辖的部门为基础，分门别类建立职责明确的衙门，如行伍、射击军、封地、使节、治安、刑事等衙门。他改革地方管理制度，将地方权力机关纳入中央集权的轨道。1556年，他正式宣布废除采邑制。他改革税收制度，取消了教会和修道院不纳税的特权，对土地面积进行了登记和丈量，规定了统一的税收标准。他改革军事制度，鉴于军队内部实行门第制度，一些出身高贵但不学无术者执掌兵权，常常贻误战事，他规定停止实行门第制度，军官一律服从中央兵团第一统帅。他颁布兵役法，规定凡拥有150俄亩（约合150公顷）土地的贵族，必须提供一名全副武装的骑兵，超过此数者还要带武装仆从，使封地贵族与波雅尔在同一标准下服军役。他编造花名册，定期检阅军队，并组建使用火器的射击军，他本人亲自指挥，以保卫莫斯科和克里姆林宫的安全。他还改革了教会，消除各地教会的差异，建立统一的教会，实行统一的宗教仪式，禁止教徒等向教会和修道院捐赠土地，禁止他们自行购置土地，限制教会扩张势力范围。这些改革措施加强了君主中央集权制，促进了俄罗斯国家的发展。

需要指出的是，当时伊凡四世刚刚20岁出头，这些改革主要是在阿达舍夫和西尔维斯特的主持下完成的。他们二人都学识渊博，富有远见，深得伊凡四世器重，并对他产生了重大影响。西尔维斯特牧师曾编写过著名的《治家格言》，对伊凡四世上教堂忏悔、做祈祷、起居、旅行等都做了详细规定。伊凡四世承认说，他简直像一个婴儿一样，一切都得按照《治家格言》的条文行事。西尔维斯特牧师还竭力点燃伊凡四世的宗教热忱，使这位沙皇对宗教走火入魔，常常产生幻觉。

然而，这两位改革功臣、伊凡四世的左膀右臂，却于 1560 年被控毒死皇后，一个被放逐，一个遭软禁。这真是"伴君如伴虎"啊！

在伊凡四世的改革措施中，最恐怖的就是 1565 年至 1572 年实行的特辖制。

1564 年年初，俄军在和立陶宛争夺立窝尼亚的战争中遭到惨败。不久，前线统帅安德烈·库尔布斯基叛逃立陶宛。此事发生后，伊凡四世大为恼怒，他对波雅尔的不满像火山喷发一样爆发了。

长期以来，伊凡四世和波雅尔之间就存在着尖锐的矛盾。一些大贵族领主对伊凡四世加强中央集权的做法十分不满，时时与之对抗，甚至密谋篡权或分裂俄国。伊凡四世生性多疑，对这些大贵族领主的不满情绪与阴谋活动早有耳闻，自然记恨在心，伺机整治他们。

库尔布斯基叛逃立陶宛后，派扈从舍巴诺夫给伊凡四世送来一封信，解释了他叛逃的原因，说他屡遭沙皇排挤，被剥夺了一切，不得不出走，并谴责了沙皇独断专横的行为。伊凡四世看过信后，怒火中烧，把信撕得粉碎，举起手杖一下戳穿了舍巴诺夫的腿部，并下令将其斩首示众。有位名叫弗拉基米尔·莫洛佐夫的大贵族因同情库尔布斯基，不满沙皇的暴虐，差人将舍巴诺夫收尸埋葬，伊凡四世听说后立即将其逮捕入狱。之后，伊凡四世复信库尔布斯基，痛斥这位波雅尔的背叛行为，声称任何人违抗君主的意志或触犯君主的神圣权威，都将受到严惩。这预示着沙皇要对不听话的大贵族开刀了。

然而，伊凡四世孤傲多疑，冷酷无情，工于心计，善于玩弄权术，他没有立即向大贵族开刀，而是采取以退为进的策略，导演了一出"劝进"的闹剧。

1564 年 12 月 3 日，莫斯科街头寒风凛冽，白雪皑皑。伊凡四世在参加完克里姆林宫圣母升天大教堂的祈祷仪式后，带领着家属和亲信，以及圣像、十字架、金银细软等贵重财物，突然离开首都莫斯科，来到距莫斯科100多千米的夏宫亚历山德罗夫村。在这里，他向首都发出两封信：一封信写给都主教阿法纳西，他在信中历数了大贵族盗窃国库、侵吞土地、逃避兵役、叛国投敌的种种罪行，提出对这些人理应严加惩处，教会不应该出面庇护，严厉谴责了大贵族和教会。另一封信写给首都工商市民，解释了他出走的原因，说他并非生黎民百姓的气，也不是嫌弃他们，而是出于无奈，是出于大贵族不忠，请他们不要误会。这封信语气温和，言辞恳切，被当众在莫斯科广场向首都市民宣读。信宣读后，全城轰动。工商业者和其他市民百姓对大贵族领主依仗门第权势胡作非为的做法一向心存怨恨，只是敢怒不敢言，如今看到沙皇竟然也被他们逼走，群情激愤，怒不可遏，强烈要求沙皇返回首都，严惩叛逆。莫斯科陷入一片混乱。面对这种情况，首都的达官显贵、高级神职人员惊恐不安，他们纷纷敦请都主教阿法纳西出面调解，"乞求沙皇宽宥"，万望"沙皇息怒，……，不要抛弃国家"，表示只要沙皇返回首都，"治国大事悉由陛下做主"。

在这种情况下，都主教阿法纳西派大主教皮敏为代表，偕同其他各阶层代表，携带着达官显贵的效忠书来到亚历山德罗夫村，请求沙皇伊凡四世返回首都。伊凡四世自然不肯轻易应允，在皮敏等人多番苦苦请求之后，他亮出了自己的撒手锏：要返回莫斯科可以，必须保证他拥有专制君主的全部权力，他可采取一切措施，惩治叛徒，巩固皇权。皮敏等人连连应诺，伊凡四世始终绷着的脸这才露出了笑容，同意一个月后返回莫斯科。

1565年2月，沙皇伊凡四世在大队人马的护卫下，前呼后拥地返回莫斯科。这时，一个新的改革计划已在他胸中酝酿成熟了，这就是实行特辖制。

根据这一计划，伊凡四世把全国领土划分为两部分：一部分为特辖区，包括全国经济上和军事上最重要的地区和城市，具体包括俄罗斯北部、西部、中部和南部部分地区，约占全国领土的一半，由沙皇直接管辖；另一部分为领主区，也称领主辖区，为国家边远落后地区，由沙皇领导下的波雅尔杜马掌管。首都莫斯科也划为这样两个部分。凡划归特辖区的地方，当地的王公、大贵族通通被迁入领主区，在领主区领取新的土地，其原有土地则被沙皇分赏给亲信和封地贵族。这一做法实际上摧毁了大贵族的经济基础，使沙皇的支持者——中小贵族获得了大量土地。

为了加强对特辖区的管理和控制，伊凡四世又别出心裁，专门设立了特辖区宫廷（又称独立宫廷）。特辖区宫廷有单独的人员编制和特辖金库，官员大多由封建贵族担任。特辖区宫廷由沙皇直接管辖。领主区仍由原来的波雅尔杜马管辖，但重大事务必须禀报沙皇。

为了推行特辖制，镇压叛逆的大贵族，伊凡四世专门组建了特辖军。特辖军由精心挑选的忠于沙皇的封地贵族组成，人数最初为1000人，之后增加了好几倍。特辖军必须宣誓效忠沙皇，无情地揭露一切危害沙皇的阴谋，决不能知情不报。他们身穿特制的黑袍，骑黑马，马鞍上挂着一个狗头和一把扫帚，表示他们要像狗一样忠实，要把国家清扫干净。

就这样，一切准备就绪后，伊凡四世就向心存反叛或被怀疑不忠的大贵族高高举起了屠刀。

首先成为他的刀下鬼的是十多年前曾阴谋篡位的王公贵族。

1563 年春，伊凡四世在征服喀山汗国凯旋之后忽染重病，卧床不起，一些不满沙皇专权的王公贵族以为沙皇将不久于人世，密谋篡位，其中包括斯塔里察公国王公、伊凡四世的堂兄弟弗拉基米尔·斯塔里茨基。岂料沙皇命不当绝，很快病愈，种种阴谋均告破产。同时，宫廷中少不了告密之人，沙皇对这些阴谋了如指掌，伊凡四世对密谋篡位的王公贵族耿耿于怀，伺机报复。

1565 年年初，沙皇伊凡四世开始了第一轮镇压。他以"重大叛国案"为名，首先处决了戈尔巴特王公，及其岳父——御前大臣戈洛文，还有他年仅 15 岁的儿子，并将支持把斯塔里茨基立为莫斯科皇位候选人的库拉金和奥博连斯基幽禁在一座修道院内。不久，他又杀害了罗斯托夫斯基和雅罗斯拉夫斯基两位王公，把他们的财产和土地全部没收，其家族及领地上的其他贵族被赶往喀山。之后，他便把矛头直指斯塔里茨基，剥夺了其旧有领地，限定其只能住在莫斯科，处于沙皇的直接监视之下。

伊凡四世的血腥镇压引起了人们的不满，特辖制的实行又使全国陷入一片混乱。当时，俄国正在同立陶宛进行争夺立窝尼亚的战争，沙皇号召社会各阶层人民为支持战争献计献策。有 200 名封地贵族联名上书伊凡四世，要求废止特辖制，以便集中力量，一致对外，但伊凡四世获奏后大发雷霆，大骂这些封地贵族胆大包天，竟敢冒犯天颜，违逆圣意，要沙皇放弃刚刚实施的特辖制，下令将上书者通通处死。可怜这 200 名封地贵族，对沙皇一片赤胆忠心，却成为沙皇的刀下之鬼。

伊凡四世实施特辖制、滥杀无辜的做法也引起东正教会的强烈不满。都主教阿法纳西忍无可忍，愤然辞职。继任的都主教腓力出身显赫，是御马监切利亚德宁的远亲，对特辖制更是深恶痛绝。有一次，他在莫斯科圣母升天大教堂当众指责沙皇说："你何时才能不让诚实的人们和东正教徒流无罪的血？……想想吧！虽然你蒙上帝恩宠，名扬天下，但你总有一死。那时，你将因双手沾满无辜者的鲜血而受到上帝的惩罚。"他言辞间充满切齿之恨。

然而，丧心病狂的伊凡四世不为所动，他在把腓力撤职流放（后被特辖军暗杀）之后不久，便又掀起新一轮屠杀狂潮。

1567年夏，俄罗斯在同立陶宛的战争中失利。就在此时，俄方从抓获的一名立陶宛间谍身上搜到一封信，信中说波雅尔杜马成员伊凡·别利斯基、伊凡·姆斯季斯拉夫斯基、米哈伊尔·沃罗敦斯基和伊凡·费奥多罗夫同波兰国王齐格蒙特二世·奥古斯塔暗中勾结，他们表示连同领地一起"臣服"波兰国王，计划于当年秋季乘伊凡四世率兵出征时，在齐格蒙特二世的武力配合下，将其逮捕，拥立弗拉基米尔·斯塔里茨基为沙皇。

伊凡四世对此深信不疑，认为反对派准备谋反。起初，他曾想携带家眷到英国避难，并和英国使节杰克逊进行了密谈，但消息很快被泄露出去，闹得满城风雨，人心惶惶，特别是积极推行特辖制的官吏和特辖军官兵，个个如丧家之犬，惶惶不可终日。伊凡四世遂决定留守莫斯科，坚决镇压密谋篡位者。

1568年4月的一天，伊凡四世在莫斯科克里姆林宫召见了波雅尔杜马成员和首都要人。与往常不同，他出人意料地走下御座，当众请最负盛名的大贵族费奥多罗夫上座。众人皆惊讶不已，不知他葫芦里卖的什么药。只听他对坐在御座上的费奥多罗夫说道："你现在就是莫斯科大公，你所追求和期待的一切都有了。"说完，他拔剑向费奥多罗夫刺去，费奥多罗夫当即死于非命。对沙皇这突如其来的举动，在场的人一个个吓得目瞪口呆，面如土色。随后，特辖军奔赴费奥多罗夫的领地，对该领地的王公贵族及其家属仆人，挥舞马刀，狂砍滥杀。费奥多罗夫的家眷，不分男女老幼，通通被赶进席棚烧死。就这样，在很短时间内就有三百多人被杀，其中贵族就有 150 名。伊凡四世之所以首先拿费奥多罗夫开刀，是因为他怀疑费奥多罗夫是那场"阴谋"的主谋。这就是著名的"费奥多罗夫政变"。

随后，伊凡四世又将其堂兄弟弗拉基米尔·斯塔里茨基王公逮捕入狱，逼其服毒自杀，然后将其满门抄斩，只有一个远嫁丹麦的女儿幸免于难。

1570 年，伊凡四世发动了第三轮屠杀浪潮，矛头直指诺夫哥罗德。

诺夫哥罗德自从 1478 年被伊凡三世吞并以来，始终保持着一定的独立性。此外，诺夫哥罗德曾是一个封建共和国，长期实行共和制，人们对俄罗斯君主加强中央集权的做法很不满，一些封建主曾支持斯塔里茨基王公的分裂活动。对此，伊凡四世久已记恨在心。

1570 年 1 月 8 日，伊凡四世率领特辖军来到诺夫哥罗德。得知沙皇驾临该市的教士手举十字架和圣像，迎候在沃尔霍夫大桥上，准备在这里举行欢迎仪式。然而，当诺夫哥罗德大主教皮敏迎上前去，准备祝福沙皇时，伊凡四世拒绝接受，他宣布：诺夫哥罗德参与了前不久发生的叛变阴谋，企图背叛沙皇投降立陶宛，大主教皮敏便是阴谋党的首领之一。他随之一声令下，特辖军立即逮捕了大主教皮敏（后来在流放途中死去），然后开始大肆抢劫杀戮。古老的圣索菲亚大教堂被洗劫一空，珍贵的圣像被抢走，教堂的大门也被卸了下来。市民的财物或被抢走没收，或被付之一炬。最令人发指的是惨无人道的血腥杀戮。特辖军把他们怀疑参与阴谋的人，或桀骜不驯的人，或只是看不顺眼的人，逮捕之后，反绑双手吊起来，用火烧他们的前额，之后又把他们用长绳拴在马拉的雪橇上，拖着穿过全城。最后，这些可怜的人受尽折磨，奄奄一息的时候，特辖军把他们扔进了沃尔霍夫河。在这场屠杀中，妇女儿童也未能幸免于难，他们被捆绑着从沃尔霍夫大桥扔入河中，当他们在水中挣扎的时候，乘船在河上巡逻的特辖军士兵便用斧头把他们砍死，或用长矛把他们戳死。

在这场屠杀中，诺夫哥罗德人被杀死者不计其数。据说，每天有1000人至1500人被扔进沃尔霍夫河。沃尔霍夫河被无辜者的尸体填满，河水被鲜血染红。

在这场浩劫中，诺夫哥罗德全城及周边200千米至300千米的土地，几乎被特辖军洗劫一空。有个特辖军士兵得意地说，他在出征诺夫哥罗德时只有一匹马，返回时已有49匹马和22车财物。经过这场浩劫，昔日繁荣昌盛的诺夫哥罗德，曾是俄罗斯西北重镇、经济贸易中心的诺夫哥罗德，变成俄罗斯的一座普通城市，再也没有力量和莫斯科抗衡了。

伊凡四世率特辖军在诺夫哥罗德血腥屠杀、疯狂抢劫一个多月后返回莫斯科。然而，屠杀并没有结束。当全国各地忤逆不忠的王公领主一个个被消灭之后，当和沙皇分庭抗礼的两大公国——斯塔里察公国和诺夫哥罗德公国被摧毁之后，屠刀似乎该举向莫斯科了，似乎该"清君侧"了。在持续不断的屠杀过程中，本来就多疑的伊凡四世对侍奉左右、辅佐朝政的亲信也产生了怀疑，往往因一些蛛丝马迹或告密者的诬陷，便对他们大开杀戒。有一天，掌玺大臣伊凡·维斯科瓦托夫劝谏沙皇停止屠杀，说无休止的屠杀已搞得人心惶惶，人人自危。伊凡四世闻言大怒，喝道："我还未将叛逆者杀光，这只是开始，谁也休想阻止我，我要把不顺从的人赶尽杀绝。"维斯科瓦托夫由此被怀疑不忠，引来杀身之祸。

1570 年 7 月 25 日，伊凡四世又进行了一轮大屠杀。这天，他下令在莫斯科的一座广场上架起断头台，生起篝火，在火上支起大锅，倒满水并烧开。接着，他率领特辖军杀气腾腾地来到刑场。第一个被判处死刑的就是维斯科瓦托夫。他被控曾同波兰、奥斯曼土耳其、克里木汗国等国勾结，卖国通敌，判处"裂尸刑"。只见他的手脚被大铁钉钉在原木十字架上，沙皇的亲信、特辖军手执刀剑，一个挨一个走了过来，将他碎尸万段，剁成了肉泥。紧接着被判处死刑的是国家度支使尼基塔·夫尼科夫，他同样以背叛沙皇的罪名被扔进开水锅，活活烫死。之后，封地衙门司书瓦西里·斯捷潘诺夫等大臣官员皆以叛国罪连同他们的妻室儿女一一被处决。这次屠杀受害者达 100 多人，不少是沙皇的股肱之臣、政府官员，其中包括沙皇的亲信、特辖军的创始人之一阿列克谢·巴斯曼诺夫。

特辖制从 1565 年实行到 1572 年废止，共实行了 7 年时间。它摧毁了俄国封建王公和大贵族赖以生存的基础——世袭领地制。同时，通过一次次屠杀，许多王公贵族被从肉体上消灭了。据统计，7 年之内大约有 4000 多名封建王公和大贵族被杀。这样，封建割据的残余势力被消灭了，沙皇的政敌被消灭了，沙皇真正成为至高无上、人人敬畏的君主，封建的中央集权制得到确立和巩固。

实行特辖制时期也是俄国历史上最黑暗的时期。伊凡四世的血腥恐怖政策使无数无辜者丧生，使生产力受到严重破坏。农民的赋税和徭役加重了，一个农民一年缴纳的赋税等于过去 10 年的总和。农奴制压迫进一步加深，《一五五〇年法典》中关于尤里耶夫节前后各一星期农民可以离开主人的规定实际上已被取消，农民几乎失去了行动的自由。伊凡四世残忍暴虐，使人人畏惧，谈虎色变，因此获得了一个绰号——"恐怖伊凡"，成为俄国历史上最有名的暴君。

1572 年，伊凡四世的封建王公、大贵族等政敌都已被消灭，沙皇的权力得到巩固和加强，从这个意义上说，特辖制的目的已经达到。同时，沙皇轻信小人诬告，滥杀无辜，草菅人命，甚至怀疑、屠杀自己的亲信，把屠刀举向特辖军内部，导致人心惶惶，怨声载道。再者，特辖制的实行造成许多管理上的矛盾，特辖军也已腐败堕落，失去战斗力，难以适应战争的需要。种种因素促使伊凡四世下决心取消特辖制。这年夏天，俄罗斯在和克里木汗国的战争中大获全胜。在举国欢庆胜利的时刻，伊凡四世颁布了关于禁止使用特辖制名称的诏书。诏书说："违令者将严惩不贷，罪犯（谈论特辖制者）将被剥去上衣，当众鞭笞。"在此之前，沙皇已采取一系列措施，将特辖军和地方军合并，将特辖国库与地方国库合并，逐步消除了特辖杜马与普通杜马、特辖区与领主区的界限，事实上已取消了特辖制。就这样，特辖制作为俄国历史上一种特殊的制度、一个特殊的历史产物宣告结束。

三、王子"复活"：接二连三的政治失控

伊凡雷帝晚年脾气变得更加暴戾。有一次，他见皇太子妃只穿一

件衬衣坐在房间里，违背了妇女穿衣不得少于三件的规矩，便勃然大怒，伸手就是几个耳光。怀孕的儿媳受不了这番惊吓，流产了。眼见爱妻受辱，痛失爱子，皇太子伊凡不由得找父亲理论。恼羞成怒的伊凡雷帝却将权杖向儿子掷去，刚好击中太阳穴，儿子立时昏死过去，不久丧命。

这一不幸事件使伊凡雷帝悲恸欲绝，精神受到极大打击。他下令举国服丧，哀悼皇太子，他自己专程到修道院忏悔。他下令为所有奉他之命被处决的领主和贵族昭雪，命令司书编造了所有遭特辖军杀害的人员名单，同大量金钱一道送往全国一些大的教会。他还下诏规定，凡诬告者严惩不贷，凡凭空指控领主谋反犯上者格杀勿论。看来伊凡雷帝终于良心发现，迷途知返，决心放下屠刀了。

1584 年 3 月 18 日，伊凡雷帝终因悲伤过度，忧思成疾，离开了人世。他身后留有两个儿子：一个叫费奥多尔，是第一个妻子安娜斯塔西娅所生，时年 27 岁；另一个叫德米特里，为最后一个妻子（第七个妻子）所生，刚一岁半。根据遗诏，费奥多尔继承了皇位，其舅舅扎哈林 - 尤里耶夫、妻兄鲍里斯·戈都诺夫、杜马主席伊凡·姆斯季斯拉夫斯基、伊凡·舒伊斯基和别利斯基大公五人摄政。

这费奥多尔虽早已成年，却丝毫不像其父年轻时那般性格刚毅、雄才大略，而是一个意志薄弱、智力低下的平庸之辈，整日提心吊胆，唯恐遭人暗算，只知去修道院祈祷，祈求上帝保佑，不思如何治理国家，结果让摄政会议掌管了大权。

五位摄政会议成员皆皇亲国戚或伊凡雷帝的股肱之臣，但他们并不同心同德，而是各怀鬼胎，各有所求，各自代表本集团的利益。舒伊斯基和姆斯季斯拉夫斯基代表大贵族的利益，扎哈林 - 尤里耶夫和戈都诺夫则代表封地贵族的利益。沙皇的无能导致封建统治集团内部展开激烈的争权夺利的斗争，首先跳出来的是伊凡雷帝的宠臣、大贵族别利斯基。他率领武装家奴占领了克里姆林宫，企图扶植德米特里王子为沙皇。此举遭到莫斯科市民的强烈反对，他们自发冲进克里姆林宫。摄政会议乘机打击别利斯基，将其流放到下诺夫哥罗德，将德米特里王子及其母亲遣送到乌格里奇。这场斗争结束后，大权落到沙皇的舅舅戈都诺夫手里。

对此，代表大贵族利益的姆斯季斯拉夫斯基等人自然不肯罢休，他们设计种种阴谋，企图谋害戈都诺夫，夺回被戈都诺夫把持的权力。但这些阴谋被一一粉碎，姆斯季斯拉夫斯基被关进修道院，舒伊斯基被处死，参与阴谋的都主教被撤换，其余同党或被处死，或被监禁。从此，戈都诺夫牢牢把持朝政大权。

戈都诺夫是一位很有远见和才干的政治家。他主政期间，在内政外交方面都采取了许多有利于国家发展的政策措施。如：他沿用了伊凡四世扶植封地贵族的方针，把没收的政敌土地分给封地贵族，规定地主耕种荒地免税 2 年至 10 年；凡本人服军役并住在自家庄园的地主，其耕地一律免税，这就刺激了地主扩大耕地的积极性。他继续实行伊凡四世限制教会特权的政策，禁止教会擅自兼并土地，规定修道院必须承担纳税义务。他把因欠债沦为地主家仆的工商业者解放出来，以发展城市经济。同时，他进一步强化农奴制，在全国范围进行登记农奴的工作，在登记过程中禁止农奴换主。在外交方面，他同波兰签订了为期 15 年的停战协定，同瑞典签订了永久和约，争取了一个比较和平的国际环境。1588 年，他利用君士坦丁堡大牧首伊列米亚到莫斯科"募捐"金钱和貂皮的机会，迫使伊列米亚同意在俄国建立独立的牧首区。1589 年，莫斯科都主教区升格为牧首区，俄国教会摆脱了对君士坦丁堡牧首的依附，俄国东正教会和它所支持的沙皇政权的威望得到进一步提高。

1598 年 1 月 7 日，尸位素餐 14 年的沙皇费奥多尔病故。费奥多尔没有子嗣，其弟德米特里也于 1591 年之前死去，留里克家族再无男嗣可继承皇位。就这样，从 862 年开始的留里克王朝历经 736 年而告终。

费奥多尔之死意味着一场新的争夺皇位斗争的开始。当时，争夺皇位的主要是戈都诺夫和罗曼诺夫兄弟。莫诺马赫皇冠的巨大诱惑力使双方志在必得，当仁不让。无奈，司书瓦西里·谢尔卡洛夫建议由全俄罗斯缙绅会议推举沙皇。1598 年 2 月 17 日，全俄罗斯缙绅会议开幕，根据莫斯科及全俄罗斯大牧首约夫的提议，戈都诺夫众望所归，当选为沙皇。9 月 1 日，戈都诺夫在克里姆林宫的圣母升天大教堂接受了莫斯科及全俄罗斯大牧首的祝福，戴上了莫诺马赫皇冠和披肩，正式即位称帝。

戈都诺夫上台后，为消除隐患，以蓄意谋害沙皇的罪名，将其政敌罗曼诺夫兄弟及其家族亲友全部流放到边远地区。费奥多尔·尼基季奇·罗曼诺夫被关进修道院，改称都主教菲拉列特。然后，他继续推行促进国家发展的政策。一时间，国泰民安，戈都诺夫也似乎坐稳了江山。

然而，天有不测风云，戈都诺夫即位称帝刚两年，天灾人祸便接踵而至。

1601 年夏，俄罗斯发生严重洪涝灾害。祸不单行，8 月中旬，霜冻又提前降临，导致粮食几乎颗粒未收。随之而来的便是大饥荒。当人们把为数不多的余粮吃完之后，便开始挖野菜、剥树皮充饥。到后来，一些无法维生的饥民竟以同胞的死尸为食。当时，俄罗斯饿殍遍野，人烟稀少。据一位当事人估计，三年饥荒，俄罗斯饿死的人达1/3。

面对如此严重的饥荒，为防止饥民造反，戈都诺夫采取了一些应对措施。如：他下令在莫斯科等地发放救济粮款，限制地主富商哄抬粮价，放松对农民出走权的限制等，但均未奏效，俄罗斯许多地方还是燃起了农民起义的烈火。一位叫赫洛普柯的起义农民领袖联合各路起义军向莫斯科进军。起义军在莫斯科近郊和政府军发生激战，打死了政府军统领巴斯马诺夫，莫斯科城危如累卵。后来，沙皇政府调集大批援军镇压了起义。

然而，一波刚平，一波又起。1603年，伊凡雷帝死去多年的小儿子德米特里突然"复活"了。在波兰大贵族阿达姆·维什涅维茨基的大庄园里，一个22岁的小伙子自称是伊凡四世的儿子德米特里，说他当年在乌格里奇获得天助，死里逃生。这就对戈都诺夫的皇位造成了威胁。沙皇政府急忙宣布，德米特里早已亡故，这个小伙子并非德米特里，而是加利奇大贵族奥特列比耶夫的儿子、修士格里高利。关于这位伪德米特里的来历，至今仍是个谜。

尽管莫斯科政府一再否认，但谣言传得多了总有人相信，更何况戈都诺夫的政敌正想寻机推翻戈都诺夫的皇位，俄国的宿敌波兰也想夺回被俄国吞并的土地。于是，伪德米特里很快纠集了一批支持者，特别是波兰封建主的支持。

为了扶植伪德米特里，波兰大贵族维什涅维茨基将他引荐给自己的亲戚、波兰统领耶日·姆尼什克。伪德米特里当时正值青春年少，尚未成家，对耶日年轻美丽的女儿玛琳娜一见倾心，许诺如耶日能将玛琳娜嫁给他，他一旦夺取皇位，愿把诺夫哥罗德和普斯科夫赠予新娘作领地，愿给岳父大批金银财宝作聘礼。两人很快达成了这笔交易。维什涅维茨基还把伪德米特里举荐给波兰国王齐格蒙特三世。齐格蒙特三世召见了伪德米特里，对他大加赞赏，公开支持他夺回俄国皇位。伪德米特里感激涕零，答应事成之后定将斯摩棱斯克和谢韦尔斯克－切尔尼哥夫地区割给波兰。

就这样，经过一年多的精心策划，1604 年 10 月，伪德米特里率领一支由波兰人和哥萨克组成的大约 4000 人的武装，越过俄国边界，向莫斯科挺进。一路上，伪德米特里许诺给农民以自由，反对戈都诺夫统治、渴望有一个"好沙皇"的农民、市民，乃至小贵族，纷纷加入伪德米特里的队伍，这支队伍迅速壮大。戈都诺夫派政府军去镇压，伪德米特里一度遭到惨败，但很快卷土重来。与此同时，俄罗斯各地掀起了支持"好沙皇"伪德米特里的农民起义，戈都诺夫陷入四面楚歌之中。

1605 年 4 月 13 日，戈都诺夫突然死去，谣传是服毒自杀。戈都诺夫死后，16 岁的儿子费奥多尔继位，但他无力继承父业，挽救危局。这时，在人们心目中，戈都诺夫父子是篡夺皇位的罪人，只有"真命天子德米特里"才是皇位的合法继承人。正在前线与伪德米特里作战的 8 万俄军拒绝向新沙皇费奥多尔宣誓效忠，倒戈伪德米特里。莫斯科广大市民自发举行起义，他们涌向广场，冲入克里姆林宫。大贵族瓦西里·伊凡诺维奇·舒伊斯基等人也改变皇太子德米特里已死的说法，说他正在向首都进发。他们乘莫斯科市民起义之机推翻了费奥多尔的皇位，将费奥多尔母子逮捕并杀害，然后派代表前往迎接伪德米特里。6 月 30 日，在莫斯科各教堂嘹亮的钟声中，伪德米特里率领大队人马，前呼后拥，耀武扬威地进入莫斯科城。不久，伊凡四世的第七个妻子、德米特里的生母玛丽亚·娜加娅被接到首都，她承认伪德米特里就是她的儿子德米特里。7 月 21 日，伪德米特里在圣母升天大教堂正式加冕为沙皇，史称伪德米特里一世。

从 1603 年出现，到 1605 年登上皇位，速度之快、进展之顺利，是冒名德米特里皇太子的小伙子做梦也没有想到的。这出近乎荒唐的滑稽剧何以能演变为现实？原因主要有三个：首先，俄罗斯连续几年的大饥荒导致阶级矛盾激化，人们对沙皇戈都诺夫的统治已强烈不满。其次，波兰封建主的扶植，俄罗斯大小贵族响应。最后，不能不提到的是，俄罗斯人头脑中长期形成的封建正统观念。在他们看来，只有和已故沙皇拥有同一血统的人才能成为皇位的合法继承者，否则就是非法，就是篡位。这就导致了一旦有人打出"皇子"的旗号，便可获得众人响应。这也就导致不少企图推翻现任政权统治的人一而再再而三地打起"皇子"的旗号。这种情况在俄国历史上屡屡发生，在欧洲其他国家却不多见。这也算是俄国历史的一大特色。此外，伪德米特里的成功也得益于人性中见风使舵、趋炎附势、口是心非、虚伪怯懦等弱点。大贵族舒伊斯基、德米特里的生母玛丽亚指鹿为马便反映了这种人性的弱点。

伪德米特里轻而易举夺得了皇位，也就注定了他将轻而易举地失去皇位。他上台后并没有成为"好沙皇"，而是骄横跋扈、横征暴敛，辜负了人民对他的期望。1606 年春，他终于如愿以偿，和美丽的玛琳娜完婚。当时，护送新娘子来莫斯科的波兰贵族、侍从达 2000 人之多。这些波兰人在莫斯科俨然以征服者自居，趾高气扬，胡作非为。

婚礼期间，伪德米特里天天举行宴会，笙歌曼舞，花天酒地，挥霍无度。他还如约给岳父送去巨额钱财。国库被掏空了，他就向教会征款，其中仅谢尔吉耶夫圣三一修道院就要上缴 3 万卢布。伪德米特里一世的倒行逆施激起人民的强烈不满，以瓦西里·舒伊斯基王公为首的大贵族决心利用人民的不满情绪推翻伪德米特里一世。经过一番密谋策划，5 月 17 日，他们发动了政变。这天清晨，莫斯科钟声大作，被钟声惊醒的广大市民迅速行动起来，首先包围了波兰贵族的宅院，将 2000 多名波兰人全部杀死。与此同时，舒伊斯基率 200 多名大小贵族冲进克里姆林宫，闻讯赶来的莫斯科市民也冲进宫来。伪德米特里一世见势不妙，企图跳窗逃跑，被蜂拥而至的人群乱棍打死，然后人们将其尸体拖到广场当众焚烧，骨灰被装进炮筒，朝着他来的波兰方向射去。伪德米特里一世就这样来也匆匆，去也匆匆，在做了不到 10 个月的沙皇后便被推下了台，落得了一个灰飞烟灭、死无葬身之地的可耻下场。

伪德米特里一世被推翻后，大贵族在莫斯科红场举行了临时全俄罗斯缙绅会议，推举瓦西里·舒伊斯基为沙皇。

四、冒牌当道：屡试不爽的起义法宝

此时的俄国，正处于政局动荡时期。一个国家，一旦政治失控，就将遭受较长时间动乱。大饥荒带来的苦难、贵族地主的剥削压榨、农奴制的人身束缚，使俄国农民渴望有个"好沙皇"来减轻他们的负担，给他们以自由。代表大贵族利益的舒伊斯基加冕称帝，使广大农民的希望破灭。此时，他们反而怀念起伪德米特里一世来。他们认为，不管怎么说，他曾许诺改善农民的处境，给农民以自由，是那些心存险恶的贵族不让他实现改善穷苦人生活状况的计划。因此，舒伊斯基上台后不久，反抗的烈火便到处燃起，并最终酿成俄国历史上第一次大规模的农民战争。颇富戏剧性的是，伪德米特里一世突然又"复活"了，拥戴"好沙皇德米特里"成为农民起义的一面旗帜。

这次农民起义的领袖是伊凡·鲍洛特尼科夫。他身材高大，体力强壮，英勇无畏，原是大贵族安德烈·捷利亚柯夫斯基的奴仆和军事差役。后来，他逃离主人，流浪到顿河一带，和哥萨克为伍。他在一次蒙古人的侵袭中被俘获，被卖给了土耳其人，在奥斯曼土耳其舰船上当划船桨手。之后，在一次海战中，奥斯曼土耳其战败，他乘机逃到威尼斯，在欧洲各国流浪。鲍洛特尼科夫的出身、经历铸就了他的性格和志向。他反对奴役，渴望自由，希冀打碎农奴制的枷锁，改善俄国农民的处境。同时，他的丰富经历也锻炼了他的胆略才干，积累了经验，这就注定了他将成为即将到来的农民战争的杰出领袖。

1606 年初夏，即伪德米特里一世被推翻没多久，正在德意志的鲍洛特尼科夫听到一则传闻，说"德米特里沙皇"并未被杀，而是侥幸获救脱逃，正在波兰的岳父姆尼什克家中。鲍洛特尼科夫听说后立即动身来到波兰，会见了这位起死回生的"德米特里沙皇"。读者也许会问，伪德米特里一世果真未死吗？非也。其实，这位"德米特里沙皇"是又一个冒牌货，他叫米哈伊尔·莫尔恰诺夫，本是伪德米特里一世的宠臣亲信，"五一七事变"后从莫斯科逃了出来，沿途散布"德米特里沙皇神奇脱险"的流言，号召人们起来反对舒伊斯基，后来干脆自称是"德米特里沙皇"。

鲍洛特尼科夫见到"德米特里沙皇"后，是否识破"庐山真面目"，史书没有记载，这也无关紧要，可以肯定的是，莫尔恰诺夫以"德米特里沙皇"的身份任命他为"统帅"，他欣然接受了任命，旋即来到伪德米特里一世的亲信沙霍夫斯基公爵管辖的南部重镇普季夫尔，以此为据点开始了反对舒伊斯基的斗争。

1606 年 7 月，经过短暂准备后，鲍洛特尼科夫便率领主要由逃亡农奴、奴仆、哥萨克组成的农民军从普季夫尔出发，向莫斯科进军。开始起义军进展得非常顺利，可谓所向披靡，连连击溃政府军，短短几个月中便占领了 70 多座城市，起义队伍扩展到数万人，一些城市的贵族也混进起义队伍，有的还当上了起义军的将领。到 10 月底，起义大军已兵临莫斯科城下，将莫斯科团团围住。

然而，就在起义军和政府军在莫斯科城下决战的关键时刻，起义军中的梁赞贵族部队叛变倒戈，投降了政府军。形势发生了不利于起义军的变化，鲍洛特尼科夫被迫由进攻转为防守。12 月初，双方发生激战，起义军损失惨重，战死、被俘者达数千人，鲍洛特尼科夫只得率部撤到卡卢加，和自称"彼得皇子"的伊利亚·戈尔恰科夫率领的哥萨克队伍会合。

卡卢加位于奥卡河上游，是莫斯科的南大门，但该城没有石头内城，城墙是木质的，不利于防守。此时，舒伊斯基已从前期的失败中缓过神来，在全国调集大军，把卡卢加团团围住，企图一举歼灭起义军。

针对卡卢加城的弱点，政府军决定采用火攻。他们砍伐、运来了大量木柴，堆成一座柴山，然后逐日向城推进，最后点燃柴山，企图放火烧毁木墙，烧死城里的起义军，此谓"投火器"，但这一招并未吓倒起义军。机智多谋的鲍洛特尼科夫将计就计，利用黑夜的掩护由里向外挖掘坑道，埋上火药，当柴山推进到预定地点时即会引爆，政府军辛苦堆起的柴山霎时变成他们的火葬场。此时，起义军乘势杀出城来，个个犹如猛虎下山、蛟龙出海，杀声震天，吓得政府军丢盔弃甲，狼狈逃窜。

鲍洛特尼科夫在卡卢加顽强抗敌5个多月后，转移到了层层设防的图拉。1607年夏，舒伊斯基调集10万大军向图拉扑来。这时，起义守军只有2万多人，双方力量对比悬殊，但起义军英勇作战，顽强抵抗，打退了政府军多次进攻。舒伊斯基见强攻不克，便改变策略，采取水攻，在流经图拉城的乌帕河上截流筑坝，提高乌帕河的水位，然后打开缺口，河水汹涌灌入城内。此招果然高明，图拉城大部分被淹，一片汪洋，给起义军造成极大困难。就这样，起义军又艰苦奋战了4个多月，直至弹尽粮绝，不得不派代表和舒伊斯基谈判，以保存实力。10月10日，双方达成协议，起义军放下武器，停止抵抗，交出图拉城。舒伊斯基占领图拉城后，立即违背诺言，对起义者实行了残酷镇压。"彼得皇子"戈尔恰科夫被绞死，鲍洛特尼科夫被流放到北方的卡尔戈波尔，在那里被剜去双眼，然后被扔进冰窟活活淹死。俄国历史上第一次农民起义结束了。

就在舒伊斯基指挥政府军在图拉围攻鲍洛特尼科夫起义军时，俄国西部边境斯塔罗杜勃又出现了一个自称"德米特里沙皇"的人。原来米哈伊尔·莫尔恰诺夫在冒充了一阵子"德米特里沙皇"，把反对舒伊斯基沙皇政府的农民起义发动起来后，便放弃了冒名顶替的做法，改以真名实姓抛头露面。然而，波兰封建主认为，为了便于今后对俄罗斯的控制，仍然需要寻找一个"德米特里沙皇"作为代理人。

于是，"众里寻他千百度"，终于找到一个同意冒名"德米特里沙皇"的人。此人来历神秘莫测，无人知晓他的真名实姓，史称伪德米特里二世。

1607 年夏，伪德米特里二世率领 1 万多名装备精良的波兰贵族武装开始向莫斯科进军。一路上，许多期待"好沙皇"的农民和哥萨克加入了伪沙皇的队伍。正在图拉围攻鲍洛特尼科夫的舒伊斯基见状大惊失色，急忙派兵阻击，但被一一击溃。伪德米特里二世步步为营，节节推进，在占领了俄罗斯西南部各县之后，于 1608 年 6 月兵临莫斯科城下，久攻不克，便在离城 17 千米的图希诺村安营扎寨。后人由此送了他个绰号，叫"图希诺贼"。

伪德米特里二世在图希诺扎营后，在那里设立杜马、衙门和大牧首，封官晋爵，赏赐领地，俨然把那里变成一个和莫斯科分庭抗礼的小朝廷。

面对伪德米特里二世的强大压力，舒伊斯基自知独力难支，便派侄儿斯科平－舒伊斯基前往诺夫哥罗德向瑞典国王卡尔九世求援，表示愿以放弃对立窝尼亚的要求、割让科列拉为条件。卡尔九世欣然允诺，两国签订了《维堡条约》。1609 年 5 月，斯科平－舒伊斯基率 1.5 万名装备精良、训练有素的瑞典军从诺夫哥罗德杀回莫斯科，沿途解放了许多被伪德米特里二世占领的城市，将伪沙皇军队打得一败涂地。同年年底，瑞典援军逼近莫斯科。伪德米特里二世见强悍的瑞典援军已到，加之内部分崩离析，自知大势已去，便化装成农民逃往卡卢加。1610 年 3 月 12 日，斯科平－舒伊斯基率瑞典军得意扬扬地开进莫斯科。

再说波兰国王齐格蒙特三世见瑞典插手俄国事务，波兰精心扶植的"德米特里沙皇"败局已定，控制俄国的希望就要落空，自然不肯善罢甘休，决心踢开伪德米特里二世，直接占领俄罗斯。于是，波兰借口俄国同其敌人瑞典结盟，于1609年9月派军越过边界，向莫斯科挺进，同时号召跟随伪德米特里二世的波兰人和哥萨克归顺波兰国王。

图希诺伪沙皇政府中的俄罗斯贵族见"德米特里沙皇"已被波兰遗弃，也决定抛弃伪德米特里二世，派代表团直接和齐格蒙特三世谈判。双方经过商谈，达成协议：由齐格蒙特三世国王的儿子瓦迪斯瓦夫担任俄国沙皇，同波雅尔杜马共同治国。

波兰的入侵、齐格蒙特三世国王同俄国大贵族达成的协议对舒伊斯基的统治造成新的严重威胁，焦头烂额的舒伊斯基只得再次派兵抗击波兰入侵军。1610年6月24日，俄军同茹科夫斯基统率的波兰军发生激战，俄军大败，瑞典军非逃即降。伪德米特里二世见有机可乘，再次向莫斯科进军。莫斯科两面受敌，无力抵抗，情势危急，舒伊斯基束手无策。以普罗科比·梁普诺夫和扎哈里·梁普诺夫兄弟二人为首的大贵族见舒伊斯基如此无能，遂于7月17日发动政变，将其赶下台，把他关进了修道院。舒伊斯基刚刚坐了4年皇位就被赶下了台。政权流落到波雅尔杜马中的费奥多尔·姆斯季斯拉夫斯基等7位大贵族手里，史称七波雅尔执政。

然而，面对危局，这7位大贵族也无良策。最有效的办法是解放农奴，动员全国农民大众抗击侵略者，但他们没有也不愿这样做。他们绞尽脑汁思来想去，最后决定采取饮鸩止渴的办法：承认波兰王子瓦迪斯瓦夫为俄国沙皇，借助波兰的力量消灭伪德米特里二世。当然，瓦迪斯瓦夫必须皈依东正教，维护大贵族的特权。他们派代表同茹科夫斯基谈判，茹科夫斯基自然求之不得。于是，波兰军队进驻莫斯科，莫斯科实际上落入波兰人手中。

就这样，这7位大贵族的如意算盘被茹科夫斯基轻易接受，但在波兰国王那里就不容易通过了。他们和茹科夫斯基达成的协议还须得到波兰国王的认可。为此，莫斯科大贵族政府派出了一个人数多达1200人的代表团同波兰国王齐格蒙特三世谈判。出人意料的是，齐格蒙特三世此时已不满足于让王子担任俄国沙皇，而企图直接兼任俄国沙皇，把俄国置于他本人的直接控制之下，同时要求俄国立即交出斯摩棱斯克。这些要求是俄国代表团无论如何不能答应，也不敢答应的，他们断然予以拒绝。齐格蒙特三世恼羞成怒，将俄国代表团全体拘禁。

再说伪德米特里二世乘波兰军大举入侵之机，再度向莫斯科杀来，但这位失去波兰支持的伪沙皇已成强弩之末，很快被击溃。1610年12月，伪德米特里二世被手下的鞑靼人杀死，上演三年多的闹剧终于画上了句号。

伪德米特里二世被击溃后，俄国面临的主要威胁便是外敌入侵。此时，俄国已没有了沙皇，出现了短暂的"空位期"。莫斯科的七波雅尔执政府虽然同茹科夫斯基达成协议，波兰王子瓦迪斯瓦夫出任俄国沙皇，但未得到波兰国王的认可。七波雅尔执政府软弱无力，莫斯科实际上处于波兰军的占领和控制之下。1611年3月19日，当莫斯科市民举行传统的复活节宗教仪式，手持圣像和十字架，列队从克里姆林宫走向红场时，害怕市民乘机造反的波兰占领军竟大开杀戒，血腥屠杀了7000多名手无寸铁的群众，制造了骇人听闻的惨案。在波兰侵略军的占领之下，莫斯科一片恐怖。

波兰国王齐格蒙特三世朝思暮想要一身二任，登上俄国沙皇的宝座，建立一个庞大的波兰－俄罗斯大帝国。1611 年 6 月 3 日，齐格蒙特三世全力攻陷俄国西部重镇斯摩棱斯克。该城军民奋勇抵抗，全城 8 万人中有 7 万多人战死。北方的瑞典也不甘寂寞，乘机出兵，占领涅瓦河流域，吞并诺夫哥罗德，逼迫诺夫哥罗德人选举瑞典国王卡尔九世之子卡尔·腓力王子为俄国沙皇。

在七波雅尔执政府软弱无能、卖国求荣的情况下，俄罗斯广大人民掀起了反对外国侵略的英勇斗争。早在 1611 年年初，梁赞地区的统领普罗科比·梁普诺夫和扎哈里·梁普诺夫兄弟二人就组织一支由贵族、工商民、农奴、哥萨克等参加的全民性的民兵队伍，史称"第一民军"。3 月初，第一民军从科罗姆纳出发，直抵莫斯科城下，开始攻城，但不久第一民军发生内讧，哥萨克同贵族发生武装冲突，梁普诺夫被杀，第一民军瓦解。

下诺夫哥罗德是整个伏尔加河流域的商业重镇，居民大多从事手工业和商业，也是俄国人民反抗入侵者的基地。1611 年秋，该市商人出身的库兹马·米宁组建了第二民军，由第一民军的著名统帅德米特里·帕扎尔斯基担任指挥。为组建反侵略的第二民军，广大工商民纷纷慷慨解囊，捐资献产。

翌年 3 月，第二民军踏上了解放莫斯科的征途。为了避开波兰军和瑞典军主力，第二民军先溯伏尔加河北上，于 4 月初进抵雅罗斯拉夫尔，在那里进行了休整，扩充了队伍，并建立了由米宁和帕扎尔斯基领导的临时政府——全国委员会。8 月，第二民军逼近莫斯科。这时，波兰政府派兵增援莫斯科城内的波兰守军，第二民军首先和波兰援军展开激战，粉碎了波兰援军冲入城内和守军会合的企图，但波兰援军并不死心，再次向第二民军发起进攻。城中守军也乘机杀出，第二民军腹背受敌，处境危急。在这关键时刻，波兰军中的一支哥萨克部队突然倒戈，转向第二民军，第二民军乘势发起强大进攻，波兰援军招架不住，丢下全部辎重狼狈逃窜，波兰守军也鼠窜回城。之后，第二民军围城两个月，波兰守军外无援兵，内无粮草，弹尽粮绝，只得缴械投降，莫斯科终获解放。首都莫斯科的解放标志着俄国人民反对外国侵略的斗争取得了决定性胜利。

作为一个封建中央集权国家，国不能一日无君。莫斯科获得解放之后，全国委员会决定召开全俄罗斯缙绅会议，选举新沙皇。1613 年 1 月，全俄罗斯缙绅会议在莫斯科克里姆林宫圣母升天大教堂开幕，来自全国 50 座城市的约 700 名代表出席了这次会议。这些代表成分各异，代表各个等级，既有大贵族、中小贵族、教会的代表，也有小土地所有者、工商民、国有农奴的代表。当然，操纵会议的是那些大贵族、达官显贵和神职人员。会议就沙皇人选问题展开了激烈争论，最后，米哈伊尔·费奥多罗维奇·罗曼诺夫成为众望所归的人物。此人和留里克王朝有亲戚关系，是伊凡四世的第一任皇后安娜斯塔西娅的侄孙，虽无留里克血统，却也沾亲带故。其父费奥多尔·尼基季奇·罗曼诺夫曾和大贵族痛恨的戈都诺夫争夺皇位，失败后遭受迫害，被关进修道院改称都主教菲拉列特。1605 年，都主教菲拉列特被"德米特里沙皇"召回，1608 年被伪德米特里二世晋升为大牧首主教，1610 年被派去和波兰国王谈判，被扣押，当时仍被拘押在波兰。他威望极高，人们同情他的遭遇，视他为俄罗斯受苦受难的圣人。就这样，2 月 7 日，全俄罗斯缙绅会议选举米哈伊尔·罗曼诺夫为沙皇。2 月 21 日，米哈伊尔正式即位。从 1598 年留里克王朝终结到米哈伊尔成为沙皇，长达 15 年的"混乱时期"宣告结束。一个新的王朝——罗曼诺夫王朝拉开了序幕。

五、"国家之父"：彼得大帝横空出世

1672 年 5 月 30 日，克里姆林宫的圣母升天大教堂洪亮的钟声打破了莫斯科黎明前的宁静。紧接着，首都各教堂和修道院的几百口大钟应声而响，彼此呼应，整日不绝。钟声向人们宣布皇室添丁了。

这个新生儿不是别人，正是彼得·阿列克谢耶维奇，俄国历史上最伟大的君主——彼得大帝。

彼得大帝是罗曼诺夫王朝第一任沙皇米哈伊尔·费奥多罗维奇的孙子，沙皇阿列克谢·米哈伊洛维奇的第三子，为阿列克谢的第二任妻子纳塔利亚·基里洛夫娜·纳雷什金娜所生。沙皇阿列克谢的第一个妻子叫玛丽亚·伊利尼奇娜·米洛斯拉夫斯卡娅，她为他生了 13 个孩子，但奇怪的是，女孩儿个个长得结实健壮，男孩儿却个个体弱多病：三个幼年夭折，仅有两个幸存下来，一个叫费奥多尔，患有败血症；一个叫伊凡，智力发育不全。在这种情况下，小彼得降生到人间，阿列克谢沙皇喜出望外，对其疼爱有加，寄予厚望。

1676 年，沙皇阿列克谢突然病逝，15 岁的费奥多尔·阿列克谢耶维奇继位。其时，小彼得还不满 4 周岁。但费奥多尔福浅命薄，仅在位 6 年就一命呜呼了，也没有给自己留下血脉。就这样，一场争夺皇位的斗争在宫廷内展开了。

这场斗争是围绕究竟应该由伊凡还是彼得——老沙皇阿列克谢

仅存的两个儿子——继承皇位展开的。米洛斯拉夫斯基家族坚决主张由伊凡继位，他们早在费奥多尔在位时就操纵费奥多尔，把持了朝政，把纳雷什金家族有影响的朝臣赶出了宫廷。该家族的核心人物是伊凡的姐姐索菲娅公主，此女非同寻常，野心勃勃，觊觎皇位，企图操纵智力迟钝的弟弟伊凡把持朝政。纳雷什金家族则坚持拥立彼得为沙皇，但该家族没有任何有声望的人物。当时，在克里姆林宫聚集了许多大贵族、高级神职人员、大商贾，以及一般市民的代表，商讨确立新沙皇的问题。米洛斯拉夫斯基家族和纳雷什金家族唇枪舌剑，争执不下。出人意料的是，看破米洛斯拉夫斯基家族阴谋的大牧首站在了纳雷什金家族一边，支持彼得为新沙皇。大牧首的建议获得了众多不满米洛斯拉夫斯基家族人士的支持。就这样，两大家族最终达成妥协，伊凡和彼得同时即位为沙皇，史称伊凡五世和彼得一世，由彼得的母亲纳雷什金娜摄政。

然而，斗争刚刚开始。米洛斯拉夫斯基家族和索菲娅公主不甘心，他们制造谣言，蛊惑人心，企图利用近卫军夺回全部权力。近卫军是伊凡四世时期建立的，主要由手工业者、商人组成。他们使用火器，带有家属，一面执行武装任务，一面经营小手工业和商业，由政府发给现金军饷、军服和食物，任务是守卫京城。这是一支特种军队，享有许多特权。费奥多尔在位时，他们的一些特权（如免税贸易权）被取消。同时，近卫军的长官一般出身贵族，他们欺压士兵，克扣军饷，随意惩罚士兵，剥削他们的劳动。这些都引起近卫军士兵的强烈不满。索菲娅和米洛斯拉夫斯基家族便乘机造谣说，近卫军士兵生活状况的恶化，主要是由纳雷什金家族造成的，他们还密谋杀害了伊凡皇子。这就让近卫军士兵把仇恨转移到纳雷什金家族，而把索菲娅公主和米洛斯拉夫斯基家族看成他们的保卫者。

1682 年 5 月 15 日，近卫军按照索菲娅和米洛斯拉夫斯基家族设计的阴谋，打着旗帜，擂着战鼓，来到克里姆林宫。他们高呼纳雷什金家族缢死了伊凡皇子，他们要保卫沙皇家族，即米洛斯拉夫斯基家族。为了戳穿反对者的谎言，平息事态，在近卫军闹得鸡犬不宁的时候，纳塔利亚皇后领着伊凡和彼得两位皇子，在一些贵族和神职人员的陪同下来到克里姆林宫宫门的台阶上，出现在近卫军面前。看到伊凡皇子安然无恙，近卫军安静了一会儿，突然又提出了严惩"叛徒领主"的要求，并冲上前去，杀死了几位已故沙皇阿列克谢的亲信宠臣和纳雷什金家族的成员，其中包括彼得一世的两个舅舅。他们一边大声叫骂，一边把被杀者的尸体在地上拖来拖去，这一切在小彼得心里留下了难以磨灭的印象。

之后，近卫军又要求把伊凡和彼得同时立为沙皇，由索菲娅公主摄政。迫于近卫军的压力，5 月 26 日召开的全俄罗斯缙绅会议只得立伊凡为第一沙皇，立彼得为第二沙皇，由索菲娅摄政。索菲娅和米洛斯拉夫斯基家族的阴谋终于得逞。

彼得一世名义上是沙皇，但国家大权却掌握在其同父异母的姐姐索菲娅公主手里，他和哥哥伊凡只是起着装点门面的作用，如参加教堂的礼拜仪式，和宫廷人员一道去莫斯科市内和郊区的修道院做祷告，接见外国使节等。平时，他和母亲避居在莫斯科远郊的普列奥勃拉任斯科耶村。在那里，他一面接受一些基本文化知识和宫廷礼仪方面的教育，一面发展对他终生产生重大影响的兴趣。

小彼得的兴趣主要集中在三个方面：

一是干手艺活。说来也怪，小彼得贵为天子，偏偏喜欢贵族不屑一顾的手艺活，什么铁匠、木匠、石匠等"下人"所干的活，他都充满好奇，都想试着学一学，做一做。他要侍从为他准备了他所喜欢的各种手艺的全套工具，一有时间便去学习。到他长大时，他至少已经精通了12种手艺。他做的木工活和车工活尤为精致，可与专业工匠相媲美。

二是玩军事游戏。喜欢军事游戏是男孩子的天性，小彼得尤其酷爱。他把他的侍从、一些贵族子弟和村子里及附近的少年伙伴编成两个少年兵团，以两个村子的名字命名，一个叫普列奥勃拉任斯科耶兵团，一个叫谢苗诺夫斯基兵团。他们在附近修建了兵营、炮楼和堡垒，从使用木枪木炮发展到使用真枪真炮。他还请来了教官，进行严格的军事训练，实战化演习攻防战术。谁也不曾想到，这两个兵团后来竟成了彼得大帝正规军的骨干力量。

三是造船和航海。当他听说乘船可以到达"用脚走不到的很远很远的地方"后，他便对航海和造船产生了浓厚的兴趣。彼得一世从莫斯科外侨区请来了一位航海家兼造船师，向他请教造船和航海技术。起初，他在莫斯科河的支流牙乌查河上学习驾船技术，然而河窄水浅，不能自由航行，后来他便借口到谢尔吉耶夫圣三一修道院做祈祷，跑到佩列雅斯拉夫尔湖航行去了。

光阴荏苒，一眨眼7年过去了，彼得一世已由10岁孩童长成17岁的青年。他身材魁梧，体格健壮，相貌堂堂，智高志远，多才多艺。他在政治上也开始走向成熟，对索菲娅公主的专权渐生不满。

1689年7月，远征克里木汗国的瓦西里·戈利岑率领近卫军回到了莫斯科。戈利岑的这次远征并未取得任何战绩，但索菲娅公主却对虚报战功的近卫军予以重赏，并大肆举行庆祝活动。对此，彼得非常看不惯，他拒绝参加相关活动。

与此同时，索菲娅看到彼得一世羽翼渐丰，对她的专权已造成严重威胁，便决定先发制人，利用近卫军除掉他，自己登基当女沙皇。她派宠臣、近卫军统领费奥多尔·沙克洛维蒂召集近卫军指挥官举行会议，要他们写"劝进书"，让索菲娅登基。她的走卒散布流言蜚语，说纳雷什金家族存心要除掉沙皇伊凡和索菲娅。她的一位追随者还假扮纳雷什金家族的人，殴打近卫军士兵，以挑起近卫军的不满。有些追随她的近卫军军官设计了各种杀害彼得一世的方法。

然而，索菲娅的阴谋还没有策划就绪，一场意外就改变了整个事件的结局。

1689年8月7日深夜，克里姆林宫突然响起了警报声，近卫军立即拿起了武器，却不知发生了什么事。近卫军中拥护彼得一世的官兵以为要去讨伐彼得一世，立即派人飞马赶到普列奥勃拉任斯科耶村，叫醒睡梦中的彼得一世，向他报告了情况。

彼得一世毕竟年轻，没有经验。他当时正睡得稀里糊涂，听到近卫军来袭，眼前立即浮现出7年前近卫军凶残杀戮、血溅宫门的惨景，也顾不得多想，只穿着内衣便逃进了附近的树丛。随后，侍从给他拿来了衣服，牵来了马，他翻身上马，带着三个侍从马不停蹄地跑了一夜，来到谢尔吉耶夫圣三一修道院，向大牧首哭诉发生的一切，请他庇护。

第二天，他的两个"游戏兵团"和忠于他的近卫军苏哈列夫兵团先后从普列奥勃拉任斯科耶村赶来护驾，他的母亲也被护送到这里。这时，彼得一世早已冷静下来，他分析了形势，决心乘机铲除索菲娅及其势力。他下令让近卫军的所有长官前去他的驻地，听候安排。索菲娅闻讯，企图阻止，宣布取消这道命令，但彼得一世再次命令近卫军的所有长官前来见他，否则将处以死刑。近卫军长官不敢违抗，纷纷脱离索菲娅，来到彼得一世身边，向他揭发了沙克洛维蒂企图发动宫廷政变的阴谋。彼得一世随即要求索菲娅交出沙克洛维蒂。

索菲娅完全慌了手脚。她企图缓和姐弟关系，派大主教约基姆到圣三一修道院去调解，但约基姆大主教一去不返。她呼吁留在莫斯科的近卫军官兵起来保护她，但无人响应。不得已，她交出了宠臣沙克洛维蒂。沙克洛维蒂受不了严刑拷打，向彼得一世交代了索菲娅的种种阴谋。真相终于大白于天下，索菲娅的阴谋遭到彻底失败。她被宣布为"无耻之徒"，被监禁在新圣母修道院。她的宠臣有的被处死，有的遭流放。留在莫斯科的近卫军官兵为了向彼得一世表示忠顺，躺在沿街放置的悬着大斧的断头台上，高声恳求胜利返回莫斯科的彼得一世沙皇赦免他们。一场险恶的政治斗争以彼得一世的胜利暂告结束。

1698年夏，正在西欧考察的彼得一世获悉，近卫军再次发动叛乱。

原来，1696年，彼得一世在远征被奥斯曼土耳其控制的亚速海岸的要塞亚速夫时，曾调一批近卫军参加远征。远征结束后，这批近卫军被留在亚速夫戍守，莫斯科的其他近卫军也被调离京城，戍守边疆。这就使近卫军不仅失去了往日的特权，而且要远离妻室，长期过艰苦的兵营生活，他们对彼得一世政府产生了强烈的不满。1698年春，一批奉命开赴立陶宛边境的近卫军率先回到莫斯科请愿闹事，抱怨说他们勤务繁重，领不到军饷。政府为平息事态，答应补发军饷，要他们立即返回边防驻地。但他们并未立即返回，而是暗中写信给索菲娅，陈述了近卫军的"痛苦遭遇"，希望得到索菲娅的同情和支持。已被监禁了近9年的索菲娅一看这是一个东山再起的机会，自然不肯放过，立即予以复信，鼓动他们返回莫斯科，阻止彼得一世回莫斯科。于是，这批近卫军返回驻地后，就对其他近卫军进行了煽动和组织准备工作。6月6日，驻扎在俄国西部边境的2000多名近卫军开始向莫斯科进军，他们要求恢复近卫军的特权，要索菲娅公主上台当政，并准备谋杀彼得一世。对彼得一世不满的贵族和神职人员也乘机暗中支持索菲娅。

然而，近卫军叛乱是不得人心的。6月17日，当近卫军行进到离莫斯科不远的新耶路撒冷修道院时，被彼得一世的两个"游戏兵团"——普列奥勃拉任斯科耶兵团和谢苗诺夫斯基兵团彻底击溃。

8月25日，彼得一世秘密返回莫斯科。其时，对这场叛乱案的判决已经结束，有136名近卫军被处绞刑，140人被施鞭刑，约2000名近卫军被放逐到全国各地，但彼得认为案件并未查清。他对近卫军深恶痛绝，认为近卫军不是军人，而是一群"祸害"，决心把案件查个水落石出，彻底解决这群"祸害"。因此，他要求重新审理该案，将1000余名参加叛乱的近卫军官兵押解回莫斯科，分关在20座监狱里，严刑拷打，互相对证。结果查实，彼得一世的姐姐索菲娅公主是叛乱的幕后主谋，他的另一个姐姐玛尔法·阿列克谢耶夫娜从中通风报信。彼得一世亲自对她们进行了审讯。

9月底至10月初，叛乱案重审结束，彼得一世对案犯进行了严酷处理。他的两个姐姐被迫成为修女，索菲娅被拘禁在新圣母修道院，受到严格监视。又有799名近卫军被处以死刑。当时，莫斯科一些广场和街头布满了断头台和绞刑架，被处死者有的被绞首，有的被裂尸。死者陈尸广场或街头，一连5个月无人收埋。有三具尸体吊在索菲娅拘禁室的窗前，手拿喻示索菲娅写给近卫军的信的纸片，随风摇荡。莫斯科处于一片阴森恐怖之中。

对反叛的近卫军无情镇压和对宿敌索菲娅公主等人严惩，彼得一世清除了前进道路上的重大障碍，巩固了皇权，加强了彼得政府的地位。此前，彼得的哥哥伊凡已于1696年病逝，彼得一世已成为独一无二、至高无上的沙皇。从此，他可以大刀阔斧地推行国内外政策，实现富国强兵的宏伟蓝图了。

六、师人长技：接轨国际的出国考察

在介绍彼得一世的内外政策之前，首先让我们看看他的出国考察之旅。

1695年夏，为了夺取黑海的出海口，彼得一世发动了对亚速夫的远征。亚速夫位于顿河下游，是通往亚速海的要塞，当时被奥斯曼土耳其占领。这次远征，俄军做了充分准备，人数上占绝对优势，但俄国没有海军，不能封锁顿河河口，使亚速夫的奥斯曼土耳其驻军能不断从海上获得大量援兵、武器、弹药和粮秣，防御力量不断增强。俄军本身又缺乏统一指挥，不能有效地互相支援，结果遭到失败。

翌年夏天，彼得一世对亚速夫发动了第二次远征。这次，俄军吸取了教训，建立了一支包括1300只舢板、300只小艇、100条木筏、23艘大帆船、4艘火攻船和2艘大战舰的庞大舰队，从海上封锁了亚速夫，切断了土军的海上运输线，使驻守土军无法获得增援。因此，进攻一开始土军便宣布投降，撤离了亚速夫。

两次远征，结果不同，使彼得一世深深意识到海军的重要性。其时，从亚速海进入黑海的咽喉——刻赤海峡仍然控制在奥斯曼土耳其手里，黑海仍然是奥斯曼土耳其的内海。这意味着俄国舰船要进入黑海，乃至地中海，必须建立一支强大的海军。就这样，根据彼得一世的旨意，俄国政府决定，两年内建造多艘大型战舰，经费由农奴承担：向教会领地的每 8000 户农奴中摊派款项和人力，造战舰一艘；世俗贵族地主领地的每 1 万户农奴承担营造一艘战舰的款项和人力。

要建造战舰、建立海军，就要有通晓海军业务的军官和造船工匠，但是这些人才俄国极少，彼得一世断然决定，派留学生出国学习。随后他又决定派一个使团出国，一方面广泛联合欧洲强国，共同反对奥斯曼土耳其；另一方面招雇水手、船长、造船和制炮专家、技工，购买大炮、枪支和各种工具。同时，他决定随团出访。

1697 年 3 月，彼得一世精心筹组的俄国使团出发了，史称大出使。这是一个庞大的使团，成员包括 3 位大使、35 名留学生，以及牧师、医生、厨师、仆人、警卫兵等，人数达 250 人。彼得一世化名彼得·米哈伊洛夫，以下士身份随团出访，自称"一个导师问道的学生"。自然，彼得一世是使团的领导核心。

同年夏初，使团来到东普鲁士的柯尼斯堡（今俄罗斯加里宁格勒），彼得一世与勃兰登堡选帝侯腓特烈三世秘密进行了谈判，最后双方达成了结成反瑞典同盟的君子协定。

8 月，俄国使团来到尼德兰（俗称荷兰）。荷兰是欧洲当时最富裕的国家，以工商业发达闻名于世，尤其是它的造船业。当时，欧洲各国共有商船 2 万艘，其中荷兰就有 1.6 万艘，是名副其实的海上强国。彼得一世在这里如鱼得水，大开眼界。他精力旺盛，充满强烈好奇心和求知欲，只身纵马疾驰，先于使团一个多星期来到荷兰。到荷兰后，他便买了一套木工用具，到荷兰的造船中心赞丹的一家造船厂学艺。使团来荷后，彼得一世又和他们来到荷兰东印度公司在阿姆斯特丹开设的最大的造船厂学习。在那里，他们学习了造船理论，然后在技师保罗的指导下动手建造一艘三桅巡洋舰。11月中，他们制造的"彼得保罗号"三桅巡洋舰胜利竣工下水。保罗发给彼得的毕业证书说，彼得·米哈伊洛夫是一个勤奋而聪明的木工，他已学会各种造船业务，他学的船体结构学和绘图学已达到荷兰高级技师的水平。

然而，彼得对此并不满意，他的师傅技艺超群，但理论水平一般，其他人也好不到哪里去。有个英国人告诉他，英国的船体结构学及其他学科都很完备，短期内就可以学会，他遂下决心渡海赴英。

1698年1月11日，俄国使团来到英国。在那里，彼得把大部分时间用于学习造船学，考察英国的造船业。此外，他还旁听了议会辩论，参观了伦敦的多家企业、铸币厂、牛津大学和格林尼治天文台，访问了作为科学思想中心的英国皇家协会。他还结交了一些宗教界人士，了解英国教会和政权之间的关系。

4月25日，彼得一世结束了在英国的学习考察，折返荷兰。在那里，他获悉俄国的反土同盟奥地利和威尼斯打算同奥斯曼土耳其媾和，他深感忧虑。俄国使团已分别同荷兰和英国进行了外交谈判，劝说两国加入反土同盟，但两国考虑到同奥斯曼土耳其的商业关系不愿参加。现在反土联盟又有瓦解之势，这显然将严重影响俄国和奥斯曼土耳其争夺黑海出海口的战略。于是，彼得一世率俄国使团来到奥地利首都维也纳，同出身奥地利哈布斯堡家族的神圣罗马帝国皇帝奥波德一世进行了会谈，劝说奥地利不要同奥斯曼土耳其媾和，但没有成功。

彼得一世正要动身去威尼斯，莫斯科传来近卫军叛乱的消息。彼得一世当机立断，决定日夜兼程，返回俄国。他在途中获悉叛乱已被平定，彼得一世便放慢了脚步，顺访了萨克森选帝侯兼波兰国王奥古斯塔二世。两位君主都身材魁梧，精力充沛，有不少共同志趣，一见如故。经过会谈，双方决定建立反瑞典同盟。最后，两位君主互赠了礼物。彼得一世穿上奥古斯塔的坎肩，戴上他的帽子，佩上他那柄做工精致的宝剑，于 8 月 25 日回到莫斯科。

七、告别落后：大刀阔斧的西化改革

彼得一世回莫斯科后，没有直接回克里姆林宫，而是下榻在普列奥勃拉任斯科耶村的离宫。第二天，得知沙皇回莫斯科消息的领主、大臣来到普列奥勃拉任斯科耶村朝见他，祝贺沙皇胜利归来。这时，沙皇吩咐侍从拿来一把剪子，朝统兵击溃近卫军叛乱的领主谢苗走去。众领主、大臣正在纳闷，不知他葫芦里卖的什么药，只见沙皇手起剪落，"咔嚓"一声，将谢苗飘逸在胸前的大胡子剪落在地。众人大惊失色。随后，其他领主、大臣的大胡子也被沙皇一一剪落。

当时，在俄国，满脸茂密的大胡子，和肥胖一样，被认为仪表威严、品德端庄的象征。东正教会认为，胡须是上帝赐予他们的装饰品，是俄罗斯人引以为傲的珍宝。大牧首阿德里安把没留胡子的人比作公猫、公狗和猴子，把剪胡子视为一种大逆不道的罪孽。在这种观念影响下，留蓄胡须成为时尚，无论青年，还是老翁，人人留着一脸胡须。现在，随着彼得一世大剪一挥，一场迈向现代化的改革便揭开了序幕。

17世纪末，俄国在政治、经济、军事、文化教育等方面都远远落后于西欧。当西欧资本主义蓬勃发展时，俄国广阔的土地上一共只有30个手工工场。全国绝大多数人口居住在农村，他们被束缚在贵族地主和教会的土地上，没有人身自由，担负着繁重的封建义务，承受着残酷的封建剥削，居住在没有烟囱的小屋子里，贫困、无知、愚昧笼罩着他们的生活。即使贵族也大多未受过教育，一些大臣和地方官吏目不识丁。行政制度极为腐败，机构重叠，职责不清，办事效率低下，贪污贿赂风行。在西欧长达一年多的学习、考察、访问，彼得一世目睹了荷兰、英国等国繁荣的市场、发达的手工工场，了解了西方先进的科学技术和文化教育，痛感俄国的愚昧落后，认为不学习西欧就不能使俄国富强。因此，他回国后首先动手剪掉了领主、大臣引以为傲却象征愚昧落后的大胡子，揭开了学习西欧、进行改革的序幕。

彼得一世的改革几乎涉及俄国社会的所有领域，归纳起来，主要包括5个方面。

（1）军事改革。

这是彼得一世改革的中心。他在这方面的主要做法是实行义务征兵制，创建新型军队。他改变了传统的封地贵族服军役制和募兵制，实行义务征兵制，规定在农奴和工商业者中每20户至30户抽丁一人，这就保证了士兵的来源，使兵力能不断得到补充。为了训练军官，提高军官的素质，他给俄军聘请外国军事顾问，派遣俄国贵族青年到西班牙、意大利、法国、英国、荷兰等国学习军事。同时，他在国内开办炮兵学校、海军学院、工程技术学校等军事技术学校。为了加强军队的组织性和战斗力，他亲自主持制定了一些重要的军事条令和章程。他创建了俄国第一支海军，专门制定了《海军章程》，确定了海上舰队的编制、战船的等级、海军官员相互之间的关系，以及他们的权利和义务。此外，他调整了军队的统帅机构，引进国外的新式武器和战略战术。

彼得一世的军事改革使俄国成为欧洲的军事强国之一。到他在位晚期，俄国已拥有一支约 20 万人的庞大陆军和一支包括 48 艘战舰及大批辅助舰的海军。

（2）行政改革。

在中央，他取消了波雅尔杜马，建立了元老院。元老院由 10 名元老组成，是直属沙皇的最高国家管理机构，负责管理从中央到地方的整个行政系统，掌管财政预算、贡赋税收、陆海军的编制、制定各项重大法令等。元老不一定都是大贵族出身，但必须是沙皇的亲信，支持沙皇的政见。大元老是元老院首脑，他只对沙皇负责，也只受沙皇本人的审讯。他在敕令中称大元老是"国君的眼睛和国家事务的司法稽查官"。他废除了旧的衙门机构，以职责分明的 11 个委员会取代了重叠臃肿的 50 个衙门。新的委员会分管陆军、海军、外交、开支、税务、矿务、手工工场、商务、监察、领地、司法，每个委员会由 10 名重要成员组成，包括主席、副主席、4 名元老委员和 4 名助理委员，通过投票表决重大事务。

关于地方行政机构，他起初在莫斯科设立市政厅，在其他城市建立地方自治署，作为管理市民的机构。它们不从属于当地的行政长官，也不由中央的衙门机构管辖，实行自治。1708 年至 1710 年，他实行省政改革，规定地方自治署由辖省行政机关管辖。1720 年，他在新首都圣彼得堡建立了市政总局，在其他各城市成立了市政局，各城市的市政机构改为直接由市政总局管辖。根据相关规定，市政机构由大商人、大工场主、小商人、小手工业者等城市"正规公民"选举产生，职能是负责税收，审理一般案件，处理其他城市事务。其余居民被列为"非正规公民"，无权参加市政机构选举。

为了加强对全国的控制，彼得一世设立了省级行政单位。1708年，他下令把全国分为8个辖省。每个辖省设总督一人，拥有行政和军事大权。辖省总督都经过严格挑选，必须忠于沙皇，直接听命于中央。后来，他又增设了三个辖省。1719年，他重新划分行政区划，将全国划分为50个州，每个州又划分为若干区。辖省的建制仍然保留，但辖省总督的权力比以前小很多，主要掌管军事，州成为地方的主要行政单位。各州都有一套完整的行政机构，州长直接听命于中央。就这样，彼得一世在俄国建立了一套完整的中央集权的行政机构。

在官吏选用方面，彼得一世政府颁布了关于官秩表的法令，把全部文武官员分成14个等级，文职从十四等文官到一等文官，武职从准尉、炮长、大将到元帅。非贵族出身的人只要才干出众便可得到提升，只要获得八等官衔便可获得贵族称号。这就打破了传统上以出身取仕的做法，出身寒微的人也能获取高位。彼得一世的不少亲信重臣便是这样的人。如：他的得力助手、重要将领亚历山大·缅什科夫小时候在莫斯科街头卖饼，大元老帕维尔·亚古任斯基小时候曾放过猪。这一政策提高了文武官员的素质，巩固了沙皇政府的统治，有利于其对外战略的实施。

（3）经济改革。

为了保证军备供应，彼得一世实行重商主义政策，大力发展工商业。他扶植工商业发展，在贷款、税收等方面予以优惠。为了解决劳动力问题，他于1721年颁布法令，准许商人将整个村庄连同农奴一起买下，让农奴一边种田一边做工，同时规定农奴和土地不准分开买卖，以维护农奴制。为了促进国内贸易的发展，他支持集市贸易，开凿运河。1703年开始开凿的维什涅沃洛茨克运河，1709年建成通航，它促进了伏尔加河流域与俄国西北部之间的商品流通。同时，他还着手开凿连接顿河和伏尔加河的运河，连接拉多加湖和附近水源的运河。为了鼓励对外贸易，彼得一世政府同许多亚欧国家和地区签订商务条约，向外国派驻使臣，允许俄国企业同外国建立商务联系。为了防止外国商品大量输入，彼得一世政府对进口商品课以高额关税。为了发展工商业，彼得一世还从国外招聘大量技术专家，允许他们在俄国办厂，并给他们以宗教宽容和司法特权。

经过一系列大刀阔斧的改革，俄国的工商业得到迅速发展。手工工场由原来的30多个猛增到240多个。它们涉及呢绒、制革、麻布、帆布、造船、采矿、冶金、火药等行业，规模一般都有几百人，莫斯科的官营造帆厂工人达1162名。边远地区和新归化地区也建立起了手工工场。彼得一世当政之初，俄国尚需从瑞典进口铁来制作武器，但其当政末期俄国已向国外出口金属。据估算，俄国1718年的生铁产量约为2.6万吨，英国18世纪中叶的生铁产量约为2.9万吨，俄国的生铁产量和当时的世界头号强国英国已相差无几。与此同时，俄国的商业贸易空前繁荣，马卡里耶夫、阿尔汉格尔斯克等地的集市贸易非常活跃，车水马龙，商贾云集，人群熙熙攘攘，货物堆积如山，一派热闹景象。到彼得一世执政晚年，俄国对外贸易额大幅度增长，每年输入的商品额约为210万卢布，输出的商品额为420万卢布，顺差高达 210 万卢布，这就为国家积累了大量资金。

为了保障和增加国家的收入，彼得一世还颁布了《一子继承法》，规定贵族只能将其封地或世袭领地传给一个儿子，其余子女只能继承其他财产。他认为，"主人从较多的农户所得的收入总会更充裕些"，国家从"主人"处征收的赋税就更有保证。他还下令征收人丁税，首先进行人口普查，然后不管贫富，按丁征税。此举使国家收入大幅度增加。如：1724 年，国家收入为 850 万卢布，其中人丁税收入即达 460 万卢布。同时，人丁税也加重了贫苦人民的负担。

彼得一世时期，国家开支巨大，既要建立庞大的陆海军，进行对外战争，又要兴建新都圣彼得堡，开办手工工场，开凿运河等，政府便大量增加税收。除正常的赋税外，政府对蜂房、磨坊、澡堂、橡木棺材、贴印花的纸张、磨刀、磨斧等都要征税，甚至留胡须也要纳重税。彼得一世把剪胡须作为一项国家政策，明文规定剪胡须是全国居民应尽的义务，要留胡须就必须缴纳重税。1698 年 9 月，彼得一世下诏规定在全俄罗斯征收胡须税，原本亏空的国库因此很快充盈起来。但是，胡须税太过繁重，遭到很多人的反对。1705 年 1 月，相关诏令经过修改重新颁布，规定分五个等级征收胡须税：第一级为皇室、贵族和官员，每人每年缴纳 600 卢布；第二级为客居俄国的外国皇室、贵族和官员，每人每年缴纳 100 卢布；第三级为中下层商人、工商区居民，每人每年缴纳 60 卢布；第四级为仆役、车夫、教会低级服务人员和其余城市居民，每人每年缴纳 30 卢布；第五级为农奴，只需在每次进城时缴纳 1 戈比（1 卢布等于 100 戈比）。神职人员则免征胡须税。彼得一世政府特制了一种小铜牌，作为纳税收据。留胡须者必须把铜牌挂在脖子上。1715 年，胡须税政策再次经过修改，实行统一课税：每人每年缴纳 50 卢布。

（4）文化教育改革。

大出使也让彼得一世看到了俄国和西欧在文化教育方面的巨大差距，意识到俄国的愚昧落后也在于文化教育的落后，因此他采取了许多措施发展俄国的文化教育事业。他下令在全国各地建立初等算术学校，招收 10 岁至 15 岁的少年儿童入学，讲授算术、初等几何等课程，并规定贵族少年必须进校学习，否则长大后不准结婚。他下令在莫斯科、圣彼得堡等地开设造船、航海、矿业等专门技术学校，培养有关人才。他下令采用简化的西里尔字母，取代古斯拉夫语采用的难以书写的西里尔字母，使得俄罗斯文字变得简便易学，印刷书籍更为方便，各种书籍得以大量印行。他下令废弃东正教会历法，采用西方通用的儒略历法。1724 年 1 月 28 日，彼得一世发布了关于建立俄国科学院的诏令。1726 年，叶卡捷琳娜一世根据彼得一世的遗嘱创立了俄罗斯科学院，下设数学、物理和社会科学三大部。这是一个集科研与教学于一体的机构，同时设有大学和中学，直接培养科研工作者。俄罗斯科学院的建立对于俄国科学文化的发展具有极其重要的意义，它为俄国科学研究迈向世界前列奠定了基础。

他兴办报纸，创办了俄国第一份正式印刷的报纸《新闻报》，取代了以前那份转抄国外报纸的消息、仅供沙皇和近臣阅读的手抄报纸《自鸣钟》。他倡导臣民学习西方的生活方式，教育人们养成文明礼貌的习惯。除了剪胡须外，他还提倡穿西服，戴礼帽，开舞会，办沙龙，模仿西方生活方式一时成为上流社会的时尚。他还在俄国建立了第一座博物馆、第一座图书馆、第一批公众剧院、第一批公园，其中博物馆和图书馆于 1719 年正式开放。有人建议他向参观者和阅览者收取一些费用，但遭到拒绝。他明确表示，建博物馆和图书馆的目的是使人们开阔眼界，用心学习。他说："我还要下一道命令，免费接待所有人。如果有人带领一帮伙伴来参观这些珍宝，我还要招待他们喝一杯咖啡，一杯酒，或者别的什么，我来付钱。"对于他在圣彼得堡的夏宫花园，他要求不仅要使游人得到娱乐休息，还要有所教益。为此，他下令按照《伊索寓言》制作了许多雕像，摆在花园各处，让人们一看到这些雕像，就想起《伊索寓言》，就想起寓言蕴含的丰富思想和深刻哲理来。由此可见，彼得一世发展文化教育用心之切、用意之深。

（5）宗教改革。

长期以来，俄国东正教会不断通过君主的赏赐、捐赠，以及大量购买、侵占，占有大片领地和农奴。不少神职人员骄奢淫逸，道德败坏，聚集财富，过着寄生虫般的生活，而且时常干预朝政，和世俗政权争权夺利。为了改变这种状况，加强国家权力，增加国家收入，使教会为国家利益服务，彼得一世不顾教会势力的反对，进行了大刀阔斧的宗教改革。他下令将部分教会财产收归国有，提出由世俗官员管理修道院的领地，禁止修道院买卖土地。他颁布了关于宗教事务的管理条例，废除了大牧首一职，建立了管理教会的神圣宗教会议，沙皇被称为东正教的"最高牧首"。就这样，教会便被置于沙皇的权力之下，必须听命于沙皇，其使命仅限于在精神领域开展活动，而不允许干预政治，教会的权力被大大削弱，教会与世俗政权争夺权利的斗争基本结束。

彼得一世还认为，大部分神职人员是"寄生虫"，他们修道之前是"三位一体的进贡者"，即：他们要向家庭、地主和国家进贡；进入修道院之后却养尊处优，靠别人的劳动过上了奢侈生活。他不无嘲讽地说道："我们的神职人员养得太肥胖了。通往天堂的道路是信仰、斋戒和祈祷。我要用面包和水，而不是用鲟鱼和美酒，为他们扫清通往天堂的道路。"他规定，神职人员无论职位高低，一律吃简朴的口粮，禁止他们在修道院里保有笔墨纸张，要求他们"为了人民永久和暂时的利益"，必须学会一门手艺，如做木匠活、画圣像、纺纱、缝衣、编花边等不违反神职人员生活戒律的手艺。他把退伍的伤残士兵、年老者、病患者，以及一些贫困者，分派到各地修道院，让修士供养，同时让教会向学校提供经费。为了改变传教士愚昧无知、不学无术的状况，他下令神父和牧师的子弟必须在希腊—拉丁文学校学习。有些人不愿上学，他就强制他们上学，禁止没有受过教育的神职人员子弟接替父职。

彼得一世改革是俄国历史的重要转折点。改革之前，俄国曾受蒙古人的长期统治和东罗马帝国的深厚影响，充满了东方色彩和宗教气氛，尚处于中古时代的落后保守的状态。彼得一世改革使俄国的政治制度、经济结构、军事建设、文化教育、风俗习惯等发生了显著变化，俄国开始迈进现代化的门槛。改革为俄国资本主义的发展创造了一些较为有利的条件，为俄国步入欧洲强国之林奠定了基础。改革使俄国的军事、经济实力大大增强，从而赢得了长达21年的大北方战争的胜利，为俄国取得了波罗的海的出海口，使俄国成为欧洲海洋强国。1721年10月22日，元老院为表彰彼得一世在大北方战争中创立的伟大功绩，封他为"彼得大帝、祖国之父、全俄罗斯大帝"。首席大臣加夫里尔·伊凡诺维奇·戈洛夫金在贺词中说："多亏您夙夜匪懈的操劳和领导，我们，您的忠实臣仆，才从愚昧无知的深渊登上世界光荣的舞台，从空虚走向充实，归入文明民族之林。"这并不完全是吹捧之辞，彼得一世的确堪称领导俄国走向近代文明的第一人。同一天，沙皇俄国改称俄罗斯帝国。横跨欧亚大陆北部的大帝国正式诞生了。

第三章
欲壑难填：无休无止的扩张

一、南方：出征两汗国

读者从前章已经看到，经过伊凡三世和瓦西里三世两代君主的努力，到 1533 年，俄罗斯国家已完全实现了统一，其版图西抵第聂伯河上游，东到乌拉尔山脉的支脉，南至奥卡河，北达白海，面积达 280 万平方千米，成为欧洲幅员最辽阔的国家。

然而，俄国君主并未以此为满足，他们欲壑难填，充满强烈的扩张欲望。他们要南下黑海，进入地中海，北出波罗的海，进入北海，使其商船能在俄国和欧洲各国之间自由穿梭。他们要控制东欧，越过乌拉尔山，直趋太平洋，掠夺这里丰富的资源。他们还要把俄国建成军事强国，加入争夺世界霸权的行列。就这样，统一的俄罗斯国家刚刚形成，就走上了对外侵略扩张之路。从伊凡雷帝开始，俄国历代君主对外发动了一次又一次战争，吞并了大片大片的土地，使其疆土扩大到 2000 多万平方千米，成为世界上版图最大的国家。

最先被吞并的是其南邻喀山汗国。

喀山汗国位于伏尔加河中游，原为金帐汗国的属地。1438 年，鞑靼贵族兀鲁·穆罕默德在此建国，定都喀山城。喀山汗国是个多民族的封建国家，主要有鞑靼人、马里人、楚瓦什人、乌德穆尔特人、巴什基尔人、摩尔多瓦人等，大多信奉伊斯兰教，居民主要从事农业、畜牧业，兼营渔猎、园艺。那里土壤肥沃，物产丰富，农业生产、手工业和商业都比较发达。

喀山汗国和俄罗斯是近邻，双方互相争斗，时常发生战争。喀山汗国建立之初颇为强盛，1445年曾击败莫斯科大公国军队，俘获莫斯科大公瓦西里二世。之后，喀山汗国不断发生内讧，国势渐衰。1487年，莫斯科大公伊凡三世利用喀山汗国内讧，占领了喀山城，通过扶植傀儡政府控制了喀山汗国。奥斯曼土耳其帝国强盛后，喀山汗国又倒向奥斯曼土耳其帝国。就这样，喀山汗国统治阶级内部出现了"莫斯科派"和"克里木派"。

16世纪中叶，沙皇伊凡雷帝开始了吞并伏尔加河中下游地区的战争。1545年春，伊凡雷帝派军远征喀山。俄军长途跋涉来到喀山城下后并未攻城，只是驻扎城外，炫耀武力。俄军的到来使喀山城内"莫斯科派"的腰杆立时硬了起来，他们坚决要求政府与俄军和谈，和俄国建立友好关系，并把奥斯曼土耳其苏丹的附庸——克里木汗国扶植的傀儡萨哈比·格莱一世赶下台，拥立亲莫斯科的沙赫·阿里为喀山汗。然而，沙皇军队撤退不久，克里木汗国便联合诺盖汗国反扑过来，占领喀山，推翻沙赫·阿里，扶植萨哈比·格莱重登汗位。

两年后，伊凡雷帝御驾亲征，对喀山汗国发动第二次远征。不巧的是，这次天公不作美。当时正值冬季，俄军在伏尔加河冰面上小心翼翼地渡河，说来也怪，就在这时，天气突然转暖，本来并不厚实的冰面被暖洋洋的太阳一晒，很快开始消融，许多士兵和大炮陷进冰河里，伊凡雷帝只得下令撤军。

1448 年，伊凡雷帝率军对喀山发动了第三次远征。这次避开了冬季，俄军进展顺利，不久便抵达喀山城下。然而，正当俄军安营扎寨，准备攻城之际，突然狂风大作，乌云翻滚，倾盆大雨直泻而下，四周顿时一片汪洋。暴雨过后，又是遍地泥泞，军队无法行进。伊凡雷帝无计可施，在喀山城下踯躅数日，最后长叹一声，率军而归。

伊凡雷帝毕竟非同一般，他有一股百折不挠、不达目的誓不罢休的顽强劲。1552 年 6 月 16 日，伊凡雷帝吸取了前几次失败的教训，亲率 15 万大军，再次向喀山扑来。此前，他已在离喀山不远的地方修筑了斯维亚日斯克城堡，在那里屯兵积粮，打算把它作为进攻喀山的基地。8 月 13 日，俄军抵达斯维亚日斯克，休整了两日，便渡过伏尔加河，兵临喀山城下。俄军敦促当时兼任喀山汗的阿斯特拉罕汗国雅姆古尔切伊汗投降，但遭到拒绝，于是俄军包围了喀山，准备攻城。

喀山城坐落在伏尔加河左岸陡峭的山冈上，地势险要，易守难攻。进攻开始后，俄军用 150 门火炮向城墙和城内猛轰，并建造了一座高达 15 米的三层移动攻城塔向城内射击。当时，喀山守军只有 3 万人，武器装备也远不如俄军，但他们不畏强暴，利用喀山的有利地形奋勇抵抗。俄军见喀山一时难以攻克，便采取十分毒辣的手段破坏了喀山的地下水道，切断了其水源，同时秘密修了一条长达 200 米的地下通道，直抵城下，装好炸药，将城墙炸开一段缺口。这时，俄军像洪水般冲了进来，见人便杀。喀山守军拼死抵抗，但寡不敌众，大多战死。1552 年 10 月 2 日，喀山被俄军攻占。

这次，沙皇不再采取扶植傀儡政权的做法，而是将喀山汗国完全吞并。他把喀山汗国的土地分赐给了俄国领主和封地贵族。他把喀山的70多座村镇赏赐给了155名封地贵族，把伏尔加河左岸的山区赏赐给了34名封地贵族。他把那些疑似对俄国不忠的鞑靼封建主迁徙到了俄国中部各县，只把效忠沙皇的封建主留在了原地。喀山汗国就此灭亡。

伊凡雷帝在吞并喀山汗国后，又将矛头指向了阿斯特拉罕汗国。

阿斯特拉罕汗国位于伏尔加河下游及南高加索草原一带，是喀山汗国的南邻，西部与克里木汗国相接，东部与诺盖汗国相连。同喀山汗国一样，阿斯特拉罕汗国原来也是金帐汗国的属地，于1466年独立，首府阿斯特拉罕城，位于里海北岸的伏尔加河三角洲。这是一个如珍珠般美丽富饶的国家，滔滔奔流的伏尔加河给它带来了肥腴的土地和甘甜的淡水，世界最大的湖泊里海给它提供了丰富的鱼类和其他资源，茫茫无际的草原为它养育了数不尽的牛群和羊群。它还是一个交通枢纽，通过陆路和水路把东欧、中亚、黑海和西亚连接起来，手工业、商业颇为发达，毛皮、制革等产业享有盛名。

可是，该国的鞑靼封建主却不争气，他们争权夺利，不断暴发内讧，把一片大好河山撕得支离破碎，把一个美丽富饶的国家折腾得贫弱不堪，只得时而依附于东邻诺盖汗国，时而依附于西舍克里木汗国。这一切，伊凡雷帝看在眼里，喜在心头。1554年，他发兵3万，向阿斯特拉罕汗国开来，一路未遇到任何重大抵抗，似入无人之境，很快便占领了阿斯特拉罕。这次伊凡雷帝还算客气，并未立即吞并阿斯特拉罕汗国，只是赶走了亲克里木汗国的雅姆古尔切伊汗，立傀儡捷尔维什·阿里为汗，让阿斯特拉罕汗国向沙皇纳贡称臣。但阿里并不甘心一直做俄国的傀儡。在他看来，阿斯特拉罕汗国同它的东邻西舍有更多的相通之处，都是真主安拉的子孙，不久又倒向克里木汗国、奥斯曼土耳其帝国和诺盖汗国。伊凡雷帝闻讯，大发雷霆。1556年，他再次发兵向阿斯特拉罕扑来。阿里汗胆小如鼠，自知大事不妙，仓皇逃命，阿斯特拉罕再次落入俄军之手。这一次，伊凡雷帝不再客气，将阿斯特拉罕汗国完全并入俄国版图，除将部分土地赏赐给有功的领主和封地贵族外，派俄国总督管理其余土地。

俄国吞并喀山汗国和阿斯特拉罕汗国后，南部疆界顿时从奥卡河一带扩展到南高加索，向南延伸了1000多千米。同时，沙皇俄国开始成为一个多民族国家，原喀山汗国和阿斯特拉罕汗国的各民族全部成为沙皇俄国的臣民。

二、北方：力夺出海口

直到16世纪中叶，俄国依然基本上是一个内陆国家。它的北部边界倒也濒海：濒临北冰洋的边缘——海巴伦支海的内海白海，这里有俄国与西欧通商的唯一港口阿尔汉格尔斯克。但这里靠近北极圈，气候严寒，一年有3/4的时间冰冻雪封，不能通航。随着俄国社会经济的发展，那些经商的业主迫切希望扩大和西欧的贸易，希望寻找不冻港和新的出海口。波罗的海是大西洋的一个内海，深入北欧大陆内部，多良港，南部海域还有一些不冻港，可四季通航。而出波罗的海经北海便进入大西洋，是连接沿岸各国及西欧的交通要道。伊凡雷帝感叹道："波罗的海的海水是值得用黄金来衡量的。"因此，从伊凡雷帝开始，夺取波罗的海出海口便成为俄国历代统治者的既定目标。

16世纪50年代，伊凡雷帝在吞并喀山和阿斯特拉罕两汗国后，便挥师北上，发动了长达 25 年的争夺波罗的海出海口的战争——立窝尼亚战争。

立窝尼亚位于波罗的海南岸，大体相当于现今爱沙尼亚和拉脱维亚两国所在地。这里物产丰富，交通发达，海外贸易十分繁荣，其中里加、列维尔（今爱沙尼亚首都塔林）等城市是东、西欧贸易往来的枢纽，是波罗的海南岸的优良海港。这里主要居住着爱沙人、拉脱维亚人、立窝人、库尔人等。长期以来，北欧、东欧、中欧的封建主在这里进行着拉锯式争夺。1237 年，日耳曼商人和天主教传教士在这里成立宝剑骑士团，又称立窝尼亚骑士团，成为这里的统治者。1410 年，该骑士团被波兰—立陶宛联军击败，从此一蹶不振。随后，这里形成了里加大主教区，厄塞尔、杰尔普特、列维尔三个主教区，以及几座独立城市。它们各自为政，争夺分合，处于封建割据状态。

1558 年 1 月，伊凡雷帝以立窝尼亚骑士团没有向俄国缴纳贡赋（该骑士团当时占据着基辅罗斯大公雅罗斯拉夫兴建的尤里耶夫城，每年必须向俄国缴纳贡赋）并同立陶宛订立反俄同盟为由，向立窝尼亚宣战，揭开了立窝尼亚战争的帷幕。

立窝尼亚战争的发展进程错综复杂。为了便于读者掌握，笔者把它大体划分为四个阶段。

第一阶段：1558 年至 1560 年。在这一阶段，俄军击溃立窝尼亚军队，夺占立窝尼亚部分领土。

战争爆发后，俄军迅速越过立窝尼亚边界，向前推进，半年之内即占领了包括纳尔瓦和杰尔普特（今爱沙尼亚塔尔图）两城在内的整个爱沙尼亚东部。1558 年 8 月，俄军在攻打列维尔时遇到顽强抵抗，久攻不克，转而进攻里加，击败里加大主教区的军队，直逼里加城下。

正当俄军乘胜前进、长驱直入时，后院起火了，克里木汗国在南方对俄国发动了侵袭。沙皇政府遂同立窝尼亚签订停战协定，调军南下攻打克里木汗国。立窝尼亚骑士团和里加大主教区担心俄军卷土重来，便同波兰达成协议，接受了波兰国王兼立陶宛大公齐吉蒙特二世的保护，厄塞尔主教区接受丹麦国王的保护。

俄军在击退克里木汗国的进攻并迫使其同意媾和之后，再次挥师北上，对立窝尼亚骑士团发动猛烈进攻。1560 年 8 月，俄军在埃尔梅斯战役中歼灭立窝尼亚骑士团的精锐部队，攻克骑士团首领驻地费林城堡，生擒骑士团团长弗尔斯腾贝格，立窝尼亚骑士团作为独立的武装力量不复存在，由此结束了战争的第一阶段。

第二阶段：1561 年至 1570 年。在这一阶段，俄军主要同立陶宛作战，双方互有胜负，陷入僵局。

俄军对立窝尼亚一再进攻，使波罗的海诸国看清沙皇俄国的野心，也看到了沙俄对自身利益的潜在威胁。他们当然不愿让沙俄独吞立窝尼亚，纷纷加入瓜分立窝尼亚的行列，力图阻止沙俄在立窝尼亚的扩张。1561 年，瑞典乘机出兵占领了列维尔和爱沙尼亚北部，立陶宛占领了立窝尼亚骑士团的大部分辖地，波兰吞并了库尔兰，丹麦吞并了厄塞尔。就这样，俄国在吞并立窝尼亚的道路上遇到了 4 个强敌。但伊凡雷帝并没有放弃其既定目标，而是采取了远交近攻、各个击破的策略。他利用矛盾，先同丹麦订立同盟条约，又同瑞典国王埃利克十四世签订为期 20 年的停战协定，然后把打击矛头集中指向立陶宛大公国。

1563 年年初，伊凡雷帝亲率数万大军包围了立陶宛军事重镇波洛茨克，经过三周猛攻，守军不敌投降，这就打开了通向立陶宛首都维尔纽斯的门户。之后，俄军继续发动攻势，向立陶宛首都推进。波兰国王兼立陶宛大公齐格蒙特二世见势不妙，提出媾和，表示同意割让所有被俄军占领的立窝尼亚的城市和地区，但不承认波洛茨克是俄国领土。伊凡雷帝断然拒绝，立陶宛遂决定全力抵抗。

1564 年年初，两军在离波洛茨克不远的乌拉尔河畔发生激战，立陶宛倾全力迎战俄军，俄军遭到惨败，前线总指挥彼得·舒伊斯基战死。不久，俄军著名统帅安德烈·库尔布斯基因伊凡雷帝对其不公而愤然投敌，叛逃立陶宛。7 月，俄军进攻奥尔沙城时再次受挫。接二连三的失败与挫折使俄军大伤元气，不得不停止进攻。立陶宛军队也无力反攻，战争陷入僵局。

此后，伊凡雷帝为巩固统治，暂时把注意力转向国内，大力推行特辖制，惩处那些"叛变"的大领主。立陶宛曾派使者来莫斯科谈判，提出同俄国共同瓜分立窝尼亚，双方结成反瑞典同盟，但被决心独吞立窝尼亚的伊凡雷帝拒绝。立陶宛转而完全投靠波兰，于 1569 年同波兰签订《卢布林条约》，两国合并为波兰共和国。

第三阶段：1571 年至 1577 年。在这一阶段，俄国主要同瑞典作战，占据了立窝尼亚大部分地区。

1569 年至 1572 年，俄国连续 4 年遭到克里木汗国的侵袭。特别严重的是 1571 年 5 月，克里木汗国的杰夫列特·格莱汗在奥斯曼土耳其的支持下，亲率 4 万大军向俄国大举进攻，一直打到莫斯科城郊，大肆烧杀抢掠，导致大火蔓延到城内，城内木质房屋大部分被烧毁。在这种情况下，伊凡雷帝同波兰签订为期三年的停战协定，以便全力抗击克里木汗国的入侵。

1572 年 7 月，俄军粉碎了克里木汗国的入侵。是年，波兰国王齐格蒙特二世去世，波兰进入"空位期"，国内政局不稳。伊凡雷帝见有机可乘，便再次发动了对立窝尼亚的进攻。这次他交战的主要对象是瑞典。早在 1567 年，瑞典国王埃里克十四世被推翻后，俄瑞同盟即告破裂。1573 年，俄军攻占了瑞典位于波罗的海沿岸的维堡。1575 年，俄军打到里加湾沿岸。到 1577 年，俄军占领了除里加、列维尔等地以外的立窝尼亚大部分地区。伊凡雷帝一时踌躇满志，似乎已成东欧霸主，他同奥地利皇帝进行密谈，建议两国瓜分波兰—立陶宛：波兰和普鲁士归奥地利，立陶宛和立窝尼亚归俄国，但没有得到认同。

第四阶段：1578 年至 1583 年。在这一阶段，波兰、瑞典转入反攻，俄国战败求和，功败垂成。

1577 年，斯特凡·巴托里当选为波兰新国王。巴托里并非寻常之辈，而是一位颇有远见和谋略的统帅。他决定采取"围魏救赵"之策，通过把战争引向俄国本土，对俄国本土造成巨大压力，把俄国赶出立窝尼亚。为此，他经过一年多的战争准备。在军事上，他改组军队，提高炮兵性能，在匈牙利和普鲁士招募雇佣军，购买大量军事装备，加强军事训练；在外交上，他同克里木汗国和奥斯曼土耳其建立反俄同盟。1579 年 8 月，成竹在胸的巴托里亲率 1.5 万主力部队包围了波洛茨克。伊凡雷帝麻痹轻敌，对早已获得的波兰国王企图袭击波洛茨克的情报不以为然，没有加强设防。波军经过近一个月的围攻，终于攻占了该城。

与此同时，瑞典军也乘虚而入，加入了讨伐俄国的行列。它出动约 1.7 万人马和海上舰队进攻在立窝尼亚的俄军营地。克里木汗国积极响应，于 1580 年春对俄国南方发动了进攻。俄国四面楚歌，多处受敌，穷于应付。

1580 年 9 月，巴托里又调集 3.5 万人马，向俄国发动第二次进攻。这次波军来势汹汹，深入俄国腹地，攻占了大卢基等城市。11 月，瑞典军队又占领了科列拉要塞。伊凡雷帝此时已意识到，不退出立窝尼亚，波兰和瑞典决不善罢甘休。波兰和瑞典是东欧和北欧的两个强国，以俄国之力，对付其中一国尚可，如两线作战，再加之克里木汗国在南方的骚扰，则难以取胜。伊凡雷帝遂决定以退为进，破天荒地第一次请求罗马天主教皇出面斡旋调停，答应让出除纳尔瓦外的整个立窝尼亚，并建议各国结成反奥斯曼土耳其同盟。但巴托里并不满足于这些让步，他决意不给俄国留下任何出海口，要求俄国交出纳尔瓦，并支付 40 万兹罗提（波兰官方货币）的战争赔款。这意味着，俄国付出巨大代价、进行了长达 20 多年的立窝尼亚战争将前功尽弃，伊凡雷帝自然无法接受，结果谈判破裂。

1581 年 8 月，巴托里调集 4.7 万大军对俄国发动了第三次进攻。这次进攻的目标是俄国西部重镇普斯科夫，对此俄国已有觉察，调集重兵防守。9 月初，波军包围了普斯科夫，对该城开始猛烈炮击。普斯科夫城防坚固，由三道石墙护卫，城墙长约 9 千米，高为 9 米，厚达 5 米，城上架有大炮，有俄军日夜守卫。9 月 7 日，波军对普斯科夫炮击了一整天，在南城墙上打开了几个缺口。随后，波军发动总攻，冲入城内，俄守军拼死抵抗，居民中的成年男子几乎全部参加战斗，血战多时，才将已被波军占领的斯维努茨塔楼炸毁，塔楼中的波军全部毙命。在俄军的顽强抵抗下，波军终于支持不住了，在付出重大伤亡后退出了普斯科夫。之后，波军对普斯科夫转为长期围困，企图使其不战自溃。

就在俄波两军激战之时，瑞典再次出兵占领了纳尔瓦、伊万哥罗德、雅姆堡、科波里耶等城市。瑞典坐收渔利，这使巴托里大为不快，他要求瑞典将纳尔瓦和雅姆堡让与波兰，瑞典不允。结果，波瑞同盟破裂。俄国更是受到极大打击，纳尔瓦的陷落使其失去了波罗的海出海口，使其长期征战的成果付之东流。此时，伊凡雷帝已无心和波兰再战，决定利用矛盾，先与波兰媾和，以便全力对付瑞典，夺回纳尔瓦。波军此时正在普斯科夫城外进退两难，骑虎难下，也愿意休战，通过谈判夺回立窝尼亚。两国遂展开谈判，经过激烈的讨价还价，1582年1月25日，双方签订了为期10年的停战协定，规定俄国将其在立窝尼亚夺得的大部分土地让与波兰，波兰将其占领的俄国领土归还俄国。关于纳尔瓦，双方互不相让，悬而未决，未列入协议。

之后，俄军积极备战，采取行动，企图从瑞典手中夺回纳尔瓦。正当俄军准备向纳尔瓦进发时，克里木汗国再次入侵，伏尔加河沿岸各族人民乘机起义，反对沙皇暴政，波兰政府也发出最后通牒，阻止俄国西进。内忧外患使伊凡雷帝夺取纳尔瓦的企图无法得逞。1583年，俄国不得不同瑞典签订为期3年的停战协定，规定瑞典从俄国夺得的雅姆堡、伊万哥罗德、科波里耶、科列拉要塞等继续由瑞典占领。俄国不仅没有夺回纳尔瓦，连本国领土也被宰割。在波罗的海，俄国只保住了芬兰湾沿岸涅瓦河口的一小片地方。伊凡雷帝发动的夺取波罗的海出海口的立窝尼亚战争，以俄国的彻底失败而告终。

到17世纪末，经过100多年的扩张，俄国的领土成倍增加。中央黑土带和伏尔加河流域肥沃的土地为农业的发展提供了良好的条件。与此同时，手工业开始向手工工场过渡。农业和手工业的发展刺激了商业的发展。17 世纪，俄国的对外贸易额比 16 世纪增加了 7 倍。随着农业、手工业和商业的发展，俄国的新兴商人迫切要求扩大市场，打通出海口，与西欧通商，牟取暴利；俄国的贵族地主也需要输入大量的高级奢侈品以满足私欲，打通出海口便成为俄国统治阶级迫不及待要实现的目标。

前已述及，彼得一世在执政不久便两次远征亚速，企图打通黑海出海口，但俄国当时尚无海军，无力和奥斯曼土耳其在海上抗衡，仅仅夺得亚速夫要塞。之后，他便加紧筹建海军，同时随俄国大使团微服出访西欧，企图巩固和发展反土同盟。不料，不仅荷英等国对参加反土同盟不感兴趣，原来和俄国结成反土同盟的奥地利也打算退出同盟，与奥斯曼土耳其修好，以便集中力量参加西班牙王位战争。这使彼得一世大失所望。同时，他发现，从瑞典手中夺取波罗的海出海口的形势对他颇为有利：一方面，瑞典和邻国的紧张关系使俄国与其邻国结成反瑞典同盟成为可能；另一方面，欧洲列强正忙于准备西班牙王位继承战争，无暇干涉波罗的海事务。于是，彼得一世果断地决定转变外交方针，把打击矛头由南转向北，将视线由黑海转到波罗的海，着手建立反对瑞典的同盟，从瑞典手中夺取波罗的海出海口。他见机行事，与勃兰登堡选帝侯腓特烈三世缔结了反对瑞典同盟的君子协定，与萨克森选帝侯兼波兰国王奥古斯塔二世结成了反对瑞典同盟。

上述协定都是非正式的口头协定。1699 年 11 月，萨克森与俄国在莫斯科正式签订了反对瑞典的同盟条约，条约规定，萨克森立即同瑞典断绝外交关系，在立窝尼亚、爱沙尼亚开始反对瑞典的战争；俄国与奥斯曼土耳其签订和约后参战，并在卡累利阿和英格里亚开始军事行动。

　　读者会问，奥古斯塔二世的身份是萨克森选帝侯兼波兰国王，为何仅以萨克森的名义和俄国签约？这里另有原委。波兰本来与瑞典有着深刻的矛盾，双方为争夺波罗的海的海上霸权多次发生过战争。1655 年至 1660 年的波瑞战争以波兰的失败而告终，瑞典从波兰手中夺走了包括里加港在内的立窝尼亚大部分领土，对此波兰一直耿耿于怀，希望收回立窝尼亚失地，恢复波兰在波罗的海的地位。但波兰同俄国的历史积怨更深，两国因领土和民族矛盾发生过更多战争。因此，波兰议会在部分敌视俄国的贵族的影响下，决定在瑞典和俄国之间采取中立政策。奥古斯塔二世当选为波兰国王，是俄国扶植干预的结果。1696 年，波兰国王扬·索别斯基病故后，王位虚悬，欧洲列强都想扶植自己的代理人，彼得一世则支持萨克森选帝侯奥古斯塔为波兰国王，并声称如法国公爵孔代当选，俄国将向波兰宣战。在俄国外交和军事的压力下，奥古斯塔得以当选。因此，为报答彼得一世的扶持，奥古斯塔二世本想把波兰也拉进反瑞同盟，这也正是俄国所期望的，但未能成功，只得仅让封建邦国萨克森加盟。

　　彼得一世未能把波兰拉入反瑞同盟，另一个波罗的海强国丹麦却主动投入他的怀抱，这使他喜出望外。

　　丹麦曾是北欧头号强国，瑞典、挪威均曾处于其控制之下。16 世纪，瑞典独立，两国为争夺波罗的海控制权进行了长期的斗争。丹麦屡战屡败，疆土日蹙，势力日衰。1657 年，丹麦全境曾被瑞典占领，后来被迫将斯堪的纳维亚半岛南部地区、博胡斯伦等地割让给瑞典。因此，为了夺回被瑞典占领的土地，恢复在北欧的强国地位，消除瑞典的威胁，丹麦决心借助俄国的力量。1697 年春，丹麦国王克里斯蒂安五世派遣使节到莫斯科，提议和俄国结盟，俄国自然求之不得。

1699 年 11 月 26 日，经过磋商谈判，俄国与丹麦正式签订反瑞同盟条约。条约规定，双方共同对瑞典作战，不得单独媾和；俄国支持丹麦对瑞典的领土要求，丹麦同意俄国获得瑞典在波罗的海东部的土地。丹麦在同俄国结盟之前，已于 1698 年与萨克森缔结了反瑞典同盟条约。这样，俄国、萨克森、丹麦反瑞典的北方同盟正式形成，大战的暴风雨即将来临。

大北方战争从 1700 年爆发，到 1721 年结束，历时 21 年，大致可分为三个阶段。

第一阶段：1700 年 2 月至 11 月，北方同盟发动反瑞典战争，遭受严重挫折。

1700 年 2 月，俄国的小盟友萨克森首先向瑞典开战，派军包围了瑞典占领的波罗的海重镇里加，企图一举攻克，但遭到失败。3 月，丹麦出兵进攻原属其保护区的荷尔斯泰因，占领了石勒苏益格等要塞。

瑞典对这场战争的到来早有觉察，也想竭力寻找盟友。1700 年年初，瑞典同英国签订了全面防御条约，规定缔约国任何一方受到第三国的攻击，另一方应给予援助。大北方战争爆发后，英国和荷兰舰队即开进波罗的海，阻止丹麦对瑞典的进攻。5 月，18 岁的瑞典国王卡尔十二世在英荷舰队的支持下，率军突然在丹麦西兰岛登陆，包围了丹麦首都哥本哈根。这一招十分厉害，此时俄国和奥斯曼土耳其还没有签订和约，仍处于战争状态，尚未对瑞典开战；萨克森小国寡民，无力援助丹麦；丹麦本身又势衰力微，难以和英荷两大海上强国支持的瑞典相对抗。于是，丹麦背弃盟约，不战而降。8 月 8 日，丹麦和瑞典签订和约，宣布撤出荷尔斯泰因，脱离北方同盟。俄国的主要盟友退出了战争。

就在丹麦和瑞典签订和约、退出北方同盟的前两天，俄国与奥斯曼土耳其签订和约的消息传到莫斯科。第二天，即 8 月 7 日，俄国正式向瑞典宣战。俄国首先选择的攻击目标是波罗的海重镇纳尔瓦。9 月 23 日，彼得一世率 3 万多大军包围了纳尔瓦。当时，纳尔瓦城内的瑞典守军仅有 8000 人，从数量上讲，俄军占绝对优势，但俄军缺乏训练，武器质量低劣，军需供应滞后，军事指挥不力，猛攻多日，纳尔瓦城却岿然不动。11 月 19 日，瑞典国王卡尔十二世率两万多援军抵达纳尔瓦城。上午 10 时，瑞军向俄军发起猛烈进攻。这天狂风呼啸，大雪纷飞，大部分俄军正躲在帐篷里喝酒取暖，在这突如其来的打击下乱作一团。瑞军在猛烈炮火的配合下很快突破俄军防线，俄军仓皇逃命，溃不成军。有的掉入纳尔瓦河中淹死，有的被瑞军俘获，彼得一世聘用的奥地利军官德·克洛阿元帅率俄军投降。

这一战，俄军损失惨重，伤亡和被俘者共达 1.7 万多人，145 门大炮连同炮兵全部被俘，瑞军仅损失约 3000 人。战争结束后，瑞典为庆祝胜利，专门铸造了一枚纪念章，纪念章的正面刻印着彼得一世依在大炮旁向纳尔瓦开炮的图案，题词是"彼得在取暖"；背面为彼得一世衣冠不整，泪流满面，逃离纳尔瓦的场面，题词是"逃之夭夭，哭声震天"，可谓竭尽讽刺挖苦之能事。

第二阶段：1701 年至 1709 年。在这一阶段，彼得一世大力进行军事改革，重新组织反瑞同盟，在波尔塔瓦大败瑞典军，取得决定性胜利。

纳尔瓦战役后，年少气盛的瑞典国王卡尔十二世以为俄军已被彻底击败，不再对他构成威胁，便调兵南下，进攻波兰，追击奥古斯塔二世的萨克森军。彼得一世则通过这次战争进一步看清了俄军的落后，乘机大力进行军事改革，加强军事实力。1701 年至 1702 年，俄国铸造大炮 368 门，增加新军团 10 个。到 1708 年，俄国总兵力已达 20 万，而当时瑞典总兵力只有 11 万。同时，他还巩固和重建反瑞同盟，力图使瑞典陷入波兰战场，以利其在波罗的海的军事行动。1701 年 2 月 26 日，为了阻止萨克森退出战争，让萨克森把瑞典拖在波兰战场，彼得一世同奥古斯塔二世再次签订反瑞典同盟条约，规定俄国向萨克森派出 1.5 万至 2 万人的军队，资助 10 万卢布的军费；奥古斯塔在西部引诱卡尔十二世，以使俄国在卡累利阿、英格里亚向瑞典展开进攻，战后将爱沙尼亚、立窝尼亚划归萨克森。为争取波兰参战，彼得一世还向奥古斯塔二世另拨 2 万卢布，用以贿赂波兰议员。

俄萨再签同盟条约后，彼得一世便乘瑞军主力深入波兰国土作战之机，向波罗的海东岸和立窝尼亚大举进攻。1701 年年底至 1704 年 8 月，俄军连续攻占了扬堡、诺特堡、尼恩尚茨堡、雅姆堡、英格里亚、杰尔普特、纳尔瓦、伊万哥罗德等重要城镇和港口，肃清了这一带的瑞典军，再次打开了俄国通往欧洲的门户。在攻打诺特堡时，彼得一世以炮兵大尉的身份亲临战场，参加了战斗。诺特堡建在涅瓦河河口的一个岛上，有 4 米多厚的城墙环绕，十分坚固。彼得一世调集了 14 个团的兵力，首先对该城连续炮击了两个星期，然后发起总攻。俄军架起云梯，瑞典军顽强抵抗，推倒梯子，将滚烫的开水和热松晶油从城头泼下。经过一天激战，俄军占领了诺特堡。战后，彼得一世十分感慨，把诺特堡喻为"坚硬的胡桃"，并把它改名为什利谢利堡，意为"通向海洋的钥匙"。也就是说，攻占了诺特堡，就等于掌握了打通波罗的海出海口的钥匙。

占领诺特堡后，俄军很快又夺取了涅瓦河上的尼恩尚茨堡。这时，俄国完全控制了涅瓦河。彼得一世清楚，瑞典人不会善罢甘休，他们肯定会卷土重来夺回这些城堡。为了加强这一带的防御，把涅瓦河和这些城堡永远置于俄国的控制之下，1703 年 5 月 16 日，他派人进行实地考察后下令在涅瓦河的河心岛——兔子岛建立了一座要塞。不久，一座有 6 座棱体塔楼的城堡便在这里矗立起来。这就是著名的彼得保罗要塞。之后，彼得一世产生将其建成首都的念头，进行了大规模扩建，新兴城市圣彼得堡初步形成。从 1713 年起，圣彼得堡成为沙皇俄国的首都，直至俄罗斯帝国覆灭。

当彼得一世指挥的俄军在波罗的海东岸和立窝尼亚频频取胜的时候，卡尔十二世率领的瑞典军队在立陶宛、波兰也取得了一系列胜利，先后攻占了维尔纽斯、格罗德诺、华沙、克拉科夫等重要城镇。瑞典军队的入侵给波兰造成巨大破坏，引起波兰庶民和大部分贵族对瑞典的仇恨。1704 年 8 月，波兰议会放弃大北方战争初期所持的中立立场，与俄国在纳尔瓦签订了反瑞同盟条约，波兰正式参战，俄军进入波兰作战。俄国答应波兰在战后可获得立窝尼亚。该条约使北方同盟重新扩大为俄国、萨克森、波兰三方同盟。

俄波签订条约后，俄国派军进入波兰，对瑞典军造成巨大威胁。1705 年年底，俄军进逼格罗德诺。卡尔十二世旋即率军来援，逼退俄军，然后趁势向东南方向挺进，穿越西里西亚，进入萨克森，击败奥古斯塔二世。1706 年 9 月，奥古斯塔二世被迫与卡尔十二世签订和约，宣布放弃波兰王位，退出大北方战争。之后，瑞典军进行了几个月的休整。1707 年夏，卡尔十二世率 4 万大军从萨克森经波兰向俄国进发，准备收复失地，和俄国决战。

此时，形势对俄国非常不利。自从开战以来，卡尔十二世率领的瑞典主力军几乎每战必胜，可谓气焰嚣张，来势汹汹；俄国苦心经营的反瑞同盟已经瓦解，波兰也已被瑞典控制，俄国单枪匹马，处于孤立无援的境地。

面对这种形势，彼得一世在继续加紧进行军事改革，增强军事实力的同时，进行了紧张的外交活动，希望荷兰、英国、法国等出面调停，俄国在保留波罗的海出海口和圣彼得堡的前提下同瑞典缔结和约。但欧洲各国正忙于西班牙王位继承战争，对调停态度冷淡。瑞典则要求收复包括圣彼得堡在内的全部土地。在调停无望的情况下，为了避免两线作战，解除后顾之忧，彼得一世开始致力于做奥斯曼土耳其的工作。一方面，他重金贿赂奥斯曼土耳其高官；另一方面，他通过大规模海军演习威慑奥斯曼土耳其，阻止其趁火打劫，对俄国开战。在俄国的软硬兼施下，奥斯曼土耳其向俄国保证不介入俄瑞战争。

再说卡尔十二世率领的瑞典军主力从萨克森出发后，浩浩荡荡，晓行夜宿，经波兰向俄国开来。1708 年 9 月，瑞典军进入俄国边境。在那里，等待他们的是空旷的原野，空落落的村镇。俄国人坚壁清野，没有给他们留下任何粮草。长途跋涉、劳师远征的瑞典军饥肠辘辘，疲惫不堪，以稀粥度日，以白水代酒，十分狼狈。卡尔十二世原计划率领瑞典主力与莱文豪普特所率的增援部队在斯摩棱斯克会合，然后合力进攻莫斯科，但莱文豪普特所率瑞军于 9 月 28 日被俄军击溃，损失约 9000 人，所带的 7000 辆辎重车全部丧失，余部与瑞典主力会合。卡尔十二世遂决定先进攻乌克兰，在那里同一支哥萨克军会师，然后绕道进攻莫斯科。1709 年 4 月，瑞典军包围了乌克兰小镇波尔塔瓦。

波尔塔瓦当时只有俄国守军 4000 人，城堡也不坚固，城墙是土筑的。卡尔十二世认为，拿下该城，就打通了进攻莫斯科的道路，志在必得。彼得一世也认为该城战略地位重要，决心死守。双方调兵遣将，一场决战势不可免。

这场决战，俄国共投入兵力约 4.2 万人，大炮 72 门；瑞典投入兵力约 3 万人，大炮 4 门。俄国方面，沙皇彼得一世亲任第一师指挥，他穿着骑兵军官的深绿色制服，发表演说，鼓舞士气，一会儿出现在龙骑兵团，一会儿又来到炮兵中间；瑞典方面，国王卡尔十二世几天前腿部受伤，躺在担架上少气无力。此外，俄军军需供应充分，瑞军粮食弹药不足。这就基本决定了战争的结局。

6 月下旬，奥斯曼土耳其政府正式通知卡尔十二世，奥斯曼土耳其无意卷入俄瑞冲突。与此同时，卡尔十二世获悉，波兰的亲瑞军和正在波兰的瑞军遭到俄军阻击，无法赶来增援，俄方则有 4 万援军将要开来，遂决定立即开战。27 日凌晨，瑞军向俄军营地发动进攻，遭到俄军猛烈反击。上午 8 时许，俄军排成作战阵势，步兵居中，炮兵在后，骑兵居两翼，严阵以待。瑞军则集中兵力向步兵进攻，企图从中间突破。起初瑞军将俄军步兵前锋打得败下阵来，随后彼得一世亲率一个营的官兵进行反攻，把瑞军打得退了回去。紧接着，俄军骑兵向瑞军骑兵发起进攻，俄军炮兵向瑞军猛轰，瑞军成批倒地。这时，彼得一世发出总攻的信号，俄军排山倒海般压了过来，瑞军招架不住，开始溃逃。卡尔十二世由人搀扶着拼命阻挡士兵溃逃，但无济于事。结果，仅仅经过几个小时的激战，瑞军就被打得大败，卡尔十二世在一小股骑兵的护卫下逃往奥斯曼土耳其，另一支瑞军残部撤退至第聂伯河畔的皮列禾洛查拿镇，于 6 月 30 日向追击而来的俄军投降。波尔塔瓦会战以俄军大胜告终。在这场会战中，瑞军损失约 2 万人，俄军损失 4000 余人。彼得一世称这是一次极其伟大辉煌的胜利。为嘉奖会战的参加者，他下令给每人颁发勋章一枚，军官为金质，士兵为银质。勋章正面为彼得一世的半身像，背面为步兵在波尔塔瓦英勇作战的场面。为纪念这次战争的胜利，他下令在会战处修建一座教堂，树立一座纪念碑，碑上镌刻着各种战斗的场面、辉煌的战果记录等。

第三阶段：1709 年至 1721 年。在这一阶段，彼得一世重建反瑞典同盟，最终战胜瑞典，迫使其签订和约，取得大北方战争的胜利。

波尔塔瓦会战是大北方战争的转折点。波尔塔瓦会战后，俄国的国际威望空前提高。清醒的欧洲各国君主和政治家看到，从前的北欧强国瑞典从此将一蹶不振，至少在走下坡路了，俄罗斯则作为一个强国正在崛起，不得不对其刮目相看。俄国乘机恢复和扩大北方同盟，它首先占领了华沙、克拉科夫，把傀儡奥古斯塔二世重新扶上王位，与其再次签订了同盟条约。丹麦自从大北方战争开战之初被瑞典战败以来再未敢进攻瑞典，现在看到瑞典已遭到决定性失败，再度激起了瓜分瑞典领土的欲望。丹麦国王立即派全权大使专程赴俄向彼得一世祝捷，表示愿意重新加入对瑞战争。彼得一世当然求之不得，双方再次签订了同盟条约。

俄国不仅同旧盟友恢复了关系，还把普鲁士、汉诺威拉入了同盟。为了引诱普鲁士加入同盟，俄国将其占领的瑞典属地波美拉尼亚的什切青拱手让出。1714 年 6 月，俄普签订同盟条约。俄国保证普鲁士永久占领什切青，并在今后瓜分瑞典领土时支持普鲁士；普鲁士表示支持俄国吞并瑞典位于波罗的海东岸的领土。1715 年 10 月，俄国同急欲夺取瑞属不来梅和费尔登以获得波罗的海出海口的汉诺威签订了反瑞同盟条约，规定汉诺威立即对瑞典宣战，并派出 6000 人的军队进攻波美拉尼亚；俄国支持汉诺威吞并瑞属不来梅和费尔登；汉诺威保证帮助俄国巩固从瑞典夺取的波罗的海东岸领土。北方同盟的恢复与扩大壮大了俄国的反瑞实力，在外交上孤立了瑞典，为俄国夺取大北方战争的最后胜利奠定了基础。

俄国在恢复和扩大北方同盟的同时，继续在波罗的海对瑞典采取军事行动。1710 年，俄军风卷残云，先后占领里加、列维尔、维堡等地。1712 年至 1714 年，俄军把主攻方向又转到芬兰，先后占领赫尔辛基等地，把瑞典赶出芬兰。1714 年 7 月 27 日，彼得一世亲自指挥波罗的海舰队在芬兰甘古特半岛东海岸和瑞典海军决战。俄国海军首次大显神威，全歼瑞典特遣舰队，迫使瑞典海军上将埃伦舍尔德举旗投降。从此瑞典海军称霸波罗的海的时代一去不复返了，俄国成为波罗的海的霸主。

甘古特会战后，俄军又占领了芬兰与瑞典之间的奥兰群岛，准备以此为跳板，登陆瑞典。此时，瑞典因长年战争出现严重经济困难，国库空虚，物资匮乏，政府内反战呼声日盛。穷兵黩武的国王卡尔十二世见已无战胜俄国的可能，不得不同意与俄国和谈，请法国调解。彼得一世此时夺取出海口、称霸波罗的海的夙愿已偿，加之俄国不断扩张已引起英国的强烈反对，以及丹麦等盟国的严重不安，也同意举行和谈，结束战争。1717 年 5 月，彼得一世率俄国著名外交家库拉金、彼得·沙菲罗夫、彼得·托尔斯泰等人赴巴黎与法国政府举行了会谈，签订了《阿姆斯特丹条约》，不仅促使法国同意在俄瑞之间调停，而且使法国同意放弃法瑞联盟，停止资助瑞典，与俄国结成防御同盟。从此，法俄改变了历史上冷漠对立的关系，开始日益密切。这是彼得一世在外交上纵横捭阖所取得的又一大收获。

1718 年 5 月，俄瑞两国代表在奥兰岛开始和谈。双方在领土问题上存在很大分歧，各持己见，谈判很快陷入僵局。为了迫使瑞典接受俄方条件，彼得一世命令俄国舰队开进瑞典海面，向其施加压力。在俄国的军事压力下，瑞典同意了俄方绝大部分领土要求，俄方也做出适当让步，同意牺牲其盟国利益，和瑞典一起强迫汉诺威把不来梅、费尔登归还瑞典。据此，两国拟定了和约草案。

然而，变生不测。同年秋，瑞典国王卡尔十二世在进攻挪威时中弹身亡，其妹乌尔丽卡·埃利诺拉继位。乌尔丽卡女王认为，瑞典谈判代表对俄国做出了太多让步，有损国家利益，在其回国述职时将其投入监狱，不久即以反瑞典王国罪将其斩首，俄瑞谈判中断。

1719 年春，双方恢复谈判。在这次谈判中，瑞方态度强硬，坚决拒绝上次谈判已同意的将立夫兰（立窝尼亚）、爱斯特兰（爱沙尼亚）划归俄国的条件。俄方做出了两点让步，但瑞方寸步不让。彼得一世遂再次以武力相胁，瑞典被迫同意把纳尔瓦、列维尔、爱斯特兰划归俄国，拒不割让立夫兰。1719 年 10 月，这次和谈无果而终。

此次俄瑞和谈的失败与英国插手有直接关系。英国在欧洲一贯采取均衡政策，在波罗的海也不例外。俄国在波罗的海的扩张引起英国的严重不安，它担心俄国征服瑞典，控制了波罗的海，不仅危及英国在波罗的海的利益，沙皇的手也将伸向整个欧洲，成为离英国"更近和更可怕的邻居"。因此，早在大北方战争爆发之初，它就同瑞典签订了全面防御条约，给瑞典以援助，以维持波罗的海均势，保持英国在该地区的利益。现在，当俄瑞进行和谈之际，它又从中破坏，竭力阻止瑞典对俄国做出让步，力图从外交上孤立俄国。英国驻瑞典大使对瑞典女王说，俄国在波罗的海沿岸所占的地区，是瑞典的生存和安全所必需的，如果彼得成为这些地区永久的占领者，他就有可能在扩充俄国舰队后，在斯德哥尔摩登陆，占领整个瑞典，成为波罗的海的霸主。英国反复劝说瑞典先后同汉诺威、普鲁士、丹麦签订和约，瓦解了北方同盟，建立了一个反俄的"北方和解"体系。1720 年 2 月，英国和瑞典又签订了一个联合防御条约，规定："如果着手结束大北方战争的尝试失败，英国国王有义务派遣强大的护卫舰到波罗的海，由瑞典女王调遣，以帮助瑞典海军反击俄国的进攻。另外，英国国王有义务在船舶和津贴上援助瑞典，直至瑞典对俄国的战争结束为止。"正是由于英国对瑞典的支持和对俄瑞和谈的阻挠，俄瑞和谈才迟迟没有结果。

面对这种情况，一方面，俄国采取灵活谨慎的外交政策，分化瓦解英国建立的反俄体系，加强对英国的外交活动，宣布英国商船可以继续在波罗的海自由航行，俄国海军严格遵守贸易自由原则，同时收买英国议会议员，让他们在议会公开反对政府的反俄政策；另一方面，俄国继续对瑞典进行军事威胁。1720 年 7 月，彼得一世派 5000 名俄军在瑞典格伦加姆登陆，摧毁了瑞典沿岸设施。同月，俄国舰队又在格伦加姆岛彻底摧毁了瑞典海军舰队，缴获瑞典四艘三桅巡洋舰和 104 门大炮，俘虏 407 人。

耐人寻味的是，对俄国采取的这一系列军事行动，英国并没有根据英瑞联合防御条约进行干预。1719 年至 1721 年，英国海军分舰队在上将诺里斯的率领下，曾三次驶向波罗的海对俄国施压，但都没有采取有效行动阻止俄军进攻。此次俄军在瑞典登陆的格伦加姆就驻有英国海军分舰队，但英军睁一只眼，闭一只眼，俄军大摇大摆地在他们眼皮下登陆施虐。究其原因，主要在于英国资产阶级和新贵族政府不愿使英俄关系过于恶化，以损害其在波罗的海和俄国的经济利益。可见，国际间从来没有真正的朋友，维护本国利益才是各国对外政策的基本准则。

瑞典见英国靠不住，自身又早已不是俄国的对手，不得不于 1721 年 4 月再次坐下来和俄国谈判。这次和谈是在芬兰奥兰群岛的尼什塔特举行的。和谈开始后，瑞典提出先签订停战协定，再缔结和约。彼得一世认为这是耍诡计拖时间，便再派 5000 名俄军在瑞典登陆，深入内地 300 千米，摧毁工厂 13 座，缴获小船 40 艘，以及其他许多军用物资。至此，瑞典终于屈服。9 月 10 日，两国签订《尼什塔特和约》。

《尼什塔特和约》共包括 24 条和一项单独附约。其中，第四条规定："瑞典把俄军武装占领的立夫兰、爱斯特兰、英格里亚、部分卡累利阿（连同维堡区），包括上述地区所辖的里加、列维尔、杰尔普特、纳尔瓦、维堡等全部城市、要塞、村镇、港湾和海岸，包括厄塞尔岛、达哥岛和明岛，以及从库尔兰边境起，经立夫兰、爱斯特兰至英格里亚沿海，从列维尔东面至维堡东南航道上的全部岛屿，包括这些岛屿和上述地区、城市、村镇的居民和财产，连同瑞典女王享有的一切权益和称号，都毫无例外地让给沙皇和俄国所有。"根据这一规定，瑞典不得不把俄国在大北方战争中占领的瑞典位于波罗的海的全部领土（除瑞典外）割让给俄国。

关于芬兰，和约第五条规定，俄国在条约换文 4 周之内应尽量提前从芬兰撤军，将芬兰归还瑞典，但上面提到的地区除外。"沙皇及其后嗣对于所归还的芬兰大公国领土永远不再有任何权利，也不得以任何名义或借口提出任何要求。"88年后，1809年9月，沙皇亚历山大撕毁该和约，占领了芬兰的全部领土。

《尼什塔特和约》的签订标志着持续达21年之久的大北方战争以俄国的胜利而告终。它使俄国获得了100多年来梦寐以求的波罗的海出海口，使俄国由一个内陆国成为一个濒海国；它使俄国的版图进一步扩大，所增加的面积约为100万平方千米，使俄罗斯居民中又增加了新的成员；它使俄国取代瑞典，成为波罗的海的霸主。从此，俄国以其通过不断扩张获得的无与伦比的辽阔疆土为依托，以波罗的海为通道，步入欧洲列强的行列，成为让人不可小觑的俄罗斯帝国。正因为如此，消息传来，圣彼得堡举城欢腾，人们彻夜饮酒狂欢，庆祝胜利。彼得一世也欣喜若狂，不顾沙皇的尊贵与矜持，穿着荷兰水手的服装亲自击鼓，站在桌子上载歌载舞。他深有感触地把大北方战争称为"三倍时间的学校"，说："大北方战争进行了21年，而一般学生只需7年就可以结业，我们的学校却花了三倍长的时间。感谢上帝，我们的毕业成绩真是好得不能再好了。"

三、西方：攫取乌克兰

如今，乌克兰是俄罗斯的西南邻国，它北接白俄罗斯，西毗波兰、斯洛伐克，西南接匈牙利、罗马尼亚和摩尔多瓦，南濒黑海和亚速海，面积约为60万平方千米。乌克兰气候温和，盛夏7月的平均气温也不过 20℃ 左右；土壤肥沃，全境大部分地区为平原，1/3 的地区为黑土带；河流如织，欧洲第三大河——第聂伯河自北向南，穿越全境，注入黑海；资源丰富，有茂密的森林，有数不清的飞禽走兽和鱼类，还有煤、铁、石油、天然气等丰富的矿产资源。这真是一个适宜人类居住的乐园，无论是农耕时代，还是现代社会。正因为如此，这里成为东斯拉夫人的文化摇篮，成为基辅罗斯的诞生地。

"乌克兰"一词最早见于《罗斯史记》（1187），意为佩列雅斯拉夫尔和同波兰接壤的加利奇–沃伦等边区。13 世纪，基辅罗斯作为统一的国家不复存在，它被分割成东北和西南两个部分。东北罗斯被蒙古人占领，处于金帐汗国的直接统治之下。西南罗斯幸免于难，未遭受蒙古人蹂躏，但为抵御金帐汗国的侵略，归附了当时比较强大的立陶宛大公国。就这样，东北罗斯和西南罗斯就走上了不同的发展道路。经过两个世纪的发展，东北罗斯人逐渐发展为俄罗斯民族，西南罗斯人发展成白俄罗斯和乌克兰两个民族。从此，"乌克兰"一词增添了新的内容，注入了"乌克兰民族"和"乌克兰语"的含义。

乌克兰地区的居民虽然形成了一个乌克兰民族，但没有建立自己独立的国家。这就使这块得天独厚的土地和那里勤劳善良的居民极易成为其他国家宰割争夺的俎上肉。

首先企图吞并乌克兰的是波兰。

14 世纪末，立陶宛和波兰为对付共同的敌人——条顿骑士团和莫斯科大公国的侵扰，立陶宛大公瓦迪斯瓦夫二世·亚盖洛与波兰女王雅德维加结成了百年之好，立陶宛大公加冕为波兰国王，两国联合为一个国家。乌克兰也随立陶宛成为波兰—立陶宛王国的属地。此后，两国的联合时紧时松，立陶宛在联盟中保留着很大的独立性。波兰西部领土波莫瑞和西里西亚被条顿骑士团占领，希望向东方扩张领土，力图将立陶宛所辖的乌克兰、白俄罗斯窃为己有，但一直未能如愿。1569 年 7 月，立窝尼亚战争期间，立陶宛不敌俄罗斯，同波兰在卢布林重新签订了联盟条约，规定两国有共同的议会，有共同的选王制，执行一致的对外政策，原来属于立陶宛的乌克兰地区直接并入波兰版图。波兰封建领主乘人之危，将乌克兰吞并。

螳螂捕蝉，黄雀在后。随着沙皇俄国的崛起，波兰自身也成为宰割对象，何况乌克兰、立陶宛等俄罗斯的近邻。对乌克兰和白俄罗斯，俄国封建领主早在俄罗斯统一国家形成期间便提出了领土要求。伊凡三世提出了"祖传遗产论"和"祖传领土论"。1504 年，他在答复波兰国王亚历山大·亚盖洛时说："全罗斯的土地、基辅、斯摩棱斯克，以及他在立陶宛占领的城市，是我们根据上帝的旨意从古代（和）我们的祖先那里继承下来的世袭遗产。"他不容争辩地指出，亚历山大如果希望同莫斯科交好，就必须放弃这些城市。

俄国鲸吞乌克兰是以一种特殊方式实现的。

波兰吞并乌克兰后，对这块肥沃富饶土地久已垂涎的波兰贵族、领主、天主教会蜂拥而至，肆意掠夺，导致大批乌克兰农民丧失土地，沦为农奴。不甘忍受波兰封建领主残酷剥削的乌克兰农奴纷纷逃离家园，来到第聂伯河下游，加入先于他们逃到这里的乌克兰哥萨克的行列。他们在这里捕鱼、打猎、养蜂、垦荒，从事农业生产和小手工业。为了抵御周边鞑靼人的侵扰和波兰地主的追捕，他们组织起来，建设营地，建立军事政治组织，民主选举盖特曼（统领）、长老和各种队长。他们还经常从陆地或海上袭击奥斯曼土耳其和克里木汗国的边境城市，夺回被鞑靼人抢掠的俘虏和财物。艰苦的生存条件和不屈的反抗精神铸就了他们强悍的性格，使他们成为一支战斗力很强的队伍。

乌克兰哥萨克的壮大引起了波兰封建领主的关注。一方面，他们为了利用哥萨克守卫南部边境，设立一种特置的表册，把一部分富裕的哥萨克名列其中，称为"在册哥萨克"，给他们以优厚的薪饷和各种特权。据统计，1590 年，这种在册哥萨克约为 1000 人。另一方面，由于害怕哥萨克反抗，他们又千方百计限制在册哥萨克的人数和哥萨克的自由。同时，由于财政拮据，波兰政府常常不发在册哥萨克薪饷，所谓"优厚的薪饷"成为空头支票，这就引起了乌克兰哥萨克的普遍不满。此外，波兰政府遵从罗马教皇的旨意，强迫乌克兰东正教会同天主教会合并，接受罗马天主教会的领导，激起乌克兰东正教徒的强烈不满。不满情绪最终导致极富反抗精神的哥萨克一次又一次发动反波民族起义，其中规模最大的便是 1648 年爆发的鲍格丹·米哈伊洛维奇·赫梅利尼茨基领导的民族起义。

赫梅利尼茨基于 1595 年出生在第聂伯河右岸的奇吉林镇的一个乌克兰小贵族家庭里。他年轻时在波兰接受了良好的教育，通晓波兰语、拉丁语、土耳其语、法语等多种语言，曾任哥萨克统领文书、百人长、统领等职。他曾同众多哥萨克一起忠实为波兰君主效劳，多次参加波兰军队同奥斯曼土耳其作战，一次战败被俘，被囚禁在伊斯坦布尔达两年之久。由于他忠心耿耿，作战机智勇敢，波兰国王瓦迪斯瓦夫曾亲授他一把金制马刀。然而，就是这样一位为波兰封建主立下汗马功劳的哥萨克上层人士，竟也遭到波兰殖民者的欺凌。波兰大贵族科涅茨波尔斯基的役吏恰普林斯基乘赫梅利尼茨基离家外出之机抢占了他的庄园，霸占了他年轻的妻子，打死了他年仅 10 岁的儿子。

他满怀悲愤，向波兰法院申诉，向波兰国王呼吁，要求他们主持公道，伸张正义，严惩凶手，但徒劳无功，凶手依然逍遥法外，他的庄园依然被凶手占领。血海深仇，无处申冤，他忍无可忍，被迫举起了反叛的大旗，决心摆脱波兰的统治，争取乌克兰的独立。

赫梅利尼茨基是一位杰出的外交家，非常善于利用各国间的矛盾。他在举事之前，首先来到克里木汗国首都巴赫奇萨莱，同克里木汗伊斯兰格莱三世订立了反对波兰的同盟。1648 年 1 月，他率领 8000 名哥萨克在第聂伯河下游起义，开始向北进军。5 月，起义军在黄水河、科尔松先后大败波兰军，生俘敌军统帅米克瓦伊·波托茨基。起义军声威大振，起义浪潮席卷乌克兰全境。是年，起义军攻占基辅城，赫梅利尼茨基成为全乌克兰统领。1649 年 8 月，波兰同起义军谈判，双方签订了《兹博罗夫条约》，规定乌克兰的基辅、勃拉兹拉夫、切尔尼哥夫三省建立自治的统领国，波兰军队不得进入；在册哥萨克的人数由 6000 人增至 4 万人；恢复乌克兰的东正教教会；被赶走的波兰地主可以回到自己的家园。该条约是双方妥协的产物，并未使整个乌克兰获得独立，同时允许波兰地主返回乌克兰继续压榨广大农民。这充分反映了赫梅利尼茨基的妥协性，他作为哥萨克上层，只能代表哥萨克上层的利益。但该条约毕竟迫使波兰做出巨大让步，建立了一个实质上独立的哥萨克公国，还是有积极意义的。

然而，波兰的让步只是缓兵之计，它是决不会允许乌克兰轻易独立的。1651 年春，波兰派大军侵入乌克兰，双方再次发生激战，乌克兰军战败，波兰军攻占了基辅。9 月，赫梅利尼茨基被迫与波兰签订《白教堂条约》，在册哥萨克的数目被缩减到两万人，自治范围只限于基辅。

赫梅利尼茨基不甘心失败。他在外交上积极活动，企图建立波兰—立陶宛—罗斯联邦国，把乌克兰和波兰置于平等地位，但没有成功。他再次对波兰开战，但在1653年10月的热瓦涅茨激战中遭到惨败。他走投无路，只好请求俄国保护。

赫梅利尼茨基请求俄国保护，并非第一次。早在1648年6月，他就致函沙皇阿列克谢·米哈伊洛维奇，请求保护。此后，他又一再呼吁沙皇给予保护。他这样做只不过是一种外交策略：利用俄国和波兰两个大国之间的矛盾，求得自身的生存与发展。但当时俄国本身也处境不佳，国内城乡起义此起彼伏，特别是1648年6月的莫斯科起义和1650年2月的普斯科夫起义，规模很大，沙皇政府忙于镇压国内起义，无暇西顾，没有立即卷入波兰和乌克兰的冲突。到1653年，俄国的国内局势已经稳定，同时赫梅利尼茨基向俄国沙皇表示：如果俄国出兵保护乌克兰，攻打波兰，他便向俄国称臣，否则他将请求奥斯曼土耳其苏丹或克里木汗的保护。此时，沙皇政府看到，经过几年的战争，波兰和乌克兰已两败俱伤，现在赫梅利尼茨基主动找上门来，正是吞并乌克兰的大好时机。如果坐失良机，乌克兰就会被俄国的对手奥斯曼土耳其或克里木汗国吞食，或重新投入波兰的怀抱，对俄国造成极大的威胁。1653年7月，俄国政府毫不犹豫地通知赫梅利尼茨基，沙皇已同意接受乌克兰加入俄国。10月，俄国召开全俄罗斯缙绅会议，批准了政府关于接受乌克兰加入俄国的决定，同时对波兰宣战。随后，俄国政府派瓦西里·布图尔林率代表团前往乌克兰同赫梅利尼茨基谈判，双方签订了合并条约。1654年1月18日，赫梅利尼茨基在佩列雅斯拉夫尔召开哥萨克大会，通过了乌克兰同俄国合并的决定，并举行了庄严的礼拜仪式和宣誓仪式。同年3月，赫梅利尼茨基派代表赴莫斯科，和俄国政府就一些具体问题进行谈判，双方订立了《三月条例》，规定乌克兰对俄国沙皇称臣，但享有自行选举统领、进行自治之权；哥萨克保留自治法庭，占有领地权；统领保留与除波兰、奥斯曼土耳其之外的国家交往的权利。

俄国同赫梅利尼茨基签订了合并条约，将乌克兰并入俄国版图，但这基本上是一纸空文，因为当时大部分乌克兰领土掌握在波兰手中。因此，为实现条约，从波兰手中夺回乌克兰，从1654年开始，俄国同波兰进行了长达13年的战争。这场战争因瑞典的卷入而显得错综复杂。战争初期，俄国10万大军分北中南三路向波兰进攻。波兰军队得到了10万克里木鞑靼军的支援，还是节节败退。俄国不仅收复了被波兰占领的俄国西部地区，而且占领了乌克兰、白俄罗斯、立陶宛的大部分地区。就在这时，瑞典横插了进来，乘机对波兰发动进攻，妄图独占波罗的海，进而吞并波兰。俄国政府认为，波兰已被削弱，兼并乌克兰和白俄罗斯的目的已基本实现，而瑞典则成为俄国最危险的敌人。有鉴于此，俄国便同波兰签订了停战协定（1656），全力投入了同瑞典的战争。

不久，俄国后院起火，赫梅利尼茨基病故（1657），乌克兰新统领倒向波兰，主张脱离俄国而独立，并同波兰政府签订了和约。于是，俄国很快同瑞典签订了停战协定，重新对波兰开战，以阻止波兰从俄国手中夺回乌克兰。之后，波兰也同瑞典签订和约，以便全力以赴同俄国作战。从此，两国便全力为争夺乌克兰、白俄罗斯而战。

长期的战争把两国都搞得筋疲力尽，不得不握手言和。1667年1月30日，俄波两国代表在斯摩棱斯克附近的安德鲁索沃签订了为期13年半的停战协定。根据该协定，俄国除收复被波兰占领的斯摩棱斯克、切尔尼哥夫、谢韦尔斯克、斯塔罗杜勃等西部地区外，第聂伯河左岸的乌克兰也由俄国占领，右岸的基辅及附近地区由俄军占领两年。就这样，乌克兰被一分为二，由俄波两国瓜分。俄国和波兰两虎相争，谁也没能将乌克兰独吞。乌克兰就如一只毫无抵抗能力的羊羔被两虎分食。这次俄国虽然只攫取了半个乌克兰，但这同样是俄国迈出对外扩张的一大步，为俄国攫取整个乌克兰奠定了坚实的基础。100 多年后，不仅西乌克兰被俄国吞食，就连波兰也成为俄国宰割的对象。

四、东方：翻越乌拉尔山

乌拉尔山以东是辽阔广袤的西伯利亚。它西起乌拉尔山，东迄太平洋，北临北冰洋，南抵哈萨克中北部山地，以及中国、蒙古国北部边界，总面积约为 1276 万平方千米，比欧洲的总面积还要大 260 平方千米。从地势看，它东高西低，南高北低，从西到东主要由三部分组成：从乌拉尔山到叶尼塞河为辽阔的西西伯利亚平原，这里地势平坦，沼泽广布，河流如织，鄂毕河和叶尼塞河两条大河自南向北注入北冰洋；叶尼塞河以东至勒拿河之间为中西伯利亚高原；勒拿河以东主要为峰峦起伏的东西伯利亚山地。中西伯利亚高原和东西伯利亚山地同样河流纵横交错，森林、沼泽、草原广布。西伯利亚绝大部分地区位于北纬 50 度以北，气候寒冷，地广人稀。划归俄国之前，这里居住着大约几十个民族，除少数民族已进入奴隶社会或封建社会外，大部分处于氏族社会阶段，有些民族还处在由母系氏族社会向父系氏族社会转变的过程中。

乌拉尔山脉的山势不高，海拔只有600多米，最低处仅350米左右，穿越起来较为容易。俄罗斯统一国家形成后，贪婪的沙皇政府把侵略魔爪伸向了西伯利亚。读者会问，为什么沙皇俄国对领土扩张有如此不可遏制的贪欲？首先，俄国生产方式落后。当时，欧洲许多国家正在由封建主义向资本主义过渡，正在采取更先进的生产方式，生产力在不断地迅速提高，俄国却正在形成和巩固比封建主义还要落后的严重束缚生产力发展的农奴制，这就使俄国的生产力大大落后于欧洲先进国家，使它不能满足统治阶级穷奢极欲的腐朽生活的需要和对财富的贪欲，他们便通过不断扩张领土、掠夺别国财富的方法来满足其需要和贪欲。其次，由于生产力落后，俄国在经济上无法和欧洲先进国家抗衡，便通过扩疆增土、军事掠夺的方法来实现和维持其大国地位，和其他大国争夺利益和霸权，为俄国发展获取更有利的条件和利益。最后，俄罗斯统一国家是在连绵不断的战争中孕育形成的，从基辅罗斯到莫斯科大公国的六七百年历史进程中，俄罗斯几乎始终处于战火之中，这铸就了俄罗斯人勇武好斗的性格，使俄罗斯如同登上了一辆飞奔疾驶的战车，不到精疲力竭，难以停下来。这些因素，或许还有其他一些因素综合作用，导致了俄国统治者无休止地扩张。

西伯利亚如此之大，比俄国大好几倍，俄国是如何吞食西伯利亚的呢？

它是采取蚕食的办法，大约用了300年，逐步吞食了西伯利亚。

首先被俄国吞食的是西伯利亚汗国。

西伯利亚汗国，又称失必儿汗国，位于乌拉尔山东麓、鄂毕河中游，包括托博尔河和额尔齐斯河下游地区，原为金帐汗国属地。15世纪，金帐汗国解体，它形成一个独立的封建国家，主要居民为鞑靼人，首府为伊斯凯尔城，又称喀什雷克城或西伯利城，坐落在额尔齐斯河右岸的托博尔河口处。

16 世纪中叶，俄国在征服喀山汗国和阿斯特拉罕汗国期间，即东越乌拉尔，开始染指西伯利亚汗国，对其不断施加压力，以武力相胁，企图迫使其归顺俄国。当时，西伯利亚汗国正遭到布哈拉人的进攻，叶吉格尔汗在国内的统治地位并不稳固。为了借助俄国的力量以自保，叶吉格尔汗于 1555 年向伊凡雷帝屈服称臣，答应每年交出 1000 张貂皮作为贡赋。沙皇伊凡雷帝遂自封"全西伯利亚君主"，西伯利亚汗国沦为沙皇俄国的附属国。

1563 年，西伯利亚汗国发生政变，库楚姆汗起兵推翻叶吉格尔汗，登上汗位。据传，库楚姆汗是成吉思汗的孙子孛儿只斤·昔班的后裔，他骁勇善战，有胆有识，不甘任人摆布，便中断了同俄国的藩属关系，下令斩杀俄国使节，停止向俄国纳贡。

对西伯利亚汗国这种桀骜不驯的"反叛"行为，俄国当然不会坐视不理，但沙皇政府当时正忙于立窝尼亚战争，无力派遣军队征讨，便决定让忠于沙皇的封建大领主斯特罗甘诺夫家族征讨。

斯特罗甘诺夫家族当时是俄国的首富和大"客商"，拥有一望无际的大地产，在其庄园里劳动的人数达 1.5 万人以上。这个家族除了生产粮食、捕鱼、采伐森林外，还经营制盐、造碱、采矿、冶铁、制造枪炮等，拥有盐场达 27 处。他还拥有自己的武装，豢养着一大群兵丁。

斯特罗甘诺夫家族的领地靠近西伯利亚汗国，他们同西伯利亚早有联系，经常派人深入西伯利亚收购毛皮，同时不断向东蚕食，扩大自家的领地。沙皇政府便顺水推舟，不断把西伯利亚汗国的土地赏赐给他们，鼓励他们殖民扩张。

1574 年，伊凡雷帝召见了斯特罗甘诺夫家族的代表，并颁布诏书，将托博尔河流域的全部土地赐给该家族，指示他们进一步组织人马，相机占领西伯利亚汗国的托博尔河、额尔齐斯河和鄂毕河流域诸地，在那里修筑城堡和据点，可派自家的军队惩罚君主的叛逆者，应征集志愿人员、自家的人员、奥斯恰克人、沃古尔人、尤格拉人、萨莫耶德人和雇佣的哥萨克，供给他们火器，派他们同西伯利亚汗作战，俘获西伯利亚人，为君主征收贡赋。就这样，沙皇政府正式授权斯特罗甘诺夫家族向东扩张，征讨西伯利亚汗国。

遵照沙皇的旨意，斯特罗甘诺夫家族招兵买马，经过充分准备之后，于 1581 年秋派叶尔马克率领一支 840 人的队伍出征讨伐西伯利亚汗国。

叶尔马克原名瓦西里·季莫菲耶维奇，出生于卡马河一个贫苦农民家庭，成年后游荡于伏尔加河、顿河一带，成为一名哥萨克。叶尔马克是他的绰号，有人说这个绰号的含义是"饭锅"（一说"磨石"之意），久而久之，人们只呼其绰号而不叫其真名了。他行动敏捷，膂力过人，能说会道，后成为哥萨克首领，有时啸聚达千人，干些打家劫舍、抢劫商旅的勾当。为此，伊凡四世大发雷霆，下令悬赏捉拿，就地正法。斯特罗甘诺夫家族见此人可以利用，便派人携厚礼邀请他为己效力。1579 年 7 月，叶尔马克带 500 余名哥萨克投奔斯特罗甘诺夫家族，经过两年准备后率队出征。

1581 年 9 月 10 日，斯特罗甘诺夫家族手捧圣像，欢送叶尔马克侵略军踏上征程。叶尔马克利用西伯利亚河流密布的特点，或溯河而上，或顺流而下，时而乘舟，时而登陆，从一条河转到另一条河，不断深入西伯利亚。他们沿途大肆抢劫，抢劫土著人的干鱼、兽肉和毛皮，当然也遭到土著人的激烈抵抗。1582年春，叶尔马克侵略军进入西伯利亚汗国王公叶恰潘的领地。叶恰潘组织民军奋力迎战，挽弓射箭，截击俄军。但这怎能敌得过俄军的火枪火炮？结果，俄军将该地洗劫一空，土著人的帐篷被焚毁殆尽。

之后，俄军继续向前推进，洗劫了西伯利亚汗国故都成吉－图拉城（今俄罗斯秋明市）。库楚姆汗大为震惊，急忙组织人马进行抵抗。在图拉河河口，6个王公率部狙击俄军，遭到失败。在托博尔河上，库楚姆汗在两岸埋伏重兵，在江上设置拦江锁堵截俄军，给俄军造成巨大损失，但还是让俄军冲了过去。

叶尔马克此时气焰嚣张，决心直取西伯利亚汗国首都伊斯凯尔，消灭西伯利亚汗国。库楚姆汗一面派重兵抵抗，一面加强城防。7月，库楚姆汗、王子马麦特库尔所率的部队在巴巴桑和俄军遭遇，双方激战数日，马麦特库尔负伤，鞑靼军战败，史载："鞑靼人血流成河，横尸遍野。"9月，俄军侵入额尔齐斯河，逼近伊斯凯尔。库楚姆汗下令切断伊斯凯尔门户楚瓦什岬附近的道路，在楚瓦什岬设重兵把守，在江面上置拦江锁。双方在楚瓦什岬角展开了激烈的争夺战。11月初，双方都付出巨大伤亡后，俄军攻占楚瓦什岬角，库楚姆汗无力再战，率残部撤离首府，俄军占领伊斯凯尔。

叶尔马克在占领伊斯凯尔后，以为已彻底击败西伯利亚汗国，得意万分，立即派人赴莫斯科，携带着掠夺来的2400张貂皮及其他贵重毛皮，向沙皇报捷。他在奏折中写道："遵照仁慈的三位一体的上帝、圣洁的圣母和全俄伟大显灵者的旨意，托虔诚的全俄君主、沙皇、大公伊凡·瓦西里耶维奇的洪福，占领了西伯利亚汗国，打败库楚姆汗，使那里许多异族人归服于沙皇的崇高统治之下，其中有鞑靼人、奥斯恰克人、沃古尔人及其他异族人，并令他们按照自己的信仰宣誓：永世接受大君主的崇高统治，每年向君主纳贡，决不中断，决不加害俄罗斯人……"叶尔马克在奏折中汇报了征服西伯利亚汗国的经过，请求沙皇接管这个新地区，同时对他本人过去的"罪行"表示忏悔，发誓永远"效忠沙皇"。沙皇闻奏大喜，下令在莫斯科圣母升天大教堂做感恩祈祷，并颁布诏书，对斯特罗甘诺夫家族、叶尔马克和全体远征军士大加犒赏，赏赐谢苗·斯特罗甘诺夫两座城池，特许其在马克西姆和尼基塔的领地自由贸易，蠲免租赋；当场赦免了叶尔马克和其余哥萨克的罪过，赏赐叶尔马克御衣一件、铠甲两副，并决定迅速派官员前去接管西伯利亚汗国土地，谕令叶尔马克在接管官员到达之前，代表沙皇管理当地一切事务。之后，沙皇派伯爵谢苗·德米特里耶维奇·鲍尔霍夫斯基等率 500 名近卫军前往西伯利亚城，增援叶尔马克，接管西伯利亚汗国。

但是西伯利亚汗国并没有灭亡，库楚姆汗领导军民继续抗击俄国侵略者。1584 年 8 月，库楚姆汗采用调虎离山计，派人散布消息，佯称布哈拉商队前来西伯利亚同俄国人做生意，途中被库楚姆汗阻拦，正在瓦盖河附近，急需俄军搭救。叶尔马克获报后信以为真，急率 300 人前往，却未见商队踪影。8 月 14 日（俄历 8 月 5 日）夜，叶尔马克一伙在瓦盖河畔宿营。是夜风雨交加。就在俄国侵略者酣然入睡之际，早已埋伏在附近的库楚姆汗的队伍突然杀了进来，俄军来不及抵抗便做了刀下鬼，300 人中只有一人侥幸逃生。叶尔马克还算机灵，立即穿上沙皇赏赐的铠甲，直奔河岸，企图乘船逃跑，但惊慌失措之中失足落水。这时，曾令他无比荣耀的沙皇赏赐却要了他的命，笨重的铠甲使他无法泅渡，结果溺死在滔滔的江水中。一周之后，他的尸体才在下游被鞑靼人发现。这个侵略西伯利亚的急先锋，双手沾满西伯利亚各族人民鲜血的恶贯满盈的刽子手，最终落了个溺死水中的可耻下场，但沙皇政府对其极尽歌功颂德之能事。沙皇追封他为军役大贵族，追授西伯利亚公爵头衔。他所领导的军队被封为"沙皇军役人员"。沙皇军队以他为榜样，有些军团摆放和悬挂着他的雕像和画像，高唱颂扬他的歌曲，每逢他的死难日都要举行纪念仪式。有些村庄以他的名字命名，有些城市为他建造高大的纪念碑。托博尔斯克的叶尔马克纪念碑碑基用花岗石筑成，碑的正面镌刻着题词为"献给西伯利亚的征服者叶尔马克"，其余三面分别刻着"1839 年建立""1581年""1584 年"。

叶尔马克全军覆没，使俄国侵略军遭受巨大打击。此时，伊斯凯尔城中的俄军仅剩 150 人，俄军头目格鲁霍夫深感势单力孤，难以自保，便率侵略军残部弃城而逃，返回俄国。库楚姆汗闻讯迅速派王子阿莱占领伊斯凯尔，但不久西伯利亚汗国内部发生纷争，叶吉格尔汗的侄子塞伊季亚克王公赶走阿莱，占据了伊斯凯尔。

叶尔马克的覆灭和西伯利亚汗国的得而复失并没有挫灭沙皇征服西伯利亚的决心。从 1585 年开始，沙皇一批又一批地向西伯利亚派遣远征军。远征军所到之处不但强迫当地土著纳贡，而且设立据点，兴建城堡，稳扎稳打，逐步推进。1586 年 7 月，俄国侵略军抵达西伯利亚汗国已被废弃的故都成吉 – 图拉城，在那里择地建造秋明城。秋明城建在图拉河南岸，三面濒水，交通便捷，进可攻，退可守，周围土壤肥沃，水草丰茂，是鞑靼人重要的农牧业产区。该城的建立意味着俄国人把这一重要地区置于股掌之中。1587 年，俄军逼近伊斯凯尔，在距伊斯凯尔十几公里的托博尔河河口建托博尔斯克堡。该城很快成为俄国在西西伯利亚的军事行政中心。

就在俄国侵略军步步为营、全力蚕食西伯利亚汗国领土的时候，盘踞伊斯凯尔城的塞伊季亚克王公却忙于内讧，不思抗争，甚至俄军就在伊斯凯尔附近，在其眼皮底下建城筑寨、磨刀霍霍之时，他也置若罔闻，没有派兵干涉。1588 年夏，塞伊季亚克王公率 500 人出城狩猎，来到托博尔斯克城郊。驻托博尔斯克俄军首领达尼尔·丘尔科夫见状，便派人邀请他进城饮宴，举行和谈。愚蠢的塞伊季亚克王公不知是计，满口答应，带 100 名随从大摇大摆地进城赴宴。酒过三巡，塞伊季亚克等人已喝得脸红耳热，只听丘尔科夫一声令下，俄军伏兵一拥而上，将来客全部拿下，塞伊季亚克及其随从束手就擒。在城外守候的汗国兵听说王公被捕，群龙无首，作鸟兽散，伊斯凯尔城里的鞑靼人也各自逃生。就这样，俄国侵略军不费一枪一弹，重新占领了西伯利亚汗国的都城。之后，塞伊季亚克等人被押解到莫斯科。狡猾的沙皇为笼络人心，对其赐以高位，赏以土地，他们从此成为沙皇忠实的臣民。

与塞伊季亚克成鲜明对照的是，年迈体弱的库楚姆汗仍在不屈不挠地抗击着俄国侵略者。为彻底打败库楚姆汗，俄军不断征讨。1591 年 8 月，托博尔斯克俄国督军弗拉基米尔·瓦西里耶维奇·柯里佐夫 – 莫萨里斯基大公率军征讨库楚姆汗，在奇里库尔湖畔击溃汗军，俘获库楚姆汗的两个妻妾、一个王子和大量军士。之后，俄国利用俘获的库楚姆汗王妃和王子，迫使其投降，后又打出和谈的旗号，迫使其屈服。但库楚姆汗均不上钩，继续组织汗国人民进行抗俄斗争，并准备进攻俄国人新建的塔拉城。在这种情况下，俄国侵略者对库楚姆汗进行了连续不断的征讨围剿，库楚姆汗遭受重创。1598 年夏，新任塔拉督军伊凡·莫萨里斯基大公率领 1000 余人再次围剿库楚姆汗，库楚姆汗进行了顽强抵抗，但鞑靼人的弓箭长矛怎能敌得过俄国人的火炮火枪？结果，俄军攻占了其营盘，杀死了大量鞑靼人，俘获了库楚姆汗的 6 个妻妾、三个王子、两个公主和许多贵族，抢掠了其全部财产和所有牲畜。库楚姆汗只率领少数随从败逃到南部大草原，不久死去。至此，西伯利亚汗国彻底灭亡。沙皇俄国经过 30 多年努力，终于吞并了西伯利亚汗国。

沙皇俄国吞并西伯利亚汗国，意味着鄂毕河中游完全落入俄国手中，接下来便该吞并整个鄂毕河流域了。事实上，在征服西伯利亚汗国的过程中，俄国殖民者业已顺流而下或溯河而上，开始向鄂毕河上下游扩张，在那里建立城堡，强迫当地土著人纳贡。到 17 世纪初，俄国殖民者占领了整个鄂毕河流域，在那里建立了别列佐夫、鄂毕多尔斯克、曼加西亚、纳雷姆、托木斯克、库兹涅茨克等城堡，使之成为进一步向西伯利亚扩张的据点。

之后，俄国侵略者继续向东，开始向叶尼塞河流域扩张。直到 16 世纪中叶，沙俄对叶尼塞河流域仍一无所知。后来，在向鄂毕河流域扩张的过程中，俄国殖民者逐渐得知鄂毕河流域以东又有一条大河——叶尼塞河，该河流域原始森林密布，紫貂成群，鱼类资源丰富。为了把这片广袤的大地纳入俄国版图，为了掠夺这里的珍贵毛皮，为了迫使"尚未开化"的土著人向沙皇纳贡称臣，他们便马不停蹄地向叶尼塞河流域进军。

沙俄殖民者侵占叶尼塞河流域分南北两路进行。北路从鄂毕河口经海湾上溯塔兹河，然后转入叶尼塞河支流图鲁汉河，再从图鲁汉河顺流而下进入叶尼塞河下游，占领两岸地区；南路由凯忒河进入叶尼塞河，向叶尼塞河中上游两岸扩展。从 17 世纪初开始，俄国殖民者用了 20 多年的时间，吞并了叶尼塞河流域。他们在征服叶尼塞河流域过程中同样建立了许多重要城堡据点，如图鲁汉斯克、叶尼塞斯克等。这些城堡既是控制被占领区的重要据点，又是进一步向东扩张的重要基地。俄国殖民者在征服叶尼塞河流域的过程中同样遇到了当地土著人的激烈抵抗，但土著人力量分散，武器原始落后，加之俄国殖民者的欺骗引诱、分化瓦解，抵抗皆以失败告终。土著人不得不向沙俄政府缴税纳贡。成年男子一般每人每年要缴纳 11 张貂皮作为实物税，年少者也要缴纳一张，还要向沙皇和军役人员呈送 10 张貂皮作为贡礼。据不完全统计，1620 年至 1623 年，仅叶尼塞斯克一地每年即收缴 1700 张至 2000 张貂皮，1647 年增至 4500 张，俄国政府对西伯利亚的掠夺由此可见一斑。

当然，沙俄政府对被占领地区不仅掠夺，也注重开发。叶尼塞河流域南部地区适宜农耕，俄国政府便向那里迁徙人口，创建垦殖点。到 17 世纪末，这里已成为西伯利亚地区仅次于托博尔斯克地区的农业生产中心了。

沙俄殖民者在征服叶尼塞河流域的过程中，从当地居民口中得知东方还有一条大河（勒拿河），可乘大船在该河行驶，河两岸居住着许多人，他们用貂皮购买铁器，没有任何火器，房舍与俄国相同，饲养马匹，不事耕种，亦不晓得耕耘稼穑，衣着服饰也同俄国人没有什么区别。这些信息自然引起了沙俄殖民者的极大兴趣。沙俄政府指示托博尔斯克督军组织探险队到勒拿河流域勘察，搞清情况，相机占领。从17世纪20年代起，俄国殖民者又开始向勒拿河流域进军。他们同样分南北两路进军。北路从图鲁汉斯克沿叶尼塞河支流下通古斯河上溯进入勒拿河支流地区；南路从叶尼塞斯克经库塔河进入勒拿河流域。1632年，俄国殖民者在勒拿河中游建雅库茨克城堡，沙皇政府在此设督军府，直接隶属于莫斯科。沙皇米哈伊尔·费奥多罗维奇在给首任督军戈洛文的指令中说："勒拿大河条件优越，土地辽阔，到处有游牧与定居的人们，盛产貂及各种野兽。"他要求戈洛文"寻找尚未缴纳实物税人们的新土地"，并使他们"臣服于沙皇的崇高统治"。沙皇政府接二连三的指令极大地鼓舞了俄国殖民者。他们为了给沙皇占领新的"未缴纳贡赋的土地"，使这些土地上的土著人"臣服于沙皇的崇高统治"，从而获得沙皇政府的奖赏，也为了在掠夺土著人的过程中获得巨大利益，不畏旅途艰险，不畏风刀雪剑，不畏土著人的反抗杀戮，不断探测新的土地，征服掠夺土著人，到17世纪30年代末已基本占领了勒拿河流域。新占领的土地给沙皇政府带来不计其数的巨额财富，不仅使俄国的版图进一步扩大，使俄国的实力进一步增强，还使俄国地上地下蕴藏的巨大资源宝藏进一步丰富，仅当时俄国皇室贵族、官宦商贾朝思暮想、孜孜以求的名贵貂皮即成倍增加。1636年，俄国在勒拿河雅库特地区收缴的实物税和官税为8886张毛皮，1637年即比前一年增加了5倍至6倍。1639年，雅库茨克地区送交莫斯科的貂皮为23 969张，1643年从该地区运出的貂皮则达146 720张。增长幅度何其惊人！从现代人的角度看，这些数字后面隐藏的是珍贵野生动物的惊人减少或灭绝，是对大自然和人类生态平衡的破坏，但沙俄的殖民者、沙俄的统治阶级追求的只是一己私欲，哪会顾及这些?!

　　沙俄殖民者在占领勒拿河流域后继续向前推进。在南部，他们粉碎了布里亚特人的一次又一次反抗，从勒拿河上游一直推进到贝加尔湖地区，在那里建立了伊尔库茨克、下乌丁斯克、上乌丁斯克（今乌兰乌德城）等重要城堡，到 17 世纪 70 年代吞并了整个贝加尔湖地区。在东部，1639 年，他们推进到鄂霍次克海沿岸，抵达太平洋西岸，在这里建立了鄂霍次克等重要城堡。在东北方向，由于遭到土著楚科奇人的顽强抵抗，他们费时 100 多年，直到 18 世纪下半叶才把楚科奇岛吞并，把俄国的版图拓展到东北亚之角。在此期间，俄国殖民者于 17 世纪末获知堪察加半岛的一些情况，便把魔爪也伸到那里，挫败了土著人的顽强抵抗，于 18 世纪 30 年代占领了整个半岛。之后，他们又以堪察加半岛为基地向海外扩张，于 1743 年占领了科曼多尔群岛，于 1761 年进入北美洲阿拉斯加地区，随后把这块面积达 100 多万平方千米的北美洲土地据为己有。

　　在东南方，他们把侵略的魔爪伸向中国黑龙江流域，但他们遇到了前所未有的"东方巨龙"的严峻挑战。

　　直到 17 世纪初，沙俄对中国仍不熟悉，对黑龙江流域更是一无所知。当时，俄国人错误地认为，从贝加尔湖到大海有一座高大石山阻挡着去路，尚不知道有条大河，更不知晓黑龙江的名称。后来，沙俄殖民者在东扩过程中逐渐获得关于黑龙江的一些信息，汇报给雅库茨克督军戈洛文，戈洛文又派几批侦探对黑龙江流域的情况做了进一步了解，便派殖民者踏上了侵犯中国黑龙江流域之路。

　　1643 年 7 月，戈洛文派瓦西里·波雅尔科夫率 132 人入侵中国黑龙江流域，命令他"为大君主征收实物税，寻找新的未缴纳贡税的人及银、铜、铅矿和粮食"，而波雅尔科夫的队伍中就有两名收税官。这一伙强盗从雅库茨克出发，经勒拿河至阿尔丹河口，溯阿尔丹河而上至乌丘尔河口，经乌丘尔河进入戈纳姆河，又向南走了约 100 千米的连水干路。之后，他们翻越外兴安岭，闯入中国境内，建立寨堡，捕抓当地居民达斡尔人为人质，向他们勒索毛皮和粮食。达斡尔人热情好客，起初对他们以礼相待，向他们让出住房，向他们提供粮食、牲畜，但沙俄殖民者并不以此为满足，他们要占领整个村寨，迫使达斡尔人归顺俄国"大君主"。达斡尔人怒不可遏，他们奋起反抗，打得沙俄强盗狼狈逃窜。

当时正值严冬，沙俄入侵者的粮食所剩无几，附近的达斡尔人为防止这伙强盗的袭击，坚壁清野，远走他乡。没有粮食，俄国人便吃人肉，吃被打死的达斡尔人和饿死的军役人员，一个冬天吃了 50 多个。俄国史料中的这些记载充分暴露了沙俄殖民者的野蛮残忍。

1644 年春天，波雅尔科夫一伙与另一伙殖民强盗会合，顺精奇里江（结雅河）下航。沿途他们目睹了这一带的美丽富饶，只见村舍栉比，阡陌纵横，牛羊遍野，树木葱茏，这更引起了他们的无限妒意。沿途他们企图上岸抢劫，但当地人不让他们上岸，称他们为"吃人恶魔"。沙俄殖民者如过街老鼠，人人喊打。不得已，他们决定返回，但不敢走原路，只得冒险走海路，于 1646 年 6 月返回雅库茨克，历时三载。沙俄殖民者第一次入侵中国以失败告终。

此后，雅库茨克督军又多次派殖民强盗入侵中国。沙俄殖民者在黑龙江流域往来穿梭，攻城略地，抢劫杀戮。沙俄殖民者的野蛮入侵遭到中国军民的顽强抵抗。1658 年，清军将领沙尔虎达率部 1400 余人在松花江口大败俄军，俄军 500 余人中有 270 人被歼，头目斯捷潘诺夫也被击毙。其后，清军又拆毁了俄军在雅克萨修建的城寨，攻占了俄军盘踞的呼玛尔斯克，歼灭了俄军残部。到 1660 年，黑龙江流域的俄军已悉数被歼。

清军在肃清入侵俄军后并未留兵驻守，而是班师回朝。不久，沙俄殖民者又卷土重来，重占雅克萨，修建阿尔巴津城堡，并以此为依托，到处建村设点，移民垦殖。同时，沙皇政府公然在中国领土建立督军府，设立阿尔巴津县，任命杀人越货的殖民强盗切尔尼科夫斯基为阿尔巴津总督。

对此，清政府当然不会坐视不理，康熙皇帝明确指出："罗刹（沙俄——编者注）犯我黑龙江一带，侵扰虞人，戕害居民。昔发兵进讨，未获剿除，历年已久。近闻蔓延益甚，过牛满、恒滚诸处，至赫哲、飞牙喀虞人住所，杀掠不已。"1685 年 2 月，康熙下令进攻雅克萨，都统朋春，副都统郎坦、班达尔沙，黑龙江将军萨布素等自瑷珲出发，分水路和陆路向雅克萨开进。5 月，清军抵雅克萨，当即向俄军发出用满、蒙、俄三种文字书写的通牒，严正指出："尔等欲相安无事，可速回雅库，于彼为界，捕貂收赋，毋复入内地构乱，归我逋逃，我亦归尔逃来之罗刹。果尔，则界上得以贸易，彼此晏居，兵戈不兴。倘执迷不悟，仍然拒命，大兵必攻破雅克萨城，歼除尔众矣。"通牒言之凿凿，至情至理。然而，俄军骄狂，不以为意，准备负隅顽抗。清军遂于 25 日发动进攻，仅一日，俄守军便支撑不住，在付出 100 多人的性命后献城投降。清军将雅克萨城池焚毁，撤回瑷珲。此为第一次雅克萨战役。

但沙俄入侵者不甘心失败，他们探得中国军队已经撤离，便于同年 9 月重返雅克萨，再次建城据守。消息传来，清廷震怒。1686 年

7月，康熙再派2000名清兵至雅克萨清剿俄军。他们将雅克萨团团围住，在城外"掘长堑、立土垒"，断绝城中水源，不时用火炮轰击。俄军多次组织突围，均被击退。这样围城数月，城中断水断粮，俄军伤亡惨重。到1687年5月，俄军由原来的736人减至66人。俄军头目、沙皇政府委任的阿尔巴津首任督军阿列克谢·托尔布津中弹身亡。收复雅克萨指日可待。

就在这时，清政府派遣官员来到雅克萨，宣布停止攻城。之后，清军又主动后撤10千米，完全解除了封锁。原来，此时中俄两国政府正在协商举行和谈，分立疆界。自沙俄殖民者入侵中国黑龙江流域以来，清政府多次致书沙皇政府，希望通过谈判平息纠纷，划定疆界。沙皇政府原以为该地区唾手可得，但经过较量，发现难以获胜，同时莫斯科和黑龙江相距万里，俄国又忙于和周边几个强敌争斗，无力派出更多的军队和中国较量，不得不同意谈判。1689年8月22日至9月7日，双方使团在尼布楚举行谈判。两国对这次谈判都非常重视，都组建了庞大的使团。沙俄使团由御前大臣、布良斯克总督戈洛文、涅尔琴斯克督军总督乌拉索夫和叶尼塞斯克秘书官柯尔尼斯基任全权大使，携带随从2000余人。中国使团由领侍卫内大臣索额图、内大臣都统一等公佟国纲、黑龙江将军萨布素、护军统领马喇、都统郎坦、都统班达尔沙、理藩院侍郎温达组成，所带扈从、随员近3000人。谈判期间，双方使团根据各自君主的指令唇枪舌剑，激烈争论。沙俄使团蛮横无理，极力狡辩，企图把中国黑龙江以北地区据为己有。中国代表团义正词严，据理力争，要求沙俄把尼布楚、雅克萨等中国领土归还中国。最后，邪不压正，双方签订《尼布楚条约》，明确规定外兴安岭以南的黑龙江流域和乌苏里江流域皆为中国领土。沙俄吞并我国黑龙江流域的企图遭到失败。

　　总之，从 1581 年叶尔马克一伙越过乌拉尔山，踏上东侵之路，到 18 世纪末俄国殖民者占领楚科奇半岛，俄国用 200 多年的时间吞并了整个西伯利亚。这是俄国历史上最大的一次领土吞并，对俄国的历史发展、现实发展、未来发展的意义高不可估。在此期间，俄国扩张的魔爪也伸到了北美洲，伸到了东亚，中国军民奋力抵抗，斩断了沙俄伸到中国的魔爪。否则，沙皇俄国在中国的侵略扩张不知到何时才能停止。

五、黑海国家：鲸吞克里木汗国

　　克里木汗国，又称克里米亚汗国，是 15 世纪中叶在克里木半岛上建立的一个封建国家。13 世纪 30 年代，当蒙古大军的铁骑由东而西横扫欧亚大陆的时候，克里木半岛也未能幸免。该半岛及黑海北岸草原地带的阿兰人、亚美尼亚人、希腊人等都成了金帐汗国的臣民。金帐汗国在克里木设置了总督管辖区。两个世纪后，金帐汗国气数已尽，陷入四分五裂的局面。1441 年，哈吉·格莱在当地蒙古封建主的支持下，脱离金帐汗国，建立了独立的克里木汗国，定都巴赫奇萨赖。可惜好景不长，1474 年，奥斯曼土耳其帝国便侵袭过来，小小的克里木汗国绝非正值鼎盛、地跨亚非欧三大洲的奥斯曼土耳其帝国的对手，只得俯首称臣，沦为奥斯曼土耳其帝国的藩属。从此，克里木汗国背靠大树，狐假虎威，以金帐汗国的继承者自居，一方面充当各弱小汗国的保护国，竭力保护各弱小汗国，另一方面力图在伏尔加河沿岸重建统一的金帐汗国，屡屡加入大国争夺的行列，多次同波兰、俄国等国争战。同时，克里木汗国还时常侵袭其邻国，掠夺邻国的牲畜、财物和人口，对俄国、波兰等国造成严重威胁。

对克里木汗国的不断侵扰袭击，俄罗斯在统一国家形成之初，自身实力有限，难以和以强大奥斯曼土耳其帝国为后盾的克里木汗国决一雌雄，同时它争夺重点在波罗的海沿岸地区，就采取了以防御为主的政策。伊凡雷帝在吞并喀山汗国和阿斯特拉罕汗国后，为巩固东南疆界，专门修筑了一条名叫图拉鹿砦的防线。图拉鹿砦从梁赞起，沿奥卡河，经图拉，直达科泽利斯克，沿线各城市和碉堡之间用树干、木桩架成鹿砦，以阻挡鞑靼骑兵的侵袭。17世纪三四十年代，俄国为防止鞑靼人的袭击，再次进行了大规模的防线修建工程，建成了29座设防城市，修筑了多条防线。其中，别尔哥罗德防线最为壮观，它西起第聂伯河支流沃尔斯克拉河畔的阿赫季尔卡，中经别尔哥罗德、沃罗涅日、科兹洛夫，终点是塔姆鲍夫，绵延千里，宛如卧龙。

还有一例足以说明当时俄国对奥斯曼土耳其帝国和克里木汗国的态度之软弱。1637年，顿河哥萨克和第聂伯河哥萨克袭击并占领了克里木汗国的要塞亚速夫。后来，奥斯曼土耳其帝国派大军包围亚速夫，守卫亚速夫的哥萨克向沙皇米哈伊尔求援，请政府派军队接管亚速夫，但沙皇政府惧于单独同奥斯曼土耳其帝国开战，不仅命令哥萨克撤出亚速夫，还致书向奥斯曼土耳其帝国苏丹道歉，称哥萨克的行动是强盗行径。

俄国经过100多年扩张，到彼得大帝时期，实力大为增强。这时，随着经济的发展，俄国急需打通出海口，和欧洲国家进行直接便捷的贸易。于是，彼得一世于1695年至1696年，连续两次发动了远征亚速夫的战争，企图打通黑海出海口。结果，俄国虽然夺取了亚速夫要塞，但距打通黑海出海口还差得很远。因为，克里木汗国所在的克里木半岛横亘在亚速海与黑海之间，要进入黑海必须征服克里木汗国，但克里木汗国是奥斯曼土耳其帝国的藩属，征服克里木汗国意味着向奥斯曼土耳其帝国开战，这仍然是俄国力不能及的。为此，彼得一世微服出访西欧，企图联合几个欧洲国家共同对付奥斯曼土耳其帝国，但未能如愿。在这种情况下，他暂时放弃了争夺黑海出海口的做法，转而北上争夺波罗的海出海口。大北方战争期间，奥斯曼土耳其帝国在瑞典和法国的怂恿下向俄国宣战，重新夺回了亚速夫。

到 18 世纪下半叶，奥斯曼土耳其帝国和世界历史上的任何大帝国一样，经历极盛期后正逐步走向衰落，其庞大臃肿的躯体已成为欧洲列强窥伺宰割的对象。与之相反，俄罗斯帝国则如一颗冉冉升起的新星加入了欧洲列强争霸的行列，加入了宰割奥斯曼土耳其帝国的行列。此时，夺取黑海出海口，乃至吞食整个克里木汗国的时机似乎已经成熟。同时，俄国政府也早已按捺不住，急于解决这一问题。1762 年 7 月，俄国宫廷事务大臣米哈伊尔·沃隆佐夫给沙皇叶卡捷琳娜二世的奏折说："克里木半岛的地理位置如此重要，的确可以视为俄国和奥斯曼土耳其帝国的钥匙，当它属于奥斯曼土耳其帝国的时候，对俄国始终是危险的；反之，如果属于俄国或不附属于任何国家，俄国的安全不只是可靠的，而且是巩固的。那时候，亚速海和黑海就会处于俄国的统治之下。"

1767 年，俄国以波兰拒绝通过俄奥两国提出的非天主教徒同天主教徒权利平等的法案为由，出兵入侵波兰。对此，奥斯曼土耳其帝国深感不安，担心危及其对巴尔干半岛的统治，遂在法国支持下，于

1768 年率先对俄国宣战，史称第五次俄土战争。

战争爆发后，俄国认为吞并克里木汗国的时机已到，首先派军攻占了亚速夫和塔甘罗格，控制了亚速海，之后进军克里木汗国，接连攻克耶夫帕托利亚、刻赤等重要港口或城镇，于 1771 年占领整个克里木半岛。

与此同时，在多瑙河战场和南高加索战场，俄军也大败土军，占领奥斯曼土耳其帝国的大片土地。在海战中，俄国舰队在切斯马湾彻底击溃了奥斯曼土耳其帝国的舰队，控制了爱琴海。

在第五次俄土战争中，俄国攻势凌厉，咄咄逼人；奥斯曼土耳其帝国虚弱疲软，不堪一击。这引起了惯于使用大陆均势政策的欧洲政治家的担心。奥地利政府毫不犹豫地采取行动，与奥斯曼土耳其帝国签订了秘密防御同盟条约。奥地利保证，如果俄国军队越过多瑙河，它就给奥斯曼土耳其帝国以军事援助。俄国获悉后，采取分化政策，以允许奥地利参加对波兰的瓜分为诱饵瓦解了奥土同盟。其他欧洲大国，虽然忌惮俄国的强大，但不愿帮奥斯曼土耳其帝国，而在等待着瓜分垂垂老矣的奥斯曼土耳其帝国的遗产。就这样，奥斯曼土耳其帝国在孤立无援的情况下不得不向俄国求和。俄国接过奥斯曼土耳其帝国的橄榄枝，但它不急于达成协议，而是力图延长时间，扩大战果，以便在谈判中获取厚利。直至 1773 年，俄国爆发了普加乔夫领导的大规模农民战争，俄国政府才加快了谈判进程。1774 年 7 月 21 日，俄土两国终于达成协议，在俄军大本营所在地——保加利亚境内的库楚克 - 开纳吉村签订了和约。

《库楚克 - 开纳吉条约》是俄土关系史上最重要的条约。根据该条约，亚速夫、刻赤、叶尼科列、第聂伯河和布格河之间的草原地带、黑海东岸的巴统等均由俄国占领；克里木汗国脱离奥斯曼土耳其帝国而独立；俄国商船可以在黑海、奥斯曼土耳其帝国的其他海域，以及多瑙河自由航行，可以自由出入博斯普鲁斯海峡和达达尼尔海峡，可以在所有码头、港湾，包括其首都伊斯坦布尔停靠；俄国商人可以在奥斯曼土耳其帝国境内自由通商，享受最惠国待遇；俄军占领的比萨拉比亚，以及摩尔多瓦、瓦拉几亚两公国归还奥斯曼土耳其帝国，但奥斯曼土耳其帝国必须保证宗教信仰自由，允许俄国宫廷大臣保护这些地区居民的利益；允许俄国宫廷在伊斯坦布尔加拉太地区修建一座东正教堂，这座教堂永远受俄罗斯帝国保护。就这样，俄国不仅获得了梦寐以求的黑海出海口，为俄国商人赢得了很多权益，而且为俄国最终吞并克里木汗国奠定了基础。此外，俄国找到了进一步向巴尔干半岛和地中海沿岸地区扩张的借口。

根据《库楚克－开纳吉条约》，克里木汗国完全脱离奥斯曼土耳其帝国，获得独立，这实际上等于为俄国吞并克里木汗国扫除了一大障碍，等于把克里木汗国从一个大国手里转到另一个大国手里，俄国吞并克里木汗国已如探囊取物。1776年11月，俄军名将苏沃洛夫率军开进克里木汗国，但这时俄国要维持克里木汗国表面上的独立地位，没有直接吞并克里木汗国，而是扶植克里木汗国统治家族成员中的亲俄的沙哈里·格莱为汗。沙哈里·格莱汗反过来又"邀请"俄军驻守克里木汗国。俄军在克里木汗国飞扬跋扈，作威作福，沙哈里·格莱汗对沙俄奴颜婢膝，丧权辱国，引起克里木汗国人民的强烈不满。不久，他们发动起义，进行反抗，但遭到俄军残酷镇压。对此，奥斯曼土耳其帝国看在眼里，恨在心头，很想出兵干预，但又孤掌难鸣，无人相助，故而不敢轻举妄动。后来，法国驻土大使出面斡旋。1779年3月，奥斯曼土耳其帝国不得不与俄国又签订了一个解释性协定，间接承认了俄国对克里木汗国的控制。

但俄国并不以此为满足，利用傀儡控制毕竟不如直接统治来得方便牢靠，让克里木汗国继续保持名义上的独立还是有被他国吞食的危险。1783年4月19日，俄国女皇叶卡捷琳娜二世发表声明，她声称："作为永远消除扰乱俄国和奥斯曼土耳其帝国之间缔结永久和平的根源的一种手段……朕已决定，将克里木半岛、塔曼半岛和库班地区（库班河右岸）置于我们的管辖之下。"她把克里木汗国划为新俄罗斯边区，任命其宠臣格里高里·亚历山德罗维奇·波将金为新俄罗斯边区总督。从此，克里木汗国灭亡，克里木半岛和黑海北岸的大片土地被俄国吞并，俄国终于成为黑海沿岸国家。克里木半岛面积不大，不到2.5万平方千米，但地理位置重要，俄国很快在那里建起了庞大的黑海舰队，克里木半岛也成为俄国向东南欧和地中海沿岸地区扩张的重要基地。波将金因吞并克里木汗国和组建黑海舰队有功，大受女皇褒奖，获得塔夫利特级公爵的爵位。

六、涉足中欧：合伙分波兰

俄罗斯果真与众不同，它在大战奥斯曼土耳其帝国、攫夺克里木汗国的同时，又和另外欧洲两个大国——普鲁士和奥地利合伙瓜分了波兰。

波兰是俄国的西邻，它和俄罗斯同源同种，都属于斯拉夫人。10世纪中叶，东欧平原上以格涅兹诺为中心的波兰部落逐渐统一了其他部落，建立国家。波兰国名即由此而来。1025 年，博莱斯瓦夫一世加冕为波兰国王，波兰成为一个统一而强大的国家。12 世纪中叶波兰进入封建割据时期，长达 200 多年。15 世纪中叶，波兰复归统一。15 世纪至 16 世纪是波兰最强盛的时期，其时它屡次进犯俄国，干涉俄国内政。在此期间，波兰发展为贵族共和国，议会拥有较大权力，国王由贵族组成的议会选举产生。之后，由于农奴制庄园经济的发展和中央政权的削弱，加之连绵不断的战争，波兰逐渐衰落，成为强邻争相蚕食的目标。前述俄波战争即为一例。大北方大战期间，波兰加入了战争，战后俄国实力更加强大，波兰则更趋衰落，实际上沦为俄国的附庸。尽管如此，直到 18 世纪中叶，它仍然是一个欧洲大国，面积约为 73 万平方千米，排欧洲第三位。

1763 年 10 月，波兰国王奥古斯塔三世病故。为了便于控制波兰，俄国女皇叶卡捷琳娜二世提出由其宠臣斯塔尼斯瓦夫·波尼亚托夫斯基伯爵做波兰国王。1764 年 8 月，波兰议会选举新王，俄国政府软硬兼施，派军队镇压了波兰人民的反抗，把别的国王候选人赶出波兰，又用 50 万卢布收买波兰贵族，迫使波兰议会选举波尼亚托夫斯基为波兰新国王。

然而，波兰新国王的所作所为让叶卡捷琳娜二世大失所望。波尼亚托夫斯基虽说是女皇扶上波兰王位的，但他是一位思想开明的爱国者。波兰积贫积弱，民族危机深重，很重要的原因是存在自由否决权和自由选王制两大时弊。自由否决权意味着国会的决议只有全体一致同意才能获得通过并发生效力，只要有一个议员不同意，议会的议案就不能通过。这就使得波兰的中央政权实际上处于瘫痪状态。自由选王制规定，国王由议会选举产生，这又成为大贵族争权夺利和邻国干涉波兰内政的工具。当时，波兰涌现了代表中小贵族和新兴资产阶级利益的革新派，他们要求加强中央政权，维护国家独立，对这两大时弊进行改革。波尼亚托夫斯基深受欧洲启蒙思想的影响，也企图革新波兰，把波兰建成一个"开明共和国"。因此，他任用革新派为首相，支持革新派推动议会通过了限制自由否决权、扩充军队、整顿财政、发展工商业、改善城市地位等一系列改革法案。

波兰的改革浪潮引起了俄国政府的恐慌。叶卡捷琳娜二世意识到，如果听任波兰进行改革，波兰就会摆脱俄国的控制，重新成为俄国的劲敌。于是，她决定干涉波兰内政。1764 年，俄国拉拢对波兰有领土要求的普鲁士，同它签订了一个同盟条约，条约的一个秘密条款规定，双方坚决不允许波兰共和国丧失自由选王的权力并使自由选王制变为王位继承制，必要时不惜使用武力，以反对波兰共和国的制度及根本法。1766 年，俄普两国向波兰提出"异教徒问题"，要求波兰议会通过非天主教徒同天主教徒权利平等的法案。波兰是一个多民族的国家，宗教信仰问题比较复杂，异教徒的权利平等问题，本来也是革新派改革的一项内容，波尼亚托夫斯基打算在解决自由否决权等重大问题后再解决这个问题。俄普两国的这一做法是公然干涉波兰内政，当然被波兰议会断然拒绝。俄国政府遂以此为借口，于 1767 年派军入侵波兰。同年 10 月，俄军进入华沙，包围了议会，逮捕了一批敢于反抗的议员，把他们押送到俄国，并迫使议会通过了非天主教徒同天主教徒权利平等的法案，废除了一切革新措施。1768 年，波兰又被迫通过了一部反动的"根本法"，恢复了自由否决权和自由选王制。

俄国对波兰的侵略和干涉加剧了俄国同奥斯曼土耳其帝国、奥地利等国的矛盾。俄国入侵波兰，违反了1711年奥斯曼土耳其帝国和俄国签订的《普鲁特条约》中关于俄国不得在波兰驻军的规定。俄国军队在追歼波兰反抗俄国侵略的巴尔党人时侵犯了奥斯曼土耳其帝国边境，还焚烧了奥斯曼土耳其帝国的巴尔坦城，这些都使奥斯曼土耳其帝国强烈不满。同时，奥斯曼土耳其帝国还担心俄国强加给波兰异教徒权利平等的法案在巴尔干半岛引起连锁反应，危及土耳其对巴尔干半岛的统治。在法国支持下，奥斯曼土耳其帝国对俄国提出抗议，要求俄国从波兰撤军，取消异教徒权利平等的法案。遭到俄国拒绝后，奥斯曼土耳其帝国向俄国宣战，第五次俄土战争爆发。

俄国对波兰的侵略也引起了奥地利的不安，奥地利担心俄国利用宗教问题对波兰干涉会引起奥地利境内东正教徒的连锁反应。同时，俄土战争爆发后，俄军在巴尔干半岛连连得手，奥地利又害怕其危及自身在巴尔干半岛的利益。普鲁士虽然被俄国拉拢合伙干涉波兰内政，但它不愿看到俄国过分强大，也不愿承担1764年俄普同盟条约中关于它对俄土战争中向俄国提供财政援助的义务，也急于乘机兼并东普鲁士和奥地利本土之间的波兰领土波兰拉尼亚地区。

1769年2月，普鲁士国王腓特烈二世急不可耐，提出由普俄奥三国瓜分波兰的建议。之后，腓特烈二世同奥地利大公约瑟夫二世分别于1769年夏和1770年秋会晤，达成默契，决定迫使俄国放弃它对巴尔干半岛的领土要求，接受瓜分波兰的建议。为了向俄国施加压力，迫使俄国退出巴尔干半岛并同意瓜分波兰，1771年7月，奥地利和奥斯曼土耳其帝国在伊斯坦布尔签订了军事同盟条约。

俄国原来把波兰看作自己的属国，只可任它自己蹂躏吞食，不容他国染指分割。它打算只兼并波兰所属的西乌克兰和白俄罗斯，同时继续维持软弱而依附于俄国的波兰。现在，俄土战争还在进行。为了避免外交上陷入孤立，阻止奥地利加入奥斯曼土耳其帝国的阵营，俄国接受了普鲁士瓜分波兰的建议。

1772年8月5日，俄普奥三国经过一番讨价还价，在圣彼得堡签订了第一次瓜分波兰的条约。根据该条约，俄国分得了西德维纳河、德鲁齐河和第聂伯河之间的白俄罗斯地区（包括里夫兰省、波洛茨克省北部、维捷布斯克省、姆什切斯拉夫省和明斯克省东南部）和拉脱维亚的一部分，面积约为9.2万平方千米，人口达130万；普鲁士分得波兰拉尼亚地区（格但斯克市除外）、海尔姆诺省（托伦市除外）、马尔鲍克省、瓦尔米亚等波罗的海沿岸地区，以及大波兰地区和库雅维亚地区的一部分，面积约为3.6万平方千米，人口达58万；奥地利分得维斯瓦河和桑河以南地区（包括克拉科夫省、桑多米尔省南部）、加利西亚大部分地区（包括利沃夫省、波多利亚省、沃伦省的一部分），面积约为8.3万平方千米，人口达265万。1773年9月30日，波兰议会在俄普奥三国逼迫下批准了瓜分条约。

此次瓜分使波兰共丧失30％的领土，减少35％的人口，波兰丧失了北方出海口和南方土地肥沃、人口稠密的地区，对波兰不啻为一次沉重打击，波兰更加虚弱。毫无疑问，俄国是最大的获利者。它获得的波兰领土最多，还瓦解了奥土同盟，保证了俄土战争的胜利以及吞并克里木汗国，夺取黑海出海口。

波兰被俄普奥三国第一次瓜分后，一些进步的中小贵族和新兴资产阶级不甘屈辱，他们组织爱国党，决心革新政治，挽救国家危亡。1791年5月3日，波兰议会中以胡果·科翁泰为首的爱国议员乘一些反动议员在复活节没有与会之机，通过了一部新宪法（史称《五三宪法》），废除了自由选王制，确立了王位继承制；废除了自由否决权，采用多数通过的表决权，同时规定国家的立法权归两院组成的议会，行政权归国王和国王任命的内阁，司法权归法院。《五三宪法》确立了波兰的君主立宪制，加强了中央集权，有利于维护国家的独立和统一，削弱俄国对波兰的控制。对此，俄国当然不会坐视不理，决心进行干预。1792年5月，俄国政府派出10万大军入侵波兰。普鲁士因第一次瓜分波兰时未能获得垂涎已久的格但斯克市，一直心怀不满，这时也乘机出兵波兰，企图获得所需领土。

俄普军队入侵波兰后，尽管波兰军民进行了英勇抵抗，给入侵者以沉重打击。但波军总数只有6万人左右，装备简陋，军火缺乏，加之意见不一、指挥不力等诸多原因，屡遭失败。在这种情况下，波兰国王波尼亚托夫斯基同叶卡捷琳娜二世谈判，表示只要保留《五三宪法》，愿将王位让给叶卡捷琳娜二世的孙子康斯坦丁大公，但遭女皇拒绝。波尼亚托夫斯基毕竟算不上一把硬骨头，不愿"宁为玉碎，不为瓦全"，他没有组织全国军民拼死抵抗，而是下令停止抵抗。俄军很快进入波兰首都华沙，扶植了傀儡政府，废除了《五三宪法》。

1793年1月23日，俄普两国在圣彼得堡第二次瓜分了波兰。奥地利忙于对法战争和巴伐利亚事务，无暇东顾，未参加这次瓜分。在这次瓜分中，俄国分得了白俄罗斯的一部分、立陶宛的一部分和西乌克兰大部分地区，约为25万平方千米；普鲁士分得了梦寐以求的格但斯克市和托伦市，以及大波兰的几个省，约为5.8万平方千米。

1793年6月17日，俄国驻波兰大使希维尔斯强迫波兰议会在格罗德诺召开了最后一次会议，以批准第二次瓜分波兰的《圣彼得堡协定》。只见会场外俄军戒备森严，会场内波兰议员静坐无语，希维尔斯软硬兼施，用金钱收买，用武力相逼，强迫波兰议员通过该协定，但波兰议员不为所动。就这样，双方僵持了两个月。直到 8 月 17 日，俄国以"沉默即表示同意"的表决方式为它的强盗行径披上了"合法"的外衣。

两次瓜分，使波兰丧失了绝大部分土地和人口，沦为欧洲的弹丸小国，但俄普奥三国还不甘心。波兰人民是热爱独立与自由的人民，他们痛心疾首，倍感屈辱，誓死反抗。1794 年 3 月 24 日，以贵族出身的塔代乌士·柯斯丘什科为首的爱国志士在波兰古都克拉科夫发动了起义。起义的口号是"保卫民族疆界、国家完整，重获主权和奠定普遍的自由"。起义获得当地民众的热烈响应，他们踊跃参战，奋勇杀敌，痛歼俄国侵略者。4 月 18 日，以鞋匠杨·基灵斯基为首的一批爱国志士领导华沙的劳动人民和爱国官兵发动起义，激战两日，歼敌 4000 人，解放了首都。4 月 23 日，以爱国军官耶古布·雅辛斯基上校为首的一批爱国志士在维尔纽斯举行起义，解放了该市。起义的烈火燃遍全国。

波兰革命的烈火吓坏了俄国女皇叶卡捷琳娜二世，她急忙与普鲁士签订了"联合行动"的秘密协定，两国决心全力以赴扼杀波兰革命。5 月，普鲁士军队从西里西亚向克拉科夫进攻。6 月，普军攻占克拉科夫，柯斯丘什科率部退守华沙。7 月，俄普联军开始猛攻华沙，华沙军民奋力抵抗。8 月，俄军攻占维尔纽斯。11 月，华沙失陷，波兰革命被俄普残酷镇压。

在波兰人民不屈不挠的起义中，叶卡捷琳娜二世看到，波兰的存在始终是一个隐患，它不仅会常常制造麻烦，还可能使俄国前功尽弃，使俄国所夺得的波兰领土丧失。她决定将波兰彻底瓜分，但不曾想在这次瓜分过程中俄普奥三国产生了尖锐的矛盾，几乎兵戎相见。俄奥两国为沃伦而相争，普奥两国为克拉科夫而相斗。最后，俄奥两国暗中妥协，达成交易，俄国支持奥地利获得克拉科夫，奥地利放弃对沃伦的要求。俄奥联手，普鲁士认输，三国终于在 1795 年 10 月 24 日签订了第三次瓜分波兰的条约。根据条约，俄国分得了立陶宛、库尔兰、西白俄罗斯和沃伦西部领土，共计 12 万平方千米；奥地利分得包括克拉科夫、卢布林省在内的全部小波兰地区和一部分玛佐夫舍地区，共计 4.7 万平方千米；普鲁士分得了华沙、其余的西部领土和玛佐夫舍的一部分，共计 5.5 万平方千米。

就这样，经过三次瓜分，波兰被彻底瓜分完毕了。波兰从此灭亡，它作为一个政治实体在世界地图上消失了。在 19 世纪初的拿破仑战争中，波兰一度复国，但随着拿破仑帝国（法兰西第一帝国）的覆灭，它被俄普奥三国第四次瓜分。波兰人民从此度过了长达 100 余年没有祖国的漫漫长夜。直到 1918 年第一次世界大战结束，俄罗斯帝国、德意志帝国和奥匈帝国覆灭，波兰才迎来独立的黎明。

俄普奥三国对波兰的瓜分，是世界历史上罕见的几个强国对一个无辜弱国的宰割，在短短 20 年时间里，它们就连续宰割波兰三次，把一个好端端的国家分割得支离破碎，直至最终吞食得一干二净。在三个瓜分波兰的国家中，俄国是最大的获利者，共获得波兰 46.32 万平方千米的土地，占波兰全部领土的 62%。通过三次瓜分波兰，它吞并了立陶宛、白俄罗斯和西乌克兰的全部领土，把俄国的西部边界从第聂伯河推进到涅曼河和布格河，深入欧洲中部，为俄国干涉欧洲事务打开了方便之门。

七、俄波大战：抢占高加索地区

高加索地区指高加索山脉及其南北两侧的广大地区，面积约为 44 万平方千米。它恰好夹在黑海与里海之间，北侧称前高加索或北高加索，南侧称外高加索或南高加索。这里地处亚欧两洲交界处，地理位置十分重要。占领它，向西可以控制黑海，称霸巴尔干半岛；向东可以控制里海，进而向中亚扩张；向南可威逼伊朗高原和南亚。这里资源丰富，且不说这里蕴藏着近代工业必需的石油、天然气、煤、铁、钼等矿产资源，世界第一大湖——里海中丰富的鱼、盐资源，沿岸各国盛产的贵重皮毛、毛料、丝织品、贵重装饰品、香料等，就足以诱人了。正因为如此，它成为具有强烈扩张欲的沙皇俄国的侵吞对象。早在 16 世纪末，沙俄吞食了喀山汗国和阿斯特拉罕汗国，边界扩展至里海北岸，就开始向高加索地区渗透扩张了。但其时俄国实力有限，其扩张争夺的主要目标在北方和西部，尚无力与控制高加索的波斯萨法维王朝和同样对高加索怀有野心的奥斯曼土耳其帝国争雄。到 18 世纪初，俄国势力日盛，波斯萨法维王朝开始衰落，彼得大帝于 1722 年至 1723 年对波斯发动了大规模入侵，占领了里海南岸的大片波斯土地。后来，在奥斯曼土耳其帝国干涉下，俄国才停止了进攻，不久又将其占领的土地全部归还波斯。

18 世纪末，沙皇俄国经过逐步渗透，已将北高加索置于其控制之下。越过高加索山脉进入南高加索，俄国首先遭遇的是东格鲁吉亚王国。格鲁吉亚人命运多舛，他们早在公元前 6 世纪就建立了国家，但此后不断遭受外族入侵，先后被罗马帝国、阿拉伯帝国吞食，接着又连续遭受蒙古人、土耳其人和波斯人的侵袭。此时，它正臣服于波斯，处于波斯的控制之下。但格鲁吉亚人不满波斯的统治，时刻伺机摆脱。这就给俄国提供了乘机吞食格鲁吉亚的大好机会。1783年，东格鲁吉亚王族内部因争夺继承权产生了尖锐矛盾，俄国女皇叶卡捷琳娜二世乘机插手进来，以俄国承认东格鲁吉亚国王伊拉克略二世的子嗣为王国合法继承人并对其提供保护为诱饵，和伊拉克略二世签订了《格鲁吉耶夫斯克条约》。该条约规定，东格鲁吉亚王国停止效忠波斯和其他大国，只接受俄国的保护，放弃外交主权，允许俄国在境内驻军；俄国则保证格鲁吉亚的领土完整，保护格鲁吉亚不受外敌侵犯，条约永久生效。就这样，俄国把东格鲁吉亚王国从波斯手里夺了过来，使它由波斯的藩属变成了俄国的藩属。

东格鲁吉亚王国此举无异于引狼入室。俄国并不以此为满足，也不会受条约的任何束缚。条约签订不到10年，这个"永久生效"的条约就变成一团废纸。1802年4月，俄国公然将格鲁吉亚并入俄国版图，设总督管理，正式吞并了格鲁吉亚。

俄国吞并格鲁吉亚后，继续南下。1804年1月，沙皇俄国的格鲁吉亚总督、俄军高加索总司令齐齐亚诺夫率大军入侵了波斯位于外高加索的领土阿塞拜疆。

波斯即今日的伊朗，中国和欧洲长期把伊朗西南的波斯（今法尔斯省）作为伊朗的全称。1935年，波斯正式改国名为伊朗。波斯不同于格鲁吉亚，它是西亚地区的大国，历史上曾经建立过地跨亚非欧三大洲的波斯帝国，极盛时期疆域包括伊朗、西亚、两河流域、巴勒斯坦、埃及和中亚河中地区，涌现过居鲁士二世、大流士一世等诸多能征善战、雄才大略的英雄豪杰。此时，波斯已走向衰落，但它也不肯将国土拱手让人。于是，波斯国王法塔赫·阿里任命皇太子阿巴斯·米尔扎为波斯军总司令，率军迎敌。波斯军民奋勇抵抗，加之后方格鲁吉亚人民发动起义，俄军补给困难，进展缓慢，不得不于1804年年底撤回格鲁吉亚。

1805年春，俄国经过精心准备，再次入侵波斯。俄军海陆并进，由12艘军舰组成的海军舰队沿里海西岸南下直取恩兹里港，攻占了波斯重镇巴库城外的要塞。波斯力不能济，先后向英法两国求援，但国际间没有真朋友，各国都是从本国利益出发考虑问题的。波斯先向英国求援，要求英国根据两国于1801年签订的条约给予援助，但当时英国正与俄国结成第三次反法同盟，联合沙皇俄国共同镇压法国革命是其当务之急，它当然不愿助波抗俄。波斯见状，转而向法国求援，企图利用法俄矛盾，联法抗俄。法国此时正企求利用波斯牵制和打击俄国，瓦解反法同盟，双方很快签署了合作条约。两个月后，法军大败俄军，双方签订《提尔西特和约》。为拉拢俄国，打击英国，法国又抛弃了刚刚结为盟友的波斯，在俄国向波斯大举进攻时拒绝援助波斯。不得已，波斯又向英国求援。此时，俄国站在了法国一边，英国也企求利用波斯牵制和打击俄国，便和波斯签订了一个"纲领性条约"，两国结成"永久联盟"。1812年，英俄再次结成反拿破仑的统一战线，英国背信弃义，撕毁了条约，从波斯撤走了英国军官和军事顾问，再次抛弃了盟友。积贫积弱的波斯无力单独抗击强敌，又被一些大国玩弄于股掌之间。

1812年10月，在击败不可一世的拿破仑大军后，俄军乘胜在阿拉斯河畔的阿斯兰杜兹对波斯军发动猛烈进攻，大败波斯军。之后，俄军乘胜追击，攻克连科兰，包围埃里温，将高加索一里海一带全部占领。波斯孤立无援，独力难支，自知大势已去，遂向俄国求和。1813年10月24日，俄波两国签订了《古利斯坦条约》，将俄军占领的波斯领土（共12个省）全部划归俄国，同时规定波斯不得在里海设置海军，两国商人自由通商，俄国保证支持波斯王储阿巴斯·米尔扎继承皇位。就这样，俄国抢占了大部分高加索地区，并控制了里海。

但事情并没有就此结束，俄国也不以此为满足。之后，俄国继续向南侵袭，不断蚕食波斯国土，占领了塞凡湖畔的戈克恰伊地区。波斯十分愤恨俄国的行径，坚决要求俄国归还这一地区，但被俄国无理拒绝。波斯忍无可忍，于1826年6月25日对俄宣战。第二次俄国—波斯战争爆发。

战争初期，波斯军士气高昂，同仇敌忾，长期积压的怒火如岩浆喷发，在三周内便光复了俄国根据《古利斯坦条约》侵占的大部分地区。此时，波斯提出和谈，企图通过谈判迫使俄国归还全部，但这无异于与虎谋皮，俄国断然拒绝。1826年9月，俄国调集优势兵力进行反攻，双方在阿拉斯河沿岸展开激战，俄军用重炮击败波斯骑兵。1827年10月，俄军渡过阿拉斯河，连续攻占埃里温、大不里士等地，并扬言要进军波斯首都德黑兰。波斯再次认输。1828年2月10日，两国在土库曼查伊村签订了停战条约《土库曼查伊条约》。该条约规定，除根据《古利斯坦条约》割让给俄国的领土外，波斯还得将埃里温和纳赫奇凡给予俄国；两国基本上以阿拉斯河为界；重申波斯不得在里海设置海军；波斯向俄国赔款500万土曼（约350万英镑）；俄国可在波斯各大城市设立领事馆；俄国重申承认波斯王储阿巴斯·米尔扎及其子嗣的皇位继承权。两国还签订了一个通商条约，规定关税率为5%，俄国领事有权审理俄国臣民在波斯发生的诉讼案件。

就这样，经过两次战争，俄国不仅抢占了原属波斯的绝大部分高加索地区，抢占了这一战略要地和那里丰富资源，又把其疆界向南推进了几百千米，而且迫使波斯赔款，在波斯获得领事裁判权和对波斯王位继承的干涉权，波斯在一定程度上丧失了政治上的独立，从而依附于俄国。

八、得陇望蜀：征服中亚地区

中亚是中亚细亚的简称，东起中国新疆西界，西至里海及乌拉尔河流域，北接西伯利亚，南至阿富汗及伊朗北界，面积约为400万平方千米。如今，中亚分布着5个国家，它们是哈萨克斯坦、吉尔吉斯斯坦、乌兹别克斯坦、塔吉克斯坦和土库曼斯坦。但在18世纪至19世纪，中亚分布着许多大大小小的蒙古汗国，而它们一个个都被沙皇俄国吞并了。

中亚地区位于亚洲腹地，自然条件并不算好，多为山地、丘陵、沙漠、戈壁，气候干燥，冬季寒冷，夏季酷热，但贪得无厌的俄国君主并不嫌弃。随着俄国实力的增强和俄罗斯帝国的建立，俄国君主的野心越来越大，他们要称霸欧洲，甚至称霸世界。女皇叶卡捷琳娜二世曾让宠臣普拉顿·祖波夫制订了一个称霸世界的计划，其宏伟蓝图是要建立一个拥有圣彼得堡、莫斯科、柏林、维也纳、伊斯坦布尔、阿斯特拉罕等6座都城的俄罗斯帝国，还要入侵波斯、中国和印度。

而在他们看来，中亚则是俄国通向所有亚洲国家和领地的咽喉及大门。也就是说，占领了中亚，就可以以此为基地，东侵中国，南下波斯、阿富汗、印度，从而称雄亚洲及印度洋。正因为如此，从18世纪初开始，俄国就迈出了入侵中亚的步伐。

首先被俄国吞并的地区是哈萨克地区。

哈萨克地区位于中亚北部，和俄国相邻。早在公元6世纪至公元8世纪，这里就建立过突厥汗国、突骑施、葛逻禄等早期封建国家。13世纪，蒙古铁骑横扫亚洲大陆时，这里沦为蒙古帝国（后为金帐汗国）的一部分。15世纪，金帐汗国分裂，突厥人和蒙古人融合形成的哈萨克人建立了大帐、中帐和小帐三个哈萨克汗国。大帐占据巴尔喀什湖一带，中帐占据锡尔河中游北面的草原，小帐据有咸海以北地区。哈萨克人属游牧民族，他们建立的这几个汗国只是半封建半部落的社会组织。三个汗国中大帐和中帐同中国的关系较密切，他们游牧的部分地区，如巴尔喀什湖地区、塔拉斯河流域，自古以来就是中国的领土。

俄国对哈萨克地区的吞并如同其对西伯利亚的吞并一样，是通过建立碉堡线、实行军屯、强行殖民、逐步蚕食等办法实现的。

17世纪初，俄国开始从东北和西北两个方向向哈萨克草原侵蚀。在东北方向，俄国沿额尔齐斯河上游建立了许多碉堡，形成了一条从鄂木斯克经塞米巴拉金斯克到乌斯季卡缅诺哥尔斯克的额尔齐斯河碉堡线，又称西伯利亚碉堡线。在西北方向，沿乌拉尔河建成了奥伦堡碉堡线。沙皇俄国一方面通过修建碉堡线不断向哈萨克草原进逼，一方面通过所谓的谈判拉拢收买哈萨克上层统治者。18世纪三四十年代，俄国诱使哈萨克小帐和中帐"自愿"归顺了俄国，成为俄国的藩属。但沙皇政府并不以此为满足，它要侵吞的是哈萨克斯坦的全部土地。它继续在哈萨克草原修建碉堡，把一座座碉堡连成碉堡线，把大片大片的土地、牧场、森林和河流圈入俄国版图，在那里实行军屯并强行殖民，建立起一座座俄国村庄和城镇。1822 年和 1824 年，沙皇政府干脆分别废除了哈萨克中帐汗和小帐汗，建立起俄国的行政管理体制。1854 年，沙俄政府又逼迫哈萨克大帐"自愿"并入俄国版图，从而完成了对面积达 200 多万平方千米的哈萨克斯坦地区的吞并。

俄国在吞并哈萨克斯坦地区的同时，也迈出了征服中亚其他地区的步伐。

当时，中亚还有三个比较大的汗国，从东到西依次为浩罕汗国、布哈拉汗国和希瓦汗国。浩罕汗国位于费尔干纳谷地，大体包括现今的吉尔吉斯斯坦和塔吉克斯坦所在地，在三汗国中面积最大，人口约为 300 万。布哈拉汗国位于锡尔河与阿姆河之间，大体相当于现今乌兹别克斯坦所在地，在三汗国中经济文化最为发达。希瓦汗国位于阿姆河中下游，大体相当于现今土库曼斯坦所在地，在三汗国中领土最小，人口只有 80 万。

早在 18 世纪初，俄国就开始向这里侵袭。1714 年至 1717 年，俄国曾 4 次出兵攻打希瓦汗国，均以失败告终。1807 年至 1838 年，沙俄向中亚进行了 14 次远征。1839 年至 1840 年，沙俄奥伦堡总督彼得罗夫斯基奉命远征希瓦汗国，率领大批军队和 1.5 万匹骆驼驮着远征给养，穿过荒无人迹的草原，但途中遭遇暴风雪和严冬的猛烈袭击，大部分骆驼和马匹被冻死，狼狈而归。

多次远征却未获成功，沙俄改变了策略，采取征服西伯利亚的做法：修筑碉堡，连接碉堡线，实行军屯，强行殖民，步步为营，逐步蚕食。19世纪四五十年代，俄国从哈萨克草原东西两侧同时采取行动。在东侧，俄军于1847年从塞米阿巴拉金斯克向南推进，入侵巴尔喀什湖东南的中国境内，在库克乌苏河（今卡拉塔尔河）上游修筑了科帕尔堡。之后，俄军继续向前推进，于1853年占领了中国境内的伊犁河下游地区楚河流域，在伊犁河以南修筑维尔内堡（今阿拉木图），连接成了新西伯利亚碉堡线。在西侧，俄军于1847年在咸海东北的锡尔河三角洲修筑了赖姆堡（后改名阿拉尔斯克堡），然后溯锡尔河而上，向南推进约724千米，于1853年占领浩罕汗国的阿克·麦切特要塞（后改名彼得罗夫斯克），沿线构筑碉堡，形成锡尔河碉堡线。两条碉堡线像一把张开大嘴的钳子对准了中亚三汗国，随时等待着把它们吞噬。

1853年至1856年，俄国同英国、法国、奥斯曼土耳其帝国等国为争夺黑海和巴尔干半岛的控制权发生了克里木战争，以俄国惨败而告终。克里木战争期间，俄国无力东顾，暂时放缓了对中亚的军事进攻。克里木战争结束后，俄国丧失了在欧洲的霸权地位，向西扩张受到遏制，急欲从东方获得补偿。当时，同俄国争夺欧洲霸权和亚洲殖民地的主要对手是英国，占领中亚，就会对英国的印度殖民地造成直接威胁。更重要的是，18世纪以来，俄国的棉纺织业迅速发展，已成为俄国的主要工业，原来供应俄国棉纺织业的棉花主要来自美国。1861年，美国内战爆发，来自美国的棉花受阻，加之美国棉花路途遥远，价格昂贵，这就促使俄国棉纺织业主另辟棉源。中亚地区盛产棉花，质高价廉，自然成为俄国工商业者的首选。他们联合上书沙皇政府，乃至直接上书沙皇，强调中亚棉花对俄国的重要性，请求准许他们在布哈拉等地经商，请求政府在那里设立领事馆。此时，俄国刚刚经过农奴制改革，资本主义迅速发展，俄国资产阶级迫切要求开辟更广阔的商品市场和原料产地。正是这种种因素的推动，俄国加快了征服中亚的步伐。

1863 年 12 月，沙皇亚历山大二世批准了俄国陆军部制订的连接东西两条碉堡线、深入中亚的计划，发出了大举进攻中亚的号令。1864 年夏，俄军兵分两路，一路由切尔尼耶夫上校率领，从新西伯利亚碉堡线的终端维尔内堡出发，于 6 月 16 日攻占了浩罕汗国的奥列·阿塔要塞（今江布尔）；另一路由维列夫金上校率领，从锡尔河碉堡线上的彼得罗夫斯克出发，于 6 月 25 日攻占了浩罕汗国的图尔克斯坦城，将两条碉堡线连接起来了。这道碉堡线就像一道长城、一堵巨大的铜墙铁壁，把三个汗国紧紧挤压在各自的国土上动弹不得，只能任由俄国吞噬。

之后，俄国便开始逐一征服三汗国。首先被征服的是浩罕汗国。

1864 年 10 月，因扩张有功荣膺少将的切尔尼耶夫率军对齐姆肯特发动进攻。该城守军英勇抵抗，但寡不敌众，齐姆肯特被俄军攻占。其时，英国等西方国家正密切注视着俄国在中亚的扩张。为安抚英国等西方国家，为自身的行动辩护，俄国外交大臣戈尔什科夫发出通告，声称齐姆肯特是俄国向南推进的极限。但不到半年，俄军就向塔什干发动了进攻。塔什干是中亚最大的城市，时有人口 10 万，也是中亚的经济中心，中亚的几条商业大道汇聚于此，是中亚转运贸易的枢纽。它位于浩罕北部，是进入浩罕汗国、布哈拉汗国的门户。对于这样一座具有重要战略地位的城市，俄国奥伦堡总督克雷扎诺夫斯基原打算亲赴现场指挥作战，但切尔尼耶夫求功心切，不等克雷扎诺夫斯基到达，便抢先发动了进攻。这位入侵中亚的急先锋首先发挥现代化重武器的威力，接连炮轰两日，夺取了控制塔什干的咽喉要地尼阿兹别克堡，切断了塔什干城的饮水和粮食供应，妄图迫使守城军民投降。守卫塔什干城的阿里木库尔（阿利姆库里）率军英勇抵抗，主动出击，遭受重创，阿里木库尔不幸阵亡。1865年6月，俄军攻入塔什干城，城内军民殊死抵抗，掀翻大车、砍倒树木，筑起街垒，和俄军逐巷逐屋地白刃搏斗，正如沙俄学者捷连季耶夫在《征服中亚史》一书中所记载的："每座房屋都得经过白刃战斗方才易手。"这样血战三日，塔什干于6月28日沦陷。

俄军攻占塔什干后，切尔尼耶夫又导演了一幕"自愿归顺"的丑剧，他逼迫该城的上层人士发表声明，签字盖印，表示塔什干"自愿归顺"俄国。这就又为俄国吞并塔什干披上了"合法"的外衣。塔什干从此落入俄国手中。为了褒奖切尔尼耶夫所做的一切，沙皇特赐他一柄镶嵌宝石的佩剑。1867年，沙皇政府在塔什干设立图尔克斯坦总督区，统辖新征服地区，直属俄国陆军部。1868年2月，俄国又迫使浩罕汗国的胡德亚汗签署不平等的《通商条约》，浩罕汗国实际上沦为俄国的附庸。俄国奥伦堡总督克雷扎诺夫斯基明确指示接替切尔尼耶夫征服中亚的罗曼诺夫斯基，把浩罕汗当作俄国的藩臣来对待。他说："如果他感到委屈，采取反对我们的行动，那更好了，这将给我们提供彻底解决他的借口。"

塔什干沦陷后，俄国把征服的矛头指向布哈拉汗国。1866年5月，俄军借口布哈拉汗国干涉浩罕汗国的事务，向布哈拉汗国发动进攻，在伊尔加尔击败布哈拉军。9月，布哈拉汗国派使团来到霍占特，表示愿按俄国的条件签订和约。俄方提出要布哈拉汗国在10天内交出巨额贡赋的苛求，布哈拉无力交付，提出异议，俄军遂按原定计划向布哈拉汗国大举进攻。10 月 2 日，俄军攻占布哈拉要塞乌拉丘别。5 日，俄军攻占由 1 万余名布哈拉军镇守的吉扎克。25 日，闻风丧胆的扬吉库尔十城不战而降。1867 年，俄国为了巩固新征服土地，镇压当地人民的反抗，放缓了对布哈拉汗国的进攻。1868 年 4 月，俄国新设立的图尔克斯坦总督府首任总督考夫曼率军再次对布哈拉汗国发动猛攻。5 月 2 日，俄军攻占撒马尔罕。5 月 17 日，俄军攻占卡塔库尔干。6 月 3 日，俄军在吉拉布拉克高地的决战中击溃布哈拉军主力。布哈拉汗穆扎法尔·巴哈杜尔见大势已去，抵抗无望，宣布投降。

然而，布哈拉人民不甘屈服，撒马尔罕城爆发反俄大起义，考夫曼急率大军回师残酷镇压了起义，并屠城 3 日，将起义者通通杀害。布哈拉人民顽强不屈的反俄斗争使考夫曼看到，要完全吞并布哈拉汗国并不容易，遂于 7 月和布哈拉汗国签订了和约。根据和约，布哈拉汗国承认俄国吞并霍占特、乌拉丘别和吉扎克，并将撒马尔罕和卡塔库尔干割让给俄国，向俄国赔款 50 万卢布。布哈拉沦为俄国的附庸。

之后，俄国便着手征服希瓦汗国。1869 年 11 月，俄国从高加索出兵，占领了里海东岸的克拉斯诺沃茨克，形成了从东、北、西三面包围希瓦汗国的态势。1872 年，沙皇亚历山大二世给考夫曼下达命令说："康斯坦丁·彼得洛维奇（考夫曼的教名和父名），去把希瓦拿来吧！"考夫曼得令后立即做准备，于 1873 年 2 月指挥俄军兵分四路，从图尔克斯坦、克拉斯诺沃茨克、曼格什拉克、奥伦堡 4 个不同方向向希瓦扑来，到 5 月下旬即兵临汗国都城希瓦城下。当时，希瓦汗国刚刚发生政变，正处于混乱之中，俄军以强大兵力很快攻占希瓦城。8 月 24 日，俄国强迫希瓦签订和约，希瓦沦为俄国的藩属，把阿姆河右岸割让给俄国统治下的布哈拉汗国，并向俄国赔款 220 万卢布。至此，希瓦汗国也被俄国征服。

就这样，从 1847 年俄国在锡尔河口修建赖姆堡，建立碉堡线，到 1873 年强迫希瓦汗国签订和约，俄国仅用 26 年的时间便征服了中亚三汗国。1875 年，浩罕汗国发生大规模起义，宣布对俄国发动战争。俄国在残酷镇压起义之后，干脆废除了浩罕汗国，改为费尔干纳省，隶属于图尔克斯坦总督府。浩罕汗国就这样被灭亡了。1887 年至 1899 年，俄国又先后将从布哈拉汗国和希瓦汗国夺得的地区改名为撒马尔罕省和外里海省，同样隶属于图尔克斯坦总督府。布哈拉和希瓦两汗国虽然名义上还存在，但实际上已完全沦为任沙俄摆布的附属国了。

俄国在征服中亚三汗国之后，中亚地区只剩里海东岸一带土库曼人居住的地区尚未被其控制。土库曼人大部分以游牧为生，尚未形成独立的国家。1873 年，俄军进攻希瓦汗国期间，考夫曼即下令进攻土库曼人的约穆德部，大肆屠杀约穆德人，烧毁他们的帐篷，把他们全部杀死。从 1877 年起，俄国对土库曼地区发动进攻，首先攻占了通向阿哈尔绿洲的大门克孜勒阿尔瓦特。1879 年 9 月，俄军攻打阿哈尔绿洲重镇格奥克捷佩时遭到土库曼人的沉重打击，大败而归。1880 年年底，镇压浩罕起义的斯科别列夫率俄军 1.1 万人，携带大炮 97 门再次对格奥克捷佩发动猛攻。守卫该城的土库曼人工事简陋，武器落后，但他们英勇不屈，殊死抵抗，在俄军重炮的轰击下坚守 3 周之久，使俄军在付出沉重代价后才攻入城内。俄军进城后，不分男女老幼，肆意屠杀，被屠杀的土库曼人多达 8000 余人。若干年后，斯科别列夫临死时有人问他，是否为屠杀这 8000 余人感到良心不安，他答道："不，我遗憾的是没有杀掉 8 万人。"俄国征服者的野蛮行径可见一斑。到 1884 年，俄军一直向南推进到阿富汗边境的库什卡河谷。俄国完成了对土库曼地区的吞并。

至此，整个中亚地区尽在沙俄的股掌之间，被称为"大英帝国王冠上的明珠"的印度已遥遥在望，时刻梦想着世界霸权的沙俄对这颗明珠早已垂涎三尺，一旦时机成熟，它必将毫不犹豫地从英国手中夺取。

九、强盗理论：侵蚀大清帝国

17 世纪，沙皇俄国在东越乌拉尔、征服西伯利亚的过程中，凭借相对先进的武器装备和方兴未艾、无可遏止的扩张欲，征服了一个个土著部落，占领了大片大片森林草原、肥田沃土，并长驱直入，一直打到太平洋之滨，几乎如入无人之境。然而，就在它转向东南，入侵黑龙江流域时，遭到史称"东方巨龙"的文明古国的铁拳痛击。当时，大清朝开国不久，正当欣欣向荣、蒸蒸日上之际，政治清明、颇有作为的康熙皇帝岂容俄寇犯我疆土，派军进行了坚决抵抗，迫使俄国同清政府签订了《尼布楚条约》，划定了两国疆界，暂时遏止了沙皇俄国向中国侵略扩张。

到 19 世纪中叶，大清王朝经过长达 200 多年的统治后，像历史上任何一个王朝一样走向腐朽没落了。与此同时，西方资本主义创造的庞大生产力已无法为狭小的国内市场所容，西方列强加紧了疯狂的海外殖民扩张。号称"日不落帝国"的世界头号殖民帝国——大英帝国率先叩开了中国封闭的大门，对中国发动了鸦片战争。清军的长矛马刀敌不过英军的洋枪重炮，又不愿动员广大人民御敌于国门之外，宁肯接二连三地和外敌签订丧权辱国的不平等条约。有着5000多年文明史的华夏古国开始沦为半封建半殖民地社会。对中国早就抱有侵略扩张野心的沙皇俄国为了争夺世界霸权，为了满足国内日益发展的资本主义经济对市场的需求，为了转移国内日益尖锐的阶级矛盾，也乘机插手进来，加入了西方列强宰割中国的行列，并扮演了最凶残、最狡猾的角色。它通过战争威胁、外交讹诈等手段，短短几十年内就夺取了中国东北地区和东北地区150多万平方千米的土地，还获取了许多损害中国利益的特权。我们看看沙皇俄国是如何侵蚀中国东北地区的领土的。

1689年，中俄两国签订《尼布楚条约》，规定中俄两国东段边界以外兴安岭至海、额尔古纳河和格尔必齐河为界。也就是说，外兴安岭以南的黑龙江流域和乌苏里江流域均属中国领土。该条约是中俄双方经过平等协商、中国政府做出让步后缔结的，是一个平等条约。然而，一纸条约并不能消除沙俄对中国黑龙江流域的野心。此后，沙俄历届政府仍念念不忘侵吞这一地区，只是当时清朝政府比较强盛，沙俄政府才未敢轻举妄动。

第一次鸦片战争后，沙皇政府看到清朝政府软弱可欺，自知有机可乘，便重新迈出了蚕食中国黑龙江流域的步伐。

1847年9月，沙皇尼古拉一世任命宠臣尼古拉·穆拉维约夫为东西伯利亚代总督，统率当地驻军，负责夺取黑龙江流域事宜。穆拉维约夫出身于贵族世家，其父曾任诺夫哥罗德省长、御前大臣、枢密官等职，实为朝廷重臣。将门出虎子。穆拉维约夫从小即在皇家贵族军事学校学习，14岁就当了王妃叶莲娜·巴甫洛夫娜的宫廷少年侍从，深得王妃宠爱。成年后，他参加过对奥斯曼土耳其帝国的战争，镇压过波兰起义，参加过对高加索山民的屠杀，鞍前马后，为沙皇立下汗马功劳，深得沙皇赏识，32 岁即晋升为少将。穆拉维约夫对沙皇忠心耿耿，沙皇对他也极为信任，深信他会不辱使命。

穆拉维约夫赴任后，立即着手入侵中国。他派地形测绘员潜入黑龙江流域进行勘察，建议沙皇政府把东西伯利亚驻军由原来的 4 个营（约 2000 人）增至 5 万人。同时，他制订了具体的入侵计划：首先占领黑龙江口和萨哈林岛（库页岛）南部，然后占领整个黑龙江北岸，把尼布楚区的居民迁到那里，建立哥萨克村镇以巩固占领区。

1850 年春，沙皇政府根据穆拉维约夫的建议，命令海军上校涅维尔斯科依率军占领黑龙江口。同年 7 月，涅维尔斯科依率军在黑龙江口附近的鄂霍次克海西南岸登陆，扎下一个冬营，之后占领了黑龙江河口的要塞庙街，在那里升起了俄国军旗，并把庙街以沙皇的名字命名为尼古拉耶夫斯克。同年秋，涅维尔斯科依返回圣彼得堡向沙皇汇报，沙皇尼古拉一世甚是欢喜，与他热烈拥抱，赐以勋章，并手指地图上的庙街高声叫道："俄国国旗不论在哪里，一经升起，就不应再降落。"1853 年 10 月，涅维尔斯科依又率军在库页岛的阿尼瓦湾强行登陆，升起俄国军旗，悍然宣布："库页岛作为阿穆尔河（黑龙江）下游地区的延展地已归俄国所有。"中国库页岛被俄军占领。

1854 年至 1857 年，每到通航季节，穆拉维约夫都会派军或亲自率军，从黑龙江上游顺流而下，抢占黑龙江北岸地区。清朝边防军不力，未能阻止。到 1857 年，穆拉维约夫已在黑龙江北岸建立许多军事据点和移民点，部署了两万多名军队，设立了由两个军分区组成的防线，遣送来 6000 多移民。黑龙江北岸事实上已被俄国占领。

俄国在军事占领中国库页岛和黑龙江北岸地区后，又提出和清政府进行边界谈判，企图把所占中国领土合法化。其时，清政府内外交困，内有太平天国运动如火如荼，外有英法联军发动的第二次鸦片战争，正被英法强盗打得焦头烂额，广州、大沽、天津等地相继沦陷，根本无力抵抗俄国，遂同意进行外交谈判。1858 年年初，沙皇政府的"阿穆尔委员会"授权穆拉维约夫与清政府进行边界谈判。5 月 8 日，穆拉维约夫率军数百人耀武扬威地来到谈判地——黑龙江中游的瑷珲城。清政府则指派黑龙江将军奕山为代表。5 月 23 日，谈判开始，穆拉维约夫以防备英国为由，坚持要沿黑龙江、乌苏里江划界，并恬不知耻地说这是"为了双方的利益"。同时，他拿出俄方单独拟定的条约草案，要求中方代表签字。当时，清帝咸丰曾明确谕令中方代表奕山坚守立场，中俄东段边界已划定 100 多年，必须"据理与之辩论，务当恪守旧约"，要沙俄从所占地区撤离，因此奕山起初拒绝了俄方的草案。但狡猾凶残的穆拉维约夫不断进行军事威胁讹诈，狂叫俄国的要求不容更改。这奕山和当时清廷的许多官僚一样，都是苟且偷安、贪生怕死的软骨头，很快被沙俄的军事威胁吓破了胆，遂于 28 日在俄方提出的条约草案上乖乖签了字。此即著名的中俄《瑷珲条约》。该条约规定，黑龙江右岸顺江流至乌苏里江属于中国，黑龙江左岸划归俄国；乌苏里江至海洋由两国共管；俄商可在黑龙江和乌苏里江一带自由贸易。

就这样，沙俄终于如愿以偿，夺占了中国外兴安岭以南、黑龙江以北 60 多万平方千米的领土。沙俄不仅夺得了这一大片梦寐以求的黑油油的肥田沃土，还获得了一个东方出海口。这个出海口对俄国东部的发展至关重要。正如前东西伯利亚总督卢彼尔特于 1846 年上呈沙皇尼古拉一世的报告中所说的那样："俄国东部地区需要黑龙江，就像俄国西部地区需要波罗的海沿岸一样。"从此，俄国军舰可以在黑龙江自由游弋，直驱太平洋，称霸远东；俄国商船可以顺黑龙江而下，在远东开辟新的市场。

这是穆拉维约夫为沙俄建立的丰功伟绩，他扬扬得意，立即派人向沙皇报喜，还在瑷珲对岸的海兰泡召开庆功会，把海兰泡更名为布拉戈维申斯克，意为"报喜城"。沙皇亚历山大二世闻讯，喜不自胜，下诏对穆拉维约夫大加褒奖，称赞他"十一年如一日，为振兴东西伯利亚终日操劳"，特封他为俄罗斯帝国伯爵，赐号阿穆尔斯基，擢升步兵上将。

1858年6月13日，《瑷珲条约》签订仅半个月，沙皇俄国的另一位侵华急先锋、海军上将普提雅廷，作为俄国太平洋分舰队司令兼驻华使臣，利用英法联军攻入天津之机，玩弄外交手腕，在清廷要求其出面调停时，逼迫清廷签订了中俄《天津条约》，规定俄国在中国的上海、宁波、福州、厦门、广州、台湾、琼州等7个口岸享有通商特权；俄国可以在各通商口岸设领事，停泊军舰，享有领事裁判权；在原有陆路通商处所，俄商人数及货物不再受限制；今后凡中国让予外国的通商等一切权利，俄国均可享受；俄国人可由通商处所进入内地传教。就这样，俄国不费一兵一卒，又在中国攫取了许多特权，这严重损害了中国主权，把中国进一步推向半殖民地的深渊。

但沙皇俄国并未就此止步。《瑷珲条约》墨迹未干，穆拉维约夫就置条约中关于乌苏里江以东领土由两国共管的规定于不顾，开始侵蚀这一地区。1858年6月12日，他率军侵占了乌苏里江和黑龙江交汇处的伯力，将其改名为哈巴罗夫斯克，以纪念侵华急先锋哈巴罗夫。之后，沙俄便以此为基地，不断向东、向南侵蚀中国领土。到1860年6月，俄军侵占了海参崴，将其改名为符拉迪沃斯托克，意为"控制东方"。至此，乌苏里江领土全部被沙俄侵占。同年11月14日，沙俄又逼迫清政府签订了中俄《北京条约》。根据该条约，清政府承认《瑷珲条约》中把黑龙江以北划归俄国的规定，《瑷珲条约》中定为中俄两国共管的乌苏里江以东地区割让给俄国。就这样，沙皇俄国又夺走了中国乌苏里江以东（包括库页岛）约40万平方千米的土地。1847年至1860年，沙皇俄国共夺走了中国东北地区100多万平方千米的土地，成为欧洲列强中获益最大的国家。

沙皇俄国在侵占中国东北领土的同时，也夺走了中国西北地区的大片领土。

从巴尔喀什湖一带到帕米尔高原的广大地区自汉朝以来便是中国的领土，之后历代王朝都对这里进行着有效管辖。1717年，沙皇彼得一世远征希瓦汗国，风闻中国叶尔羌地区（今莎车县）富有金矿，便三次派军来犯，沿额尔齐斯河上溯至斋桑泊一带，侵占了中国准噶尔北部大片领土。此为沙俄侵蚀中国西北边疆之始。

19世纪二三十年代，沙皇俄国在征服中亚的过程中又乘机侵占中国领土。1831年，沙俄侵略军公然在巴尔喀什湖和斋桑泊之间的中国领土上强行修筑了谢尔基奥堡（今阿亚古斯附近），并向这一带强行移民，图谋永久占领。1847年，俄军在中国巴尔喀什湖以东、库克乌苏河北岸非法修筑了科帕尔堡（今塔尔迪库尔干），然后以此为基地，向东向南扩张侵蚀。1853年，俄军越过伊犁河，侵占了中国的古尔班阿里玛图，修筑了维尔内堡。之后，沙俄在这三个堡垒之间设置了20多个驿站。这样一来，沙俄就在巴尔喀什湖以东的中国境内筑成了一条由北而南长达 700 多千米的武装堡垒，称作新西伯利亚堡垒线，沙俄向这里派驻大批军队，划定殖民村，修筑军用公路，强行移民，事实上侵占了这一地区。

1860 年，沙俄逼迫清政府签订中俄《北京条约》，就中俄西段边界也做了规定，规定中俄西段边界应顺山岭走向、大河流向及中国现有卡伦沿线而行，即：从 1728 年所立的沙宾达巴哈界牌末处起，往西直至斋桑泊，再由此往西南顺特穆尔图淖尔（伊塞克湖）南至浩罕边界。根据这一规定，沙俄不仅把它所侵占的巴尔喀什湖以东、沙俄所修新西伯利亚堡垒线以西的中国领土窃为己有，而且把中国的内湖斋桑泊和伊塞克湖作为划界必经之点，即：这两湖一线以西也被沙俄窃取。同时，中俄《北京条约》俄文本中关于中俄西段边界的划分，分界的标志之一是中国边界上的"现有卡伦"，但沙俄在将其译成汉文时却改为"中国常驻卡伦"。当时，清政府常驻卡伦，一般都设在距国境线几十千米，乃至上千千米的城镇附近，除了常驻卡伦，还有"移设卡伦"和"添撤卡伦"，这些一般都距边界较近。沙俄这一篡改显然是要把边界线尽量向中国境内推移，以攫取更多中国领土。

果然，中俄《北京条约》签订后，在双方商定的边界谈判时间到来之前，沙俄就出动大批侵略军，向中国常驻卡伦逼近，大量占领中国领土。沙俄外交部在发给即将参加中俄西段边界谈判的代表巴布科夫、扎哈罗夫等人的训令中，要求他们充分利用中俄《北京条约》中的有利条文，攫取比条约所规定的更多的领土，包括攫取斋桑泊、伊塞克湖及附近地区。根据沙皇政府的指示，1862 年春，俄军越过斋桑泊，侵占了该湖以东地区，向南则侵占了伊塞克湖地区。

1862 年 8 月，中俄双方在塔城开始西段边界谈判。谈判期间，俄方蛮横地坚持全部西段边界均须按常驻卡伦划分，中方严词拒绝，俄方便以中断谈判相威胁，并派侵略军继续向中国境内推进，袭击卡伦，抢劫民众，无恶不作。谈判断断续续地拖了两年，清政府最终屈服，于1864年10月在沙俄拟订的《中俄勘分西北界约记》上签了字。根据这一条约，沙俄攫取了中国西北地区44万多平方千米的领土。

但沙俄对中国西北地区的侵蚀并未就此结束。沙俄七河省长科尔帕科夫斯基疯狂叫嚷："占领塔城、伊犁和喀什噶尔，并在该处安置俄国移民。"1871年，沙俄出动大批侵略军，占领了中国新疆伊犁及附近地区。他们霸占伊犁达10年之久，在当地疯狂屠杀敢于反抗的中国人，横征暴敛，残酷奴役和剥削当地人民。直到1881年2月24日，中俄签订《伊犁条约》，沙俄才将伊犁交还中国，但同时又强行割占了霍尔果斯河以西和斋桑泊以东的大片中国领土，勒索"赔款"900万卢布。1882年至1884年，沙俄又强迫清政府签订了《中俄科塔界约记》等5个勘界议定书，吞并了7万多平方千米的中国领土。1895年，沙俄又同英国合伙瓜分了中国的帕米尔，英国获得了帕米尔南部，俄国抢夺了帕米尔北部。

19世纪末20世纪初，军事封建帝国主义沙皇俄国已经腐朽没落，日薄西山，气息奄奄，但对于当时更加腐朽的中国清政府来说，它仍然是手举屠刀的强盗、张牙舞爪的虎狼。它野心勃勃，抛出了各种各样的侵华计划："巴德马耶夫计划"，以兰州为中心组织武装暴乱，把中国广大边疆地区并入俄国；"别佐布拉佐夫计划"和"黄俄罗斯计划"，企图吞并中国东北和朝鲜。1898年，它强迫清政府签订了《旅大租地条约》，抢占了中国的旅顺、大连。1899年，沙俄同英国达成瓜分中国的协议，把长城以北划为俄国的势力范围，长江流域划为英国的势力范围。1900 年，沙俄伙同其他 7 个帝国主义国家组成"八国联军"，发动侵华战争，出动十几万军队侵占了中国东三省，把东三省改称"黄俄罗斯"。同时，俄军在黑龙江海兰泡和江东六十四屯血腥屠杀中国居民，把数千人赶到黑龙江边，刀砍斧劈，排枪扫射，鲜血染红江水，尸体到处漂浮，村庄十室九空……1904 年至 1905 年，日俄两个帝国主义为争夺中国东北发生战争。结果，两国瓜分了中国东北，沙俄占领东北北部，日本占领东北南部。1911 年，沙俄策动和支持中国外蒙古宣布独立，由沙俄控制，同时又乘机侵占了蒙古西北部中国唐努乌梁海地区 17 万多平方千米的土地。

沙皇俄国对中国领土的侵蚀占领，是几百年来沙皇俄国对外领土扩张的一个缩影。沙皇俄国对领土的贪欲无穷无尽，只要有机会从不放过。沙皇俄国是帝国主义列强宰割中国获利最多的国家，沙皇俄国是近代中国最凶恶的敌人。

以上我们只记述了沙皇俄国领土扩张的几个主要方面。我们可以看出，正是俄国统治者的无限贪欲——对领地的贪欲，对域外物产的贪欲，对市场的贪欲，对霸权的贪欲，等等，促使俄国不断对外进行领土扩张，或战争夺取，或逐步蚕食，或威逼诱骗，或合伙瓜分。正是沙皇俄国进行的一次次领土扩张，使其领土如滚雪球般不断膨胀，由原来小小的莫斯科大公国跃升为自成吉思汗的大蒙古帝国以来世界上版图最大的帝国，总面积达 2000 多万平方千米。如此成就，不可谓不辉煌，不可谓不令人折服。然而，大有大的难处，用武力黏合的东西终究是不牢靠的，终有一天它将"呼啦啦似大厦倾"，遭受四分五裂、分崩离析的命运。

第四章
屠刀高悬：充当欧亚宪兵

一、入主欧洲：绞杀拿破仑帝国

18 世纪末叶，欧洲大陆掀起了革命浪潮。在美国独立战争的鼓舞下，1789 年 7 月 14 日，法国巴黎市民发动起义，攻克了象征封建统治的堡垒巴士底狱，法国大革命爆发。法国大革命爆发如惊雷滚动震撼了整个欧洲。它不仅推翻了长达 1000 多年的法国封建制度，而且敲响了欧洲封建制度的丧钟。这就使欧洲各国的封建君主如丧考妣，惶惶不可终日，也引起了他们的切齿痛恨和疯狂反扑。他们很快勾结起来，组织了一次又一次反法同盟，力图尽快绞杀这场革命和革命的产物——拿破仑帝国。在这场绞杀法国大革命和拿破仑帝国的斗争中，被称为欧洲反动势力堡垒的沙皇俄国扮演了十分重要的角色。

此时，俄国正值女皇叶卡捷琳娜二世执政时期。这位女皇一贯以"开明君主"自居，她曾附会风雅，曾多次同法国资产阶级启蒙思想家伏尔泰、狄德罗、达兰贝尔等人通信，向他们讨教，并邀请狄德罗访问俄国。然而，当法国大革命爆发时，她恨得要死，恶毒咒骂巴黎是"盗贼的巢穴"，法国新建立的国民议会是"1200 个头的怪物"，扬言要与"法兰西瘟疫"决一死战，唯恐法国大革命殃及俄国。

沙皇俄国要绞杀法国大革命，但当时它正忙于对瑞典和奥斯曼土耳其的战争，以及镇压波兰的革新运动，无力直接出兵干涉，便一方面对法国的流亡王室和法国境内的王党慷慨解囊，提供资助，支持他们进行复辟活动；一方面积极推动其他国家结成反法同盟，对法国进行武装干涉。叶卡捷琳娜二世旗帜鲜明地宣称："法国君主的事就是所有君主的事。"她不顾俄国财政困难，向流亡的法国王室和法国境内的王党资助300万卢布巨款。1790年至1791年，为尽快组织反法同盟，全力以赴绞杀法国大革命，沙俄匆忙结束了对瑞典和奥斯曼土耳其的战争。1792年，在叶卡捷琳娜二世的鼓动组织下，瑞典、奥地利、普鲁士、西班牙、萨丁、那不勒斯等国答应参加反法同盟，派军队联合进攻法国。但不久奥地利皇帝突然去世，瑞典国王遇刺身亡，武装干涉法国大革命被迫推迟。1792年9月21日，法国国民公会宣布废除王权。次日，法兰西共和国成立，史称法兰西第一共和国。1793年1月21日，法国国王路易十六被送上断头台。这一系列事件的发生使沙皇俄国政府对法国大革命更加仇恨，它迅速断绝了同法国的外交关系和贸易关系，同英国签订了《关于俄国和英国反对法国共同行动的协定》，制订了对法国联合作战的计划，任命了指挥联军的司令。之后，俄国伙同英国封锁了法国的沿海港口，禁止各国把粮食和武器运往法国。同时，英国又分别同普鲁士、奥地利、西班牙、荷兰等国签订共同反法的协定，正式结成反法同盟，史称第一次反法同盟。

第一次反法同盟结成后，很快发动对法战争，英国、奥地利、普鲁士、荷兰、西班牙等国均派兵侵入法国。然而，年轻的法兰西共和国的公民不畏强暴，踊跃报名参军，英勇捍卫大革命成果。第一次反法同盟的反动军队在士气旺盛、斗志昂扬的法国革命军的猛烈打击下屡遭惨败，溃不成军。到1795年，普鲁士、西班牙、荷兰等国军队经受不住法国革命军的铁拳痛击，加之第一次反法同盟内部矛盾加剧，相继退出了战争，第一次反法同盟眼看就要瓦解。这时，叶卡捷琳娜二世决定派名将苏沃洛夫率领6万大军进攻法国。1796年9月，她下达了征兵令。然而，天不相助，11月7日，风烛残年的叶卡捷琳娜二世突然中风身亡，俄军尚未出师，国君先死，俄国进入"国丧"期，出兵攻法的事便暂时搁了下来。不久，奥地利向法国乞和，退出了战争。至此，只有英国尚与法国处于交战状态，沙俄精心策划组织的第一次反法同盟彻底瓦解。

叶卡捷琳娜二世死后，她42岁的儿子保罗继位，史称保罗一世。登基当天，保罗一世就修改了皇位继承法，改用长子继承皇位制度。其时，在法国大革命的影响下，法国周边地区建立了一系列共和国，如意大利出现了依附于法国的阿尔卑斯山南共和国、利古里亚共和国、罗马共和国，荷兰出现了巴达维亚共和国，瑞士出现了海尔维第共和国。同时，法国资产阶级也开始乘民族自卫战争胜利之机向外扩张，争夺欧洲霸权。这就使法国同沙皇俄国等欧洲封建君主国、英国的矛盾更加尖锐。

1798年夏，法国年轻的拿破仑将军率领3万大军，乘坐350艘舰船，从意大利进军奥斯曼土耳其帝国所属的埃及，企图切断英国同印度的通道，途中占领了地中海的重要战略据点马耳他岛。此举不仅对英国和奥斯曼土耳其帝国造成极大威胁，而且沉重打击了沙皇俄国争夺地中海的计划。因为沙皇俄国早就觊觎着马耳他岛，企图把马耳他岛作为其争夺地中海的重要基地。对此，沙皇俄国当然不会善罢甘休，决心重新拼凑反法同盟，对法国开战。1798 年 12 月底，俄国首先同英国签订了同盟条约。之后，奥地利、土耳其、那不勒斯等国也加入同盟，第二次反法同盟形成。

第二次反法同盟结成后，沙皇俄国毫不犹豫，立即投入了战斗。保罗一世命令海军上将乌沙科夫率领由 16 艘军舰、792 门大炮、8000 名水兵组成的黑海舰队，在俄国历史上首次通过博斯普鲁斯海峡和达达尼尔海峡，驶入地中海，攻占法军占领的爱奥尼亚群岛和科孚岛要塞，建立了隶属俄国的七岛共和国。与此同时，保罗一世重新起用了年近七旬、被革职流放的俄国杰出军事家苏沃洛夫，派他统率俄奥联军，对法作战。苏沃洛夫不愧为俄国杰出的军事统帅，他年老体迈，但老当益壮，运筹帷幄，指挥有方。1799 年 4 月，苏沃洛夫率领俄奥联军在意大利向法军发起进攻，屡战屡胜，不断给法军以重创，先后攻占了法军控制的米兰、都灵、热那亚等地，到 8 月便将法军赶出意大利北部。之后，乌沙科夫统率的黑海舰队又伙同英国海军在那不勒斯登陆，北上攻占了罗马，法军被全部赶出意大利。

但第二次反法同盟毕竟是一个不稳固的联盟，盟国各怀鬼胎，打着各自的小算盘。法军被赶出意大利后，奥地利坚持要苏沃洛夫指挥的俄军转向瑞士战场，同在瑞士的奥军会师，肃清瑞士境内的法军。英国也支持奥地利这一要求。奥英两国坚持要俄国这样做，醉翁之意不在酒，而在于它们不愿让俄国留在意大利，同时也可以削弱俄国的力量。奥地利想独占意大利北部和中部，英国则想排除俄国在东地中海的影响。但保罗一世并未识破奥英两国的用心，想经由瑞士进攻法国本土，从而取得沙俄在第二次反法同盟的主宰地位，便同意了奥英两国的要求。他指令苏沃洛夫率俄军越过阿尔卑斯山到瑞士，与在瑞士的奥军会合，在那里展开对法国的进攻。

1799 年 9 月 8 日，苏沃洛夫率 2 万俄军从意大利北部出发，他们冒着彻骨的寒风，攀登陡峭的山崖，强渡湍急的河流，突破法军严密防守的要塞，经过 20 多天艰苦的行军与战斗，终于翻越阿尔卑斯山，进入瑞士境内。这时，苏沃洛夫获悉，原在瑞士境内的奥军已在 3 天前被法军歼灭，他本人带领的俄军也已陷入占绝对优势的 6 万法军的包围之中。此外，己方的弹药和粮食即将消耗殆尽，又得不到任何增援。法军夸下海口，要生俘苏沃洛夫。9 月 29 日，苏沃洛夫召开军官会议，他分析了俄军面临的险恶形势，悲愤地说道："我们处于绝境，无人来援助，只能寄希望于上帝和英勇的士兵。我们面临着世界上最艰险的困难。"69 岁的老元帅双膝跪地，痛苦地闭上眼睛。众将领深受感动，他们逐一拥抱元帅，发誓要战胜敌人。9 月 30 日，俄军开始突围，苏沃洛夫率主力部队猛烈进攻法军，打开缺口。后卫部队拼死抵抗，多次打败法军追击。10 月 4 日，后卫部队与主力部队会合，苏沃洛夫决定绕道而行，向莱茵河谷转移。经过几天艰苦行军，他们翻越了白雪皑皑的潘尼克斯山岭，终于逃出了法军的包围圈，从瑞士边境转移到莱茵河谷。这时，俄军只剩下 1.5 万人。

苏沃洛夫率军历尽千难万险远征瑞士，再次成为传奇英雄人物。保罗一世授予他全俄军队大元帅的荣誉军衔，他的事迹被人们到处传颂。

在俄国劳师远征、遭受重大损失时，奥地利不仅没有设法增援，反而在俄军离开意大利后乘机占领了伦巴底和皮耶蒙特。这一切犹如当头棒喝，惊醒了保罗一世。他大骂奥地利背信弃义，竟然暗算盟友，果断下令苏沃洛夫班师回俄，并断绝了同奥地利的外交关系。然而，苏沃洛夫此时却积劳成疾，一病不起。1800 年 4 月 20 日，奄奄一息的苏沃洛夫返抵圣彼得堡。5 月 18 日，这位为沙皇俄国南征北战近半个世纪的一代元戎油尽灯灭，溘然长逝。

奥地利在背后暗算俄国，英国也没有闲着。1800 年 9 月，英国舰队打败法国海军，占领了马耳他岛。马耳他岛于 1798 年被法国占领之时，该岛的医院骑士团曾请求俄国庇护，并奉保罗一世为骑士团总管，因此沙俄早将马耳他看作自己的势力范围。英国占领马耳他，显然侵犯了俄国的利益。消息传来，保罗一世大为恼怒，立即中断了同英国的贸易关系，将停泊在俄国港口的所有英国船只和货物全部没收，逮捕了英国海员。俄英矛盾迅速恶化，大有触发战争之势。

在此期间，法国政局也发生了变化。1799 年 11 月 9 日，拿破仑发动雾月政变，成立执政府，自任第一执政，独揽大权。拿破仑上台后，为了瓦解第二次反法同盟，企图拉拢俄国。保罗一世估计，拿破仑即将称帝，而随着拿破仑的称帝，法国大革命便将结束，也想联法抗英。于是，拿破仑和保罗一世从 1800 年 12 月开始通信，商谈签订和约和共同对付英国的问题。两人在信中互相吹捧，拿破仑答应释放6000 名俄国战俘，把马耳他岛让给俄国。两国商定共同派军队出征印度，从英国手中夺取印度殖民地。保罗一世随即命令顿河哥萨克经中亚的布哈拉汗国和希瓦汗国向印度进军。不久，法国同奥斯曼土耳其帝国也签订了和约，第二次反法同盟遂告瓦解。

保罗一世这一联法反英的政策引起了许多贵族、商人和军官的不满。英国是俄国传统的贸易伙伴，俄国传统的出口商品铁、木材、亚麻、油脂等大多输往英国，同英国断绝贸易，使俄国许多贵族和商人的利益受到严重损害。俄国军官也不愿到中亚的荒漠和遥远酷热的印度送死。英国政府对此更是恨得要死。于是，在英国大使馆的参与策划下，在急于抢班夺权的保罗一世的长子亚历山大·巴甫洛维奇的支持下，在圣彼得堡总督帕连的直接指挥下，1801年3月23日晚，圣彼得堡近卫军的一些军官闯入保罗一世入住的米哈伊洛夫宫，用枕头闷死了保罗一世。3月24日，亚历山大继位，是为亚历山大一世。

亚历山大一世执政后，立即改变了其父联法反英的政策，下令召回了远征印度的哥萨克骑兵团，并同英国签订了海上协定，恢复了两国的关系。

1804年11月6日，拿破仑·波拿巴加冕为法兰西帝国皇帝。拿破仑称帝后，继续推行扩张争霸的对外政策，不断发动对外战争，吞并他国领土，在所占领地区推行代表资产阶级利益的《拿破仑法典》。拿破仑野心勃勃，有一个庞大的称霸世界计划。他企图在欧洲恢复法国至莱茵河和阿尔卑斯山的天然疆界，在海外恢复18世纪法国丧失的殖民地，建立以法国为母国的欧罗巴合众国。这个合众国不仅包括欧洲的附属国，也包括埃及、奥斯曼土耳其、伊朗、阿富汗、印度、西印度群岛、北美洲的路易斯安那、西班牙和葡萄牙在美洲的殖民地等。这就和同样想称霸世界的沙皇俄国和大英帝国产生了不可调和的尖锐矛盾，也就注定了它们之间要继续进行你死我活的斗争。

1805年4月11日，俄英两国在圣彼得堡签订同盟条约。该条约宣称，俄皇和英王不能坐视不管法国政府从事新的侵略活动，双方要迅速采取最有效的手段组建欧洲各大国的大联盟……以便迫使法国政府自动或被迫恢复欧洲的和平和均势。该条约还宣布，同盟的目的也在于恢复法国旧的君主制度。之后，第三次反法同盟迅速结成，参加国除俄英两国外，还有奥地利、瑞典、那不勒斯和奥斯曼土耳其。

第三次反法同盟组成后，沙皇亚历山大一世起用俄国另一位杰出将领——年届花甲的米哈伊尔·库图佐夫率俄军出征。1805 年 10 月中旬，俄军经过近两个月的长途跋涉，抵达布劳瑙，准备同乌尔姆的奥地利军队会合。然而，此时乌尔姆的奥军已被法军包围，几天后战败投降。法军在歼灭乌尔姆奥军后，迅速占领维也纳，然后向俄军扑来。当时，俄军总数不超过 5 万人，而法军却有 15 万人。面对有绝对优势的法军，库图佐夫决定撤出布劳瑙地区，同捷克境内的俄军和奥军会合。11 月下旬，库图佐夫率领的俄军经过近一个月行军，转战 400 多千米，粉碎了法军多次的围追堵截，终于撤退至捷克的奥尔米茨，同增援的俄军会师，并占据了附近的有利地形。紧接着，拿破仑亲率法军追至布尔诺，准备同俄军决战。

此时，俄军共有 8.6 万人，另有 8 万奥军正向他们增援，而拿破仑的机动兵力只有 5 万人，俄军占明显优势。面对这一形势，好大喜功、急于绞杀拿破仑帝国的沙皇亚历山大一世和奥地利皇帝弗朗茨二世决定立即和法军展开决战，亚历山大一世亲自挂帅。在亚历山大一世召开的军事会议上，众将领齐声附和，支持和法军展开决战，唯独老将库图佐夫坚决反对，主张俄军应继续撤退，等到俄军和 8 万奥军会师，俄奥联军占绝对优势，而法军追得人困马乏时，再进行决战，如此可保大获全胜。但亚历山大一世对库图佐夫的意见不屑一顾。1805 年 12 月 2 日，俄奥联军和拿破仑军队在奥斯特里茨（今捷克境内）展开决战，史称奥斯特里茨战役（又称三皇会战）。奥斯特里茨西南有不少湖泊，中央为普拉琴高地。战争开始后，库图佐夫首先率领一支俄军占领了高地，准备据守这一战略要地。但亚历山大一世急不可耐，要他继续前进。正当俄军放弃高地时，一直静观其变的拿破仑命令法军主力对普拉琴高地展开猛烈进攻，击溃了库图佐夫所部，占领了普拉琴高地，库图佐夫的女婿被打死，库图佐夫本人也受了伤。之后，法军猛烈攻击俄奥联军两翼，在普拉琴高地架起几十门大炮，向俄奥军队猛烈轰击。俄奥军队抵挡不住，仓皇逃窜。他们在狭窄的道路上挤作一团，正好成为法军炮火的活靶子。他们涌向尚未冻实的池塘和湖泊，落水淹死者不计其数。奥斯特里茨会战以俄奥联军的惨败而告终，联军死伤、被俘者达 3.5 万人，法军仅损失 4000 人，这是世界战争史上以少胜多的范例之一。

奥斯特里茨战役结束后，奥地利很快同法国签订和约，退出了战争，俄国暂时无力再战，第三次反法同盟遂告瓦解。

1806 年 9 月，俄国与英国、普鲁士、瑞典、西班牙和萨克森结成了第四次反法同盟。战争首先在普鲁士和法国之间展开。10 月 8 日，法军兵分三路进攻普鲁士。当时，法军投入 19.5 万人，普鲁士投入 17.5 万人，法军在数量上占据优势。同时，普军战术陈旧，士气不振，法军则被接连不断的胜利所鼓舞，士气高昂，战术先进。普鲁士岂是法国的对手？战争进行没几天，普军大败，伤亡、被俘者达 3 万多人，总司令不伦瑞克也身受重伤。10 月 27 日，法军长驱直入，开进柏林，占领了大部分普鲁士领土，普鲁士国王狼狈逃往柯尼斯堡。之后，法军继续向东挺进，11 月，进入波兰，占领华沙。

这时，战争转到俄法两国之间进行。12 月 26 日，两军在普乌土斯克交火，俄军失利。1807 年 2 月 8 日，两军在东普鲁士的普列西什－埃劳城大战，俄军损失惨重。6 月 14 日，12 万法军与 8 万俄军在东普鲁士的弗里德兰展开决战，俄军大败。之后，法军乘胜追击，穷追猛打，追到俄国边境小城提尔西特才停了下来。

沙皇亚历山大一世看到，普鲁士已经战败，英国不能提供有效的陆上支援，其余盟国又软弱无力，反法同盟已无获胜希望，只得向法国求和。1807年6月25日，亚历山大一世在涅曼河中央的木筏上的亭子里同拿破仑举行了会晤。第二天，他又前往提尔西特同拿破仑商讨和约。7月7日，两国皇帝签订了著名的《提尔西特和约》。该条约的主要内容为：普鲁士易北河以西的全部领土划归威斯特伐利亚王国，普鲁士的别洛斯托克区划归俄国；普鲁士在第二次瓜分波兰获得的一部分领土和第三次瓜分波兰获得的全部领土建立华沙大公国，萨克森国王兼任华沙大公国国王；俄国承认拿破仑的哥哥约瑟夫为那不勒斯国王，二弟弟路易为荷兰国王，小弟弟热罗姆为威斯特伐利亚国王；英法谈判时，俄国承担调停任务，如果英国拒绝，俄国对英宣战；俄国参加对英国的大陆封锁。就这样，俄法两国在共同瓜分欧洲势力范围的基础上暂时捐弃前嫌，结成了联盟。俄国不久前的盟友普鲁士也成为它和法国共同瓜分的对象。7月8日，拿破仑同普鲁士国王腓特烈·威廉三世也签署了《提尔西特和约》。第四次反法同盟也宣告瓦解。

1809年1月，奥地利同英国结成第五次反法同盟。这次反法同盟寿命更短，半年后奥地利即战败求和。10月，法奥签订《维也纳和约》，第五次反法同盟瓦解。这次反法战争，奥地利失去1/3的领土和450万人口。1810年，为讨好法国，奥地利又把玛丽·路易丝公主嫁给拿破仑为妻。其时，俄国正忙于同瑞典争夺芬兰，同奥斯曼土耳其争夺摩尔多瓦公国和瓦拉几亚公国，未参加这次反法同盟。

1811年，法俄矛盾再次激化。此时，拿破仑帝国发展到顶峰，控制了大半个欧洲，拿破仑不仅是包括比利时、德意志西部、皮耶蒙特、热那亚在内的法兰西帝国的皇帝，而且是意大利国王，还是由 16 个德意志邦国组成的莱茵联盟的保护者。荷兰、西班牙、威斯特伐利亚和那不勒斯分别由拿破仑的三个兄弟和一个妹夫掌管。被严重削弱的奥地利和普鲁士对法国俯首听命。这是欧洲历史上自法兰克王国（481—843）分裂以来欧洲本土建立的最大帝国。然而，拿破仑仍不满足，他狂妄地叫嚣道："再过 5 年，我就是世界的主人。现在只剩下俄国了，我一定要压倒它。"显然，在他的侵略扩张表上，下一个目标便是俄国。

同时，俄国自从加入对英国的大陆封锁后，国内经济受到很大损害，贸易额下降，财政收入减少，不久沙皇政府便开始违反大陆封锁令，偷偷恢复同英国的贸易。到 1810 年年底，沙皇政府公开允许走私船只进入俄国港口。1811 年，沙皇政府又提高了法国商品的进口税。此外，拿破仑曾向沙皇亚历山大一世的妹妹安娜·巴甫洛夫娜求婚，但遭到沙皇拒绝。这些都加剧了拿破仑对俄国的不满。

另外，法国的势力越来越大，控制了大半个欧洲，向东扩张至俄国边界，在华沙大公国实行《拿破仑法典》，废除农奴制，引起俄国统治阶级的恐慌。同时，拿破仑违背与沙俄签订的密约中关于"波兰王国永远不得复国"的条款，企图建立附属于法国、以 1772 年疆界为基础的大波兰。他还违背向亚历山大一世许下的诺言，阻止俄国吞并摩尔多瓦公国和瓦拉几亚公国，这也引起了俄国的强烈不满。两国交战在所难免。

1812 年 6 月 22 日，拿破仑下达了进攻俄国的命令。6 月 24 日，拿破仑亲率 61 万大军，渡过涅曼河，向俄国发动了进攻。当时，俄国西部的机动兵力只有 20 万人，远不是法军的对手，俄军指挥官巴克莱·德·托利将军采取了避免正面作战、进行战略撤退、诱敌深入的策略。8 月，俄军撤至西部重镇斯摩棱斯克，法军尾追而来，发起总攻，双方血战两日，俄军伤亡惨重，不得不放弃该城，炸毁军火库，焚烧城市，向莫斯科撤退。在撤退途中，俄军将大小村庄全部付之一炬，携带当地居民和军队一起撤退。

巴克莱·德·托利的撤退战略引起了俄国宫廷目光短浅、爱慕虚荣的贵族的强烈不满，他们把巴克莱·德·托利斥为"叛徒"。8 月20 日，沙皇亚历山大一世下令撤销了巴克莱·德·托利的职务，任命67 岁的老将库图佐夫为俄军总司令。

库图佐夫是当时俄国最杰出的军事家。他久经沙场，为沙皇俄国立下了赫赫战功，深孚众望。他为人正直，并非阿谀逢迎之辈，沙皇对他并无好感，一直未予以重用。他此次起用库图佐夫，也完全是迫于形势和舆论压力。亚历山大一世在给他妹妹的信中说："人心所向，我只得听之任之，只好起用库图佐夫为总司令。迫于形势，我无法做出别的选择，只能根据大家的呼声做出选择。"

作为一位拥有丰富战争经验的杰出军事家，库图佐夫对当时的战争形势有着清醒的认识。他深知巴克莱·德·托利的战略是正确的，但他又不能违背沙皇要他和法军决战的旨意。于是，他一面有计划地组织部队继续向后撤退，一面积极准备预备队，为随时转入反攻创造条件，同时寻找和法军决战的最佳机会。9 月 7 日，当俄军撤退到莫斯科郊区时，库图佐夫利用博罗金诺村的有利地形和法军进行了一场会战。这场会战，法军投入 13.5 万兵力、587 门大炮，俄军投入 12.6 万兵力、640 门大炮，战斗激烈而残酷，双方都损失惨重。经过一天血战，法军损失 5.8 万余人，有 47 名将军阵亡或受伤；俄军也损失 3.8 万人。由于伤亡过重，拿破仑命令法军撤出战斗，退回到己方阵地。俄军重新占领了失去的阵地。库图佐夫在给沙皇的战况报告中沉重而欣慰地说，这场战役是那个时代所有著名战役中最残酷的血战。俄军完全守住了阵地，敌人逃回他们原先向俄军发起攻击时的阵地。拿破仑后来也承认："在我一生的征战中，最令我心惊胆战的莫过于莫斯科城下之战。在作战中，法军本应取胜，而俄军却夺得了不可战胜的优势。"

这场战役消耗了法军的部分力量，粉碎了拿破仑消灭俄军主力的企图，极大地鼓舞了俄军的士气和俄国人民战胜法国侵略者的信心。但俄军也损失惨重，和法军相比，仍居劣势，尚无力进行反攻，也不能和法军死打硬拼。为保存俄军实力，为反攻创造条件，库图佐夫决定放弃莫斯科，继续撤退。9 月 14 日，俄军穿过莫斯科，沿梁赞大道撤退，经过几次神不知鬼不觉的战略转移，摆脱了法军的追击，于 9 月底驻扎在托塔鲁季诺附近。俄军撤离莫斯科时，当地绝大多数居民也跟着撤走，将近 20 万人的莫斯科，留下的不到 1 万人。

再说拿破仑，他早就对莫斯科志在必得，他曾狂妄地说："如果我抓住基辅，我就抓住了俄国的脚；如果我掌握圣彼得堡，我就抓住了俄国的头；一旦占领莫斯科，我就击中了它的心脏。"但他万万没想到，等待他的莫斯科是一个陷阱。9 月 14 日，就在俄军撤离莫斯科的当天，拿破仑率法军进入莫斯科，这时莫斯科已成为一座空城。当天晚上，就在拿破仑在克里姆林宫做着胜利者的美梦时，莫斯科街头突然起火。很快，莫斯科变成一片火海，到处都有烈焰在熊熊燃烧，仿佛要把入侵的法军烧个干净。这场大火整整烧了一个星期，莫斯科的 3/4 化为灰烬。大火过后，全城只剩下不到 300 幢的石头房屋。

拿破仑在莫斯科滞留了一个多月。他急欲寻找俄军决战，但库图佐夫避而不战。他又向俄国建议和谈，但库图佐夫说战争刚刚开始。深秋渐去，寒冬已至，10 月 13 日，莫斯科下起了第一场大雪。法军自从入侵以来，虽说与俄军交锋不多，但不断遭到主要由农民组成的俄国游击队袭击，这给其行动造成很大困难。现在，人数多达上千人的游击队更加活跃，他们不断骚扰袭击法军，切断其交通线，破坏其供应。困守在莫斯科的法军粮草将尽，饥寒交迫，军士们只好杀战马充饥。飞扬跋扈、不可一世的法兰西第一帝国皇帝拿破仑此时也失去了昔日的威风，似乎沦落为被烧毁的莫斯科的守城人。由于远离本土，法军无法得到增援，继续驻守莫斯科，法军的处境将更加不利。在这种情况下，10 月 19 日，拿破仑率军撤离莫斯科，向西南方向缓慢撤退。这时，库图佐夫麾下的俄军经过一个多月休整，已做好了反攻准备。在法军撤退过程中俄军围追堵截，猛烈打击。游击队也密切配合俄军，痛打逃亡之敌。1812 年年底，在俄军和游击队的沉重打击下，在严寒和饥饿的无情袭击下，法军渡过涅曼河逃出俄国时，只剩下两万多人了。

俄国历史上伟大的卫国战争胜利结束了。这是沙皇俄国历史上最辉煌的时刻。但沙皇亚历山大一世要的不只是卫国战争胜利的辉煌，他还要乘拿破仑战败之机彻底绞杀拿破仑帝国，在欧洲恢复旧秩序，复辟旧王朝，称霸欧洲。他命令俄军跨出国境，追击拿破仑。1813 年1 月 13 日，库图佐夫率俄军出国西征。与此同时，俄国开始组建第六次反法同盟。2 月 28 日，俄国和普鲁士缔结同盟条约，规定普鲁士对法作战，以获得失去的波兰土地和德意志北部的土地。6 月 15 日，俄国与英国缔结同盟条约。至此，第六次反法同盟形成，参加国除俄英普三国外，还有瑞典、西班牙、葡萄牙等国，盟军总兵力多达100万。8月，奥地利也加入第六次反法同盟，对法宣战。

1813年10月16日至18日，反法同盟军与法军在德意志境内的莱比锡平原上进行了一场会战，史称莱比锡会战（又称民族大会战）。联军方面投入战斗的兵力多达22万，法军方面也有15万余人。结果，法军损失近半，拿破仑无力再战，率余部撤离。联军也付出近6万人的代价，但取得决定性胜利。1814年1月，以沙皇亚历山大一世为统帅的联军攻入法国境内（库图佐夫因偶染风寒于1813年4月28日猝然病故）。3月1日，反法同盟俄、英、普、奥四国代表在法国上马恩省的肖蒙（今香槟沙隆）签订了《肖蒙条约》，协调了各国在对法作战及战后欧洲秩序上的矛盾，规定各同盟国不得单独与法国和谈，要把对法作战进行到底，迫使法国恢复到1792年大革命爆发前的国界；缔约各国必须提供15万人的军队对法作战。3月20日，联军向巴黎发起进攻。其时，拿破仑尚在外地，闻讯后急率军火速返回，于30日晚抵达距巴黎90千米的枫丹白露。但守卫巴黎的马尔蒙元帅已于当日下午献城投降，皇后也于前一日携年幼的皇储及贵重财物逃走了。

3月31日，沙皇亚历山大一世骑着高头大马，在普鲁士国王腓特烈·威廉三世的并肩陪伴下，在全副武装的近卫军和达官显贵的前呼后拥下，俨然以"巴黎解放者"的姿态趾高气扬、威风凛凛地进入巴黎。当时，拿破仑本想反攻巴黎，但他身边的几位元帅认为大势已去，不愿再战。4月6日，拿破仑无可奈何，被迫宣布退位。随后，联军将拿破仑流放到意大利的厄尔巴岛，将该岛作为拿破仑的私产，允许拿破仑在岛上继续使用皇帝称号，领取年俸。5月3日，联军扶持路易十六的弟弟普罗旺斯伯爵登上法国王位，史称路易十八，拿破仑帝国被以俄英为首的第六次反法同盟绞杀，波旁王朝复辟。

但拿破仑不愧为一代枭雄，他不甘就此沉沦。被流放到厄尔巴岛后，他始终密切注视着国内局势，暗中进行准备，企图东山再起。1815年2月26日，他带领900名卫兵避开英国海军的监视，偷偷乘船离开厄尔巴岛，于3月1日在法国登陆，直驱巴黎，沿途受到法国民众的热烈欢迎。路易十八派已经归顺的拿破仑帝国内伊元帅领兵去捉拿拿破仑，但内伊弃暗投明，重新投入故主怀抱。3月20日，拿破仑不费一枪一弹，在"皇帝万岁"的欢呼声中回到巴黎。路易十八狼狈逃窜，拿破仑帝国复辟。

其时，俄、英、普、奥等国君主和外交大臣正在维也纳召开会议，为重新划分欧洲政治版图争吵不休，闻讯后大惊失色，立即停止了争吵，结成第七次反法同盟，调集70多万大军，向法国扑来。拿破仑也迅速募集了70万兵力，准备迎战。6月18日，双方在滑铁卢展开决战，拿破仑亲率法军主力7万余人投入战斗，联军参战人数超过11万。双方力量悬殊，加之拿破仑指挥不当，法军损失惨重，伤亡、被俘者达3万多人，拿破仑败逃巴黎。6月22日，拿破仑自知大势已去，第二次宣告退位。7月8日，路易十八重新复辟。拿破仑被放逐到南大西洋中的圣赫勒拿岛。拿破仑帝国复辟94天后再次被绞杀，拿破仑的政治生命从此结束。1821年5月5日，拿破仑病逝在圣赫勒拿岛。拿破仑帝国曾在法国起到稳定局势、巩固法国大革命成果的进步作用，但无休止的对外侵略战争对法国和欧洲其他国家造成巨大灾难，这就注定了它必然覆灭的命运。

1793年至1815年，欧洲各封建君主国，以及大英帝国，为绞杀法国资产阶级革命和拿破仑帝国，先后7次结成反法同盟，对法国作战。其中，沙皇俄国参加了6次反法同盟。在第六次反法同盟中，俄军乘卫国战争胜利之势追击法军，成为打败法军、绞杀拿破仑帝国的最重要的力量。俄国绞杀拿破仑帝国，不仅在欧洲部分地区恢复了反动的封建旧秩序，也使俄国在欧洲的影响空前高涨，成为欧洲大陆霸主。

二、欧洲宪兵：镇压欧洲革命

1814年9月18日，以俄国为首的同盟国在奥地利首都维也纳召开规模盛大的外交会议，以解决拿破仑战败后欧洲的政治和领土问题，史称维也纳会议。这次会议，欧洲各国均有代表参加，但操纵会议的是俄、英、普、奥四大国。会议表面上笙歌曼舞，一派欢乐气氛。作为东道主的奥地利皇帝弗朗茨一世，为显示王室的豪华与帝国的慷慨，不顾国家财力匮乏，拿出巨款，让与会各国贵宾尽情享乐。走马灯般的舞会，一场接一场的音乐会，还有溜冰、滑雪、打猎、赛马等活动，好像他们不是在开会，而是在过节。正如一个奥地利亲王在给友人的信中所描述的："会议毫无进展，它在跳舞。"然而，在幕后，四大国的代表为瓜分赃物展开了激烈争吵，进行着尔虞我诈的斗争。为了争夺波兰和萨克森，俄国把普鲁士拉到自己一边，奥地利同英法结成联盟，双方几至爆发战争。经过6个多月的激烈争斗，直至1815年6月9日，即拿破仑再次杀回巴黎、赶跑路易十八、重建拿破仑帝国两个多月后，双方才匆匆忙忙达成协议，签署《最后议定书》，而后又联合摧毁了拿破仑帝国。

根据《最后议定书》，沙皇俄国如愿以偿，夺得了拿破仑建立的华沙大公国的绝大部分领土，组成"波兰王国"，由沙皇兼任国王，并赐予宪法，实行自治；波兹南划归普鲁士，加利西亚划归奥地利，克拉科夫定为俄普奥三国监管的永远自由、独立、中立的城市。波兰第四次被瓜分。此外，根据该条约，被拿破仑推翻的欧洲各封建王国君主复辟，成立德意志联邦，意大利继续处于分裂状态，等等。

俄国通过对拿破仑帝国的战争，不仅乘机夺得了芬兰和比萨拉比亚，还再次攫取了波兰绝大部分土地，使其领土进一步扩大，使其势力深入中欧。俄国成为欧洲大陆第一强国，无论就面积、人口、资源而言，还是就军事实力来说，法普奥等国都非其对手。法国对它俯首听命，普鲁士和奥地利对它言听计从。一时间，俄国登上了欧洲大陆霸主的宝座。当然，欧洲还有一个强国，那就是号称"日不落帝国"的英国。它执工业革命之牛耳，经济实力远远超过沙皇俄国，海军实力无与伦比，但它的扩张重点在欧洲之外。在欧洲大陆，当某国或某国家联盟势力过于强大、危及欧洲均势或英国利益时，它便会加以制衡，以其强大的海军或经济力量扶持弱国，遏制强国。这是近代以来英国在欧洲国际关系中扮演的主要角色。沙皇俄国在称霸欧洲的道路上便一再受到英国阻遏。

维也纳会议结束后，沙皇俄国便以欧洲霸主的姿态登上欧洲政治舞台。为了维护对法战争的成果，镇压可能发生的新革命，扼杀时起时伏的民族解放运动，1814年12月31日，沙皇亚历山大一世提议欧洲各国君主缔结神圣同盟。奥皇弗朗茨一世、普王腓特烈希·威廉三世随声附和。1815 年 9 月 26 日，三国君主在巴黎签署了《神圣同盟条约》。该条约规定："缔约三国的君主应以真正牢不可破的兄弟情谊联系，互视为同胞，无论何时何地，均应相互给予支援、帮助和救护。"他们还欢迎其他各国君主加入同盟。不久，欧洲大陆所有国家的君主，除奥斯曼土耳其苏丹外，都加入了神圣同盟。从此，沙皇俄国便以《神圣同盟条约》为依据，不断干涉欧洲各国事务，镇压那里日渐兴起的革命运动和民族解放运动，成为欧洲的反动堡垒。

1820 年 1 月，西班牙人民不堪复辟的波旁王朝的反攻倒算，发动革命，迫使国王斐迪南七世宣布恢复拿破仑时期实行的君主立宪制和 1812 年宪法。在西班牙革命的影响下，意大利的那不勒斯王国也爆发了起义，起义烈火迅速燃遍整个意大利。

以沙俄为首的神圣同盟当然不会坐视革命发展。1820 年年底，根据沙皇亚历山大一世的建议，俄奥普三国君主在奥地利小镇特拉波召开了会议，决定对西班牙、意大利进行武装干涉。他们在通过的议定书中公然宣称，如果一国政府被革命者推翻，则其他各国有采取共同行动保护它的责任；决不承认革命者建立的政府；他们的唯一目的在于维持欧洲和平与镇压革命运动。1821 年 1 月，神圣同盟又在莱巴赫（今斯洛文尼亚首都卢布尔雅那）开会，决定由奥地利派军镇压意大利革命，俄军为奥军的后援。之后，奥地利迅速派出 8 万大军，残酷镇压了意大利那不勒斯和皮耶蒙特的革命，恢复了哈布斯堡家族在意大利的统治。

神圣同盟在扑灭意大利革命烈火之后便集中全力镇压西班牙革命。1822 年年底，神圣同盟在意大利北部的维罗纳召开会议。会上，英国为了把持西班牙市场，反对干涉西班牙革命。但俄、奥、普、法四国君主不顾英国反对，签订了武装干涉西班牙的议定书，并授权西班牙的邻国法国执行。当英国企图阻挠法国入侵西班牙时，沙皇亚历山大一世公然宣布，如果英国在战争期间攻击法国，俄国将认为这是对神圣同盟各国宣战，俄国将做出相应的反应。同时，亚历山大一世提出组织 6 万俄国后备军，作为神圣同盟军，供神圣同盟出兵之用，企图直接出兵西欧，但遭到对其怀有警惕心理的其他列强的反对。1823 年 4 月，法军进入西班牙，血腥镇压了西班牙革命。西班牙国王斐迪南七世随之复辟帝制。1824 年 11 月，为奖赏积极支持武装干涉西班牙的法国外交大臣塔列朗，沙皇授予他俄国最高级别的勋章——圣安德烈十字勋章。

1830 年 7 月，法国巴黎的工人、小手工业者等革命群众不满波旁王朝的反动统治，发动武装起义，仅用 3 天就推翻了复辟波旁王朝的专制统治，建立了代表金融资产阶级的七月王朝。此即著名的七月革命。一个月后，在法国七月革命的鼓舞下，在维也纳会议上被并入荷兰的比利时也发动了反对荷兰统治的起义，取得独立。法国七月革命和比利时起义爆发后，沙皇尼古拉一世暴跳如雷。他大骂法国国王查理十世胆小如鼠，没有亲自指挥军队镇压起义，只知狼狈逃窜，还攻击被大资产阶级推举即位的新国王路易·腓力是"篡位者"和"街垒王"，企图对法国和比利时进行武装干涉。他派奥尔洛夫伯爵和陆军元帅季比奇分别前往维也纳和柏林，和奥皇、普王共商武装干涉法国、复辟波旁王朝的大计。他下令俄国西部边境驻军进入戒备状态，密令其兄、波兰军队总司令康斯坦丁大公动员波兰驻军，通知普鲁士国王随时准备迎接俄国远征军开赴莱茵河。一切似乎都已准备好了。为了镇压法国大革命和比利时革命，沙皇可谓赴汤蹈火，在所不辞。

就在这时，他眼皮子底下燃起了熊熊烈火，阻止了他对法国大革命和比利时革命的镇压。

1830 年 11 月 29 日，波兰首都华沙的革命群众发动了反俄民族起义。绞杀拿破仑帝国后，沙俄重新占领了波兰绝大部分领土，沙皇亲任波兰国王，把波兰置于自己的统治之下。但波兰人民是富有革命传统的人民，他们不甘忍受沙俄的殖民统治，决心争取民族独立。早在 19 世纪 20 年代初，他们就建立了"爱国协会"等革命组织，和俄国十二月党人建立联系，积极准备武装起义，推翻沙皇的统治。十二月党人起义（1825 年 12 月）失败后，沙皇政府加强了对波兰的控制，不仅取缔了"爱国协会"等革命组织，而且下令禁止议会开会，严禁报界评论时政，派出秘密警察四处活动，疯狂镇压一切对沙俄不满的言行，将在"自由主义"高调下"赐予"波兰人民的一丁点儿自由也剥夺得一干二净。然而，这只能激起波兰人民新一轮更猛烈的反抗。1828 年，他们又建立了新的革命组织"军事同盟会"，积极准备武装起义。1830 年 11 月，在法国七月革命的鼓舞下，波兰人民发动了声势浩大的反俄民族起义。

当天夜里，华沙的一批青年军官和学生率先起事，袭击驻华沙俄军及其总司令康斯坦丁大公的官邸，康斯坦丁大公仓皇逃命。华沙爱国市民闻讯后，迅速响应，他们占领了军火库，夺取了枪械，投入了战斗。经过一夜战斗，起义者解放了华沙，夺回了被沙俄官吏把持的权力。1831 年 1 月，波兰议会通过决议，废黜了沙皇尼古拉一世的波兰国王王位，取消了罗曼诺夫皇族继承波兰王位的资格，成立了波兰民族政府。

波兰起义爆发后，沙皇尼古拉一世大为震怒。他先是以军事围剿

相威胁，迫令起义者投降，但酷爱自由独立的波兰人民岂肯将起义的
胜利成果拱手相送。于是，沙皇便派遣陆军元帅季比奇率11.5万大军
开赴波兰镇压革命。当时，波兰起义军约有9万人。面对在数量和装
备都占绝对优势的沙皇军队，波兰起义军没有退缩，而是积极备战，
严阵以待，奋勇杀敌，在战争初期屡屡给敌军以重创。由于波兰起义
军顽强抵抗，俄军未能迅速取胜，就连其首脑康斯坦丁大公和季比奇
也因染上热疫而命丧黄泉，暴尸异乡。之后，沙皇又派凶狠残忍的帕
斯克维奇指挥俄军，对华沙发动猛烈进攻。9月8日，华沙被攻陷，
波兰反俄民族起义失败。

沙皇尼古拉一世在镇压波兰民族起义后，对起义者进行了血腥屠
杀，把数万名参加起义的军官和士兵流放到西伯利亚和高加索，同时
加强了对波兰的殖民统治，废除了波兰王国宪法，解散了波兰议会，
俄国人掌管了波兰所有的立法机构和行政部门，把波兰的行政区划都
改为俄国的省份，并重新进行了划定。同时，俄国在波兰常驻10万
俄军，进行严密监视和控制波兰人民，驻军费用则要波兰人民承担。
此外，他还向波兰勒索了2000万卢布的赔款。在意识形态领域，他
也加强了对波兰的控制，关闭了华沙大学和维尔纽斯大学，查封了全
国近半数中学，禁止波兰人上大学，禁止波兰各级学校教波兰文，强
迫信奉天主教的波兰人改宗东正教，企图以此来铲除波兰人民的民族
意识，阻止革命思想的传播，但这一切都是徒劳的，只能把波兰人民
的怒火烧得更旺。华沙虽被占领，波兰人民并没有被征服，日后他们
继续展开了不屈不挠的斗争，直至彻底摆脱俄国的统治。

1848年，欧洲再次掀起了革命风暴。这年年初，意大利西西里
首府巴勒莫人民首先举行起义，揭开了这场革命的序幕。紧接着，法

国爆发了二月革命，德国爆发了三月革命。在法德革命的推动和鼓舞下，东南欧、西欧、北欧的许多国家都卷入了革命洪流，革命遍及俄国以外的整个欧洲大陆。革命把一顶顶王冠打落在地，把旧制度打了个落花流水，1815 年建立起来的维也纳体系彻底崩溃。

这场革命的爆发有着深刻的社会背景。18 世纪后半期从英国开始的工业革命此时在欧洲已普遍展开，资本主义随之得到迅速发展，工业资产阶级的经济力量日益强大，但他们在政治上仍然处于无权的地位，欧洲大部分国家仍然处于封建统治之下。少数国家虽然建立了资产阶级政权，但浓厚的封建残余仍然阻碍着资本主义的发展。与此同时，许多民族仍然处于宗主国的统治压榨之下，但自由主义和民族主义的思潮和运动却不断高涨。随着资本主义和封建制度、被压迫民族和宗主国的矛盾日益尖锐，一场大规模的资产阶级民主民族革命已不可避免。1848 年欧洲革命就是这样一场革命。

山雨欲来风满楼。早在 1846 年，波兰的克拉科夫便爆发了旨在光复波兰、把外国侵略者赶出波兰领土的武装起义，但遭到了沙俄军队和奥地利军队的联合镇压。1847 年，革命的暗流在德国等地涌动。沙皇尼古拉一世估计，革命将首先从奥地利开始，然后经过德国向西蔓延。为此，尼古拉一世已准备了对策，打算德国革命一爆发，就出兵干涉，他狂妄地叫嚣："要用我们的洪水冲毁一切，不让革命发展，一下子就迫使所有的东西都按照我们的指挥棒转。"

然而，革命的发展大出沙皇所料。它首先从意大利开始，然后波及法国，推翻了七月王朝，建立了法兰西第二共和国。法国二月革命爆发时，沙皇正在举办宫廷舞会。他听到法国七月王朝被推翻的消息，犹如五雷轰顶，似乎预感到了自己的命运，当即不由自主地向参加舞会的军官大叫道："先生们，备马吧！法国宣布共和啦！"仅仅13个字，把沙皇对革命与共和制的仇视及其镇压革命的迫切心情暴露无遗。然后，他立即在国内实行紧急军事动员，声称维护欧洲的"秩序"是他的"神圣义务"，要求普鲁士国王带领德国各邦的军队向法国边境推进，俄国派 30 万大军做后援，俄普两国合力镇压法国革命。

落花有意，流水无情。革命的烈火迅速从法国烧到了奥地利和德国。3 月，维也纳爆发革命，在拿破仑战争中纵横捭阖、在奥地利政坛叱咤风云的奥地利首相梅特涅竟然男扮女装逃亡国外。紧接着，普鲁士首都柏林人民发动了武装起义，同 1.4 万名政府军展开战斗，迫使国王腓特烈·威廉四世同意把军队撤离柏林，立即召开议会，制定宪法，改组政府和释放政治犯。普王还被起义群众押出王宫，向死难烈士的尸体鞠躬致哀。在法奥普等国革命的鼓舞和推动下，匈牙利、波兰、罗马尼亚、捷克等国人民也掀起了民族解放运动的浪潮。革命的烈火也烧向了俄国国内，农民骚动日益频繁，许多地方出现鼓动革命的传单，号召人民起来推翻沙皇专制制度。一份传单写道："我们自由的时刻终于到来了。所有文明的各国人民都已摆脱了沉重的桎梏，现在该轮到我们起来效法他们获得自由和幸福了。"

在这种情况下，沙皇俄国孤掌难鸣，无力单独镇压声势浩大的欧洲革命，犹如泥菩萨过江，自身难保，只得暂时收起干涉法普奥等国革命的念头，集中力量镇压国内人民的反抗，防止波兰等国脱离俄国而独立，以维护大俄罗斯帝国的既得利益。

1848 年革命是一次资产阶级性质的革命。与以往革命不同的是，在这次革命中，工人阶级作为独立的政治力量登上了政治舞台，他们走在革命运动的最前列，成为革命运动的主力军，在反对封建专制和民族压迫的同时也开始提出自己的要求。如：法国工人阶级提出要建立没有剥削、没有压迫的"社会共和国"，建立国家工场，保障工人的劳动权利，缩短工时等。这就使资产阶级在利用工人阶级夺取政权达到自己的目的之后便背叛了革命，和保守势力达成了妥协，把枪口对准了工人阶级。1848 年 6 月，法国二月革命后上台的资产阶级政府残酷镇压了巴黎工人阶级的起义。之后，欧洲革命的形势急转直下。在法国资产阶级反革命行动的鼓动下，各国封建反动势力开始反扑。10 月，维也纳发生反革命政变，奥皇斐迪南一世派政府军用大炮镇压了维也纳人民起义，恢复了旧秩序。11 月，普鲁士国王发动反革命政变，下令解散了议会，恢复了君主专制制度。封建反动势力在欧洲最重要的中心地区取得了胜利。

这种形势大大鼓舞了俄国沙皇政府。早就按捺不住、急欲镇压欧洲革命的沙皇尼古拉一世看到时机已成熟，他给镇压巴黎六月起义的法国军政部长卡芬雅克写信表示热烈祝贺和由衷感谢，然后命令俄军渡过普鲁特河进入摩尔多瓦和瓦拉几亚，首先镇压了这两个多瑙河小公国的革命。

1849 年 5 月 8 日，沙皇尼古拉一世又发表了干涉匈牙利革命的宣言。他自诩"天定的秩序救主"，声称"敌人在哪里出现，我们就打到哪里"。

匈牙利自从 17 世纪末被奥地利吞并以来，长期遭受奥地利的民族压迫。奥地利哈布斯堡王朝在匈牙利竭力推行日耳曼化政策，把大批日耳曼人移居匈牙利，宣布德语为匈牙利官方语言，强迫匈牙利人信奉天主教，在匈牙利实行封建农奴制专制统治。英勇的匈牙利人民不甘屈辱，曾不断掀起反抗奥地利统治的斗争。

在 1848 年欧洲革命的风暴中，匈牙利也掀起了反对封建统治、争取民族独立的革命斗争。3 月 15 日，以著名爱国诗人裴多菲·山陀尔为首的革命者在佩斯举行了集会和示威游行，他们提出了资产阶级改革的政治纲领《十二条》，以裴多菲的革命诗句"我们宣誓，我们永不做奴隶"为誓言，包围了市政府和总督府，夺取了政权，成立了革命政权公安委员会，并组织了国民自卫军。之后，革命很快蔓延到其他城市。在本国革命和匈牙利革命的强大压力下，奥皇斐迪南一世被迫同意匈牙利在军事、财政方面独立，组织责任内阁，成立自治政府。

但奥地利哈布斯堡王朝并不甘心让匈牙利自治，更不愿匈牙利独立，当年夏天即转入反攻。它利用匈牙利内部的民族纠纷，唆使克罗地亚人起来反对匈牙利人，命令克罗地亚贵族首领叶拉契奇率塞尔维亚—克罗地亚军队进攻匈牙利。匈牙利革命者不为所惧，组成以爱国志士科苏特为首的国防委员会，领导国民自卫军英勇抗敌，很快把叶拉契奇的军队赶出匈牙利。

10 月，维也纳人民为反对奥地利政府镇压匈牙利革命，举行起义，把国防大臣吊死在路灯柱上，斐迪南一世仓皇逃离维也纳。不久，他调集军队攻进维也纳，镇压了起义。之后，奥地利政府便集中力量镇压匈牙利革命，派军大举进攻匈牙利。1849 年 1 月 5 日，佩斯陷落，匈牙利政府迁至德布勒森，沿蒂萨河筑起坚固防线。4 月 14 日，匈牙利议会庄严宣布匈牙利独立，选举科苏特为国家元首。之后，匈牙利军队开始大规模反攻，数万波兰人和德意志人同他们并肩作战，势如破竹。奥地利军损兵折将，节节败退，被赶出匈牙利时，20 万大军已损失了 3/4。5 月 21 日，匈牙利首都佩斯光复。

匈牙利革命是对封建宗主国的严峻挑战，是对维也纳体系的严重破坏。对此，沙皇尼古拉一世早就如芒刺背，如鲠在喉，视匈牙利革命者为"世界秩序和安定的敌人"，唯恐殃及波兰和俄罗斯帝国，遂决心出兵干涉，充当镇压匈牙利革命的刽子手。他在写给沙俄驻波兰总督帕斯克维奇的信中毫不掩饰地说："要我不进行干涉，除非能使我的衬衣不贴身，不想自己的利益。"

1849 年 5 月 8 日，沙皇见匈牙利已宣布独立，奥地利已无力单独镇压匈牙利革命，认为时机已到，便发表了干涉匈牙利革命的宣言。之后，沙皇与奥皇在华沙会晤，商定合力镇压匈牙利革命。6 月 15 日，沙皇下令帕斯克维奇率军 20 万人从东面进攻匈牙利。同时，奥地利派出 17 万大军从西面发动进攻。俄奥两国 30 多万大军对匈牙利形成东西夹击之势。此时匈牙利军队只有 15 万人，还要东西两线作战，双方力量对比悬殊。7 月 7 日至 11 日，双方在科马罗姆会战，匈牙利军惨败。不久，首都佩斯再次失陷，匈牙利政府迁往土额特城。杰出的爱国诗人裴多菲也在一场战役中英勇牺牲，用殷红的鲜血谱写了"生命诚可贵，爱情价更高。若为自由故，二者皆可抛"的壮丽诗篇。

面对俄奥军队的强大进攻，匈牙利军队和政府内部的软骨头吓破了胆。8 月 10 日，他们逼迫科苏特辞职并逃往奥斯曼土耳其。8 月 13 日，匈军总司令戈尔盖向俄军投降。沙皇俄国助纣为虐，帮助奥地利镇压了匈牙利革命，成为扼杀匈牙利革命的主要帮凶。之后，俄奥占领军残酷迫害匈牙利革命者，成千上万的革命者被处死、监禁，匈牙利重新落入奥地利哈布斯堡王朝的魔掌。

匈牙利革命是 1848 年欧洲革命的最后一团烈火。匈牙利革命被镇压后，1848 年欧洲革命随之结束。通过镇压 1848 年欧洲革命，沙皇俄国进一步巩固了欧洲霸主地位。它出兵普鲁士，协助普鲁士国王恢复专制制度，使普鲁士进一步拜倒在它脚下。它出兵匈牙利，协助奥地利镇压了匈牙利革命，恢复了奥地利对匈牙利的统治，使奥地利进一步投入它的怀抱。当普鲁士、奥地利因争夺德意志的领导权发生争执时，沙皇尼古拉一世竟传令两国政府首脑到华沙接受他的裁决。俄国沙皇真可谓威震四海、令及诸侯了。难怪尼古拉一世狂傲地宣称："俄国君主是全欧洲的主人，没有一个国家敢挡住俄国的道路。"

1853 年至 1856 年，得意忘形的俄国沙皇尼古拉一世为攫取伊斯坦布尔和黑海海峡（由博斯普鲁斯海峡和达达尼尔海峡组成），实现从彼得大帝以来历代沙皇建立世界帝国的夙愿，贸然发动了克里木战争，结果遭到惨败，从此丧失了欧洲霸主地位。

但欧洲霸主地位的丧失没有改变沙俄要充当欧洲宪兵、镇压各国革命的本性。为了维护俄罗斯帝国的大厦，防止革命的"瘟疫"殃及俄国，沙皇政府永远不会放下高悬的屠刀，直至灭亡。

1863 年 1 月，波兰再次爆发了反对沙俄殖民统治的全国性民族大起义。波兰的革命民主主义者组织了"红党"，成立了领导起义的"中央委员会"，建立了临时政府，颁布了起义宣言和解放农奴的法令，号召波兰族、立陶宛族、白俄罗斯族、乌克兰族等各族人民举行武装起义，推翻沙俄的反动统治。波兰起义军在全国范围内向沙俄占领军发起攻击。

波兰民族大起义爆发后，沙俄政府不断向波兰增兵，倾尽全力进行镇压。当年 7 月，在波兰镇压起义的俄军已增至 34 万人，几乎占沙俄陆军的一半。同时，沙俄政府和普鲁士政府签订协议，商定两国采取一致行动镇压起义。而波兰起义军仅有几万人，在沙俄军队的残酷镇压下，波兰民族大起义在坚持一年半之后终遭失败。随之而来的便是俄国统治者对起义者的疯狂迫害，1500 多名起义者被处死，1 万多人被流放到西伯利亚，近 7000 人被迫背井离乡，到西欧各国和美国流亡。从此，沙俄政府进一步加强了对波兰的军事独裁统治和俄罗斯化政策，波兰人民甚至失去了使用"波兰"一词的权利。

1871 年 3 月，巴黎无产阶级爆发起义，在历史上破天荒地推翻了资产阶级的统治，建立了伟大的革命政权——巴黎公社。这场革命虽然发生在数千里之外的法国，但痛在沙皇亚历山大二世的心头。因为他意识到，这种"暴动"一朝传播出去便将威胁整个欧洲社会，也即威胁到整个欧洲的旧制度和旧秩序。因此，沙皇政府积极参与了对巴黎公社的镇压，必欲从速除之而后快。首先，沙皇政府操纵《政府通报》等反动刊物疯狂攻击巴黎公社，恶毒咒骂革命者是"嗜血成性的怪物""成群的骗子""天生的强盗和杀人凶犯""只会偷盗抢劫和屠杀的暴徒"，可谓用尽了一切最恶毒的语言。其次，它全力支持法国梯也尔反动政府镇压巴黎公社，并敦促德国政府帮助梯也尔镇压巴黎公社。再次，沙俄特务机关第三局组织特务窃取巴黎公社的情报，"为第三局迅速扑灭欧洲动乱的根源开辟道路"。最后，巴黎公社被镇压后，它第一个支持梯也尔政府不给巴黎公社社员以避难权的要求，企图协助法国反动政府把革命的参加者一网打尽。沙皇政府再次用行动证明它是欧洲最反动的宪兵。

三、亚洲"消防"：扑灭亚洲烈火

沙皇俄国不仅充当欧洲宪兵，镇压欧洲革命，成为欧洲的反动堡垒，而且把手伸到亚洲，充当亚洲的"消防队员"，扑灭亚洲的革命烈火。

19世纪末，已经遭受帝国主义列强侵略蹂躏半个多世纪的中国人民忍无可忍，再次掀起一场大规模的反帝爱国运动——义和团运动。义和团成员高唱"还我江山还我权，刀山火海爷敢钻，哪怕皇上服了外，不杀洋人誓不完"的雄伟战歌，矛头直指欺压中国人民的帝国主义分子及其走狗，充分显示了中国人民的英雄气概。

在侵略宰割中国的帝国主义列强中，沙皇俄国可谓最为凶残奸诈。19世纪中叶以来，它或明火执仗，或巧取豪夺，已侵吞了中国东北地区和西北地区150多万平方千米的土地。现在，它还在向中国扩张，妄图吞食中国整个东北地区，使它变成"黄俄罗斯"。它所到之处，烧杀抢掠，无恶不作，对中国人民犯下滔天罪行，被中国人民切齿痛恨。如此一个帝国主义强盗，对中国人民的反帝爱国运动，自然不会置之不理，而是急欲除之而后快。因此，它也就成为扑灭义和团反帝爱国运动烈火的急先锋。

1900年年初，义和团运动蓬勃发展。4月18日，沙俄驻华公使格尔思向俄国外交大臣穆拉维约夫发出一个急电，汇报说义和团已由山东省进入直隶，向北京推进；他已劝告清政府总理衙门不要失去时机，在义和团还没有在北京周围的大队士兵中获得信徒时，有力地将他们镇压下去。这暴露了沙皇俄国企图借清政府之刀来镇压义和团运动的目的。为达此目的，沙俄出动军舰，开到天津大沽口，和英美法三国的海军一起胁迫清政府在两个月内把义和团镇压下去，否则它们将联合征伐北京。

但此时义和团运动已成燎原大火，清廷已无力镇压，沙俄遂伙同英、法、德、意、美、日、奥等七国组成八国联军，直接出兵镇压。6月初，各国军舰会聚于北直隶湾和大沽口，其中沙俄军舰多达9艘，为各国之最。6月17日凌晨，在沙俄海军将领海尔德布朗的策划下，八国联军攻占了大沽炮台。之后，联军急速向天津推进，与租界内的联军会合，集结在天津租界及附近的联军已达1.5万多人，其中俄军多达5800人。在天津，八国联军与义和团及清军展开激战，义和团和清军多次击败沙俄等侵略军的进攻。此时，沙俄太平洋舰队司令阿列克谢耶夫来到天津租界，召集各国海军将领开会后，于7月13日向天津发起进攻。八国联军首先炮轰天津城，城内燃起熊熊大火。之后，联军兵分两路，一路由一名俄国中将指挥，进攻东北角水师营炮台，另一路由一名日本少将指挥，直扑天津南门。经一昼夜激战，7月14日，天津陷落，侵略军大肆焚掠。

天津失陷后，俄军立即抢占海河东岸近400公顷地为俄租界，面积超过原英、法、德、日等国租界的总和。同时，俄军统帅企图成立以俄为首的天津临时政府，因遭到各国反对而作罢，改为由俄英日各派一名军官组成委员会。可见，掠夺成性的沙俄时时不忘掠夺他国。

之后，沙俄提议进攻北京。7月底，沙俄西伯利亚第一集团军司令李涅维奇奉命来天津指挥作战。8月3日晚，八国联军召开军事会议，决定第二天出发进攻北京。8月4日，两万联军从天津出发，其中有日军 8000 人，俄军 4800 人，英军 3000 人，美军 2000 人，法军 400 人，意奥军不足 100 人，俄军为联军主力之一。八国联军在进犯北京的途中，遭到义和团和清军的激烈抵抗。8 月 14 日，八国联军攻陷北京，慈禧太后携光绪皇帝仓皇出逃，侵略军在北京大肆烧杀抢掠，不仅屠杀英勇抵抗的义和团，而且大肆屠杀和平居民，其中以俄军尤甚。对此，俄国驻华财政代表璞科第在发给时任沙俄政府财政大臣维特的电报中也不得不承认："士兵们大肆使用暴力，杀死大量中立的和平华人，并大肆抢劫。"八国联军总司令德国人瓦德西认为，俄军的行径超出一切其他军队到此为止所犯的暴行。此时，腐朽无能的慈禧太后为讨好侵略者，屈膝求和，谕令各地剿办义和团，务必斩尽杀绝。在以沙俄为首的帝国主义列强的胁迫和野蛮屠杀下，在无能抗外敌、有力杀臣民的腐朽透顶的清政府的血腥镇压下，轰轰烈烈的义和团运动以失败告终。1901 年，清政府同帝国主义列强签订丧权辱国的《辛丑条约》。在 4.5 亿两白银的赔款中，沙俄分得 1.3 亿多两，为获得赔款最多的国家。

1905 年至 1911 年，伊朗爆发革命，沙俄千方百计地进行镇压，再次充当了扑灭亚洲革命烈火的角色。

伊朗是沙俄的南邻，直到 20 世纪初还是一个落后的封建国家。扩张成性的沙皇俄国自彼得大帝以来就不断对伊朗进行侵略，吞食了伊朗的大片土地。不仅如此，沙皇俄国还加紧对伊朗的控制：在经济上，它把伊朗变成商品市场、原料产地和投资场所，沙皇俄国成为伊朗最大的对外贸易国，并完全垄断了伊朗的公路运输、银行信贷、邮政电讯、渔业开发等经济部门；在政治上，它大肆干涉伊朗内政，甚至任免官吏、制定法律、税额高低也要干涉；在军事上，它控制了哥萨克旅。哥萨克旅于 1879 年在伊朗成立，由俄国军官直接组织、训练和指挥，常驻伊朗首都德黑兰，名义上归伊朗国王统率，实际上由担任该旅旅长的俄国参谋本部的军官掌握。这就使它成为沙俄推行侵略政策，干涉、控制伊朗的工具。此外，19 世纪下半叶，英国也加紧向伊朗南部扩张，伊朗又沦为俄英两国的半殖民地。

伊朗人民身受外国殖民者和本国封建统治者的双重压榨掠夺，不仅贫困者更加贫困，民族资产阶级难以成长，国家主权、民族尊严也遭到践踏。人们在饥饿、疾病、贫困、屈辱、痛苦中挣扎呻吟。19 世纪末的一次饥荒，伊朗全国竟有 10% 的居民被活活饿死。这就是半封建半殖民地社会的真实写照。

在这种情况下，忍无可忍的伊朗知识分子、民族资产阶级及广大下层群众从 1905 年开始掀起了声势浩大的革命运动。他们建立革命组织"恩楚明"（秘密委员会）和革命的武装队伍"费达依"（为正义事业献身的人）。他们在德黑兰、大不里士、设拉子、吉朗等城市举行大规模的示威游行，要求举行普选，成立国会，实行君主立宪。在革命运动的强大压力下，伊朗国王被迫同意施行宪法。1906 年 8 月至 1907 年 8 月，伊朗召开了第一届国民代表大会，产生了伊朗历史上第一部宪法。这部宪法规定，议会为国家最高权力机关，未经议会同意，不得给外国人以租让权，不得向外国借款，不得缔结条约和协定；人民的人身、财产不受侵犯，人民有集会、结社、出版等自由。这显然是一部反对殖民掠夺、维护伊朗主权的宪法。

伊朗革命爆发时，俄国国内恰好也爆发了第一次资产阶级革命，沙皇政府自顾不暇，无力干涉。1907 年，沙皇政府镇压了国内的革命运动后，立即着手扑灭伊朗革命烈火。

1907 年 8 月 31 日，沙皇俄国同英国在圣彼得堡签订三个《英俄协定》，划分了它们在伊朗的势力范围：北部五省（约 79 万平方千米）归沙俄，南部地区（约 35.5 万平方千米）归英国，中部各省为"中立地区"，双方均不得染指。

这是帝国主义列强宰割殖民地的典型范例。消息传来，伊朗人民群情激愤，举国抗议，掀起新一轮反帝爱国斗争的高潮。与此同时，沙皇俄国也正同以伊朗国王为首的反动势力暗中勾结，准备进行反革命政变。1908 年 6 月 22 日，伊朗国王穆罕默德·阿里指使哥萨克旅发动反革命政变，炮轰国会大厦和清真寺，宣布解散国会和一切革命组织，大肆逮捕和严刑拷打国会议员和"恩楚明"委员，残酷屠杀了数百名革命者。在沙俄控制的哥萨克旅的全力支持和密切配合下，伊朗反动势力成功地实现了复辟帝制。

但伊朗革命的烈火没有就此熄灭。在首都德黑兰以外的地区，革命的烈火在继续燃烧。在阿塞拜疆省首府大不里士，"恩楚明"和"费达依"完全控制了地方政权，使之成为革命运动的中心。德黑兰反动政府多次派军队前来围剿，但都遭到可耻的失败。沙皇政府见伊朗国王腐朽无能，无力攻占大不里士，便直接出兵干涉。1909 年 4 月25 日，沙皇政府以"保护外国侨民"为借口，派出 3 个步兵营、4 个哥萨克骑兵连、1 个工兵连、2 个炮兵连，在斯纳尔斯基将军统率下，越过俄伊边界，向大不里士发动猛烈进攻。大不里士的革命者进行了英勇的保卫战，最终力不能敌，大不里士失陷。之后，俄军又攻占了呼罗珊、马什哈德等地，铁蹄所至，肆意蹂躏践踏，屠杀革命群众。

不久，革命烈火又在拉什特、吉朗等地燃起，当地革命者夺取了政权。他们联合伊朗南部的巴赫蒂亚尔部落酋长，从南北两个方向同时向首都进军，于 1909 年 7 月一举攻克了德黑兰。面对滚滚的革命洪流，国王穆罕默德·阿里怎能抵挡得住，只得逃往俄国大使馆"避难"，随后被沙俄政府接到俄国。与此同时，伊朗革命者召开了非常国民代表会议，宣布废黜老国王，立 14 岁的王子艾哈迈德为王。

废王穆罕默德·阿里逃亡国外后，在俄国政府的支持下，积极准备复辟活动。经过一年多的准备，1911 年 7 月，穆罕默德率领他纠集拼凑的 3 万多名反革命武装经由俄国在里海东南岸登陆，向德黑兰扑来。但伊朗政府军和革命武装"费达依"迎头痛击，很快将这伙乌合之众打得作鸟兽散。穆罕默德再次亡命国外，沙皇俄国镇压伊朗革命的阴谋活动又成泡影。

沙皇政府可谓不到黄河心不死，不扑灭伊朗革命烈火心不甘。它见穆罕默德"烂泥扶不上墙"，再次决定亲自出兵镇压。1911 年 11 月 29 日，沙皇政府借口伊朗政府聘请的国库总监（美国人苏斯特）所采取的整顿财政措施触犯了俄国利益，向伊朗政府发出最后通牒，要求伊朗政府罢免苏斯特，今后不经俄英两国同意不得聘请外国顾问，赔偿驻伊朗俄军费用。这些蛮横无理的要求遭到了伊朗人民的强烈反对，他们高呼"不独立，毋宁死"的口号，举行声势浩大的示威游行，抗议沙皇政府干涉伊朗内政。伊朗议会理所当然地拒绝了沙俄的荒谬要求。这时，沙皇政府便派出大批军队入侵伊朗。俄军的入侵遭到伊朗人民的激烈抵抗，大不里士、拉什特、恩齐列、马什哈德等城市人民展开了激烈的保卫战。当俄军攻入城后，他们又进行激烈的巷战，顽强保卫着每一个区、每一条街、每一所房屋。后来，沙俄又增派大批军队，最终攻占了大不里士等地。与此同时，沙皇政府通过哥萨克旅在德黑兰再次发动反革命政变，解散了议会，废除了宪法，恢复了卡扎尔王朝的专制统治。伊朗的革命烈火被沙皇俄国扑灭。

　　18 世纪末至 20 世纪初，世界历史正处在资产阶级革命蓬勃发展，民族解放运动不断高涨，无产阶级革命酝酿爆发的社会大动荡时期。这一时期，沙皇俄国政府不是紧跟时代步伐，革故鼎新，而是逆历史潮流而动，凭借几百年来掠夺的广阔疆土，凭借庞大的国家机器，在继续扩张掠夺、争夺世界霸权的同时，充当旧世界的反动堡垒、旧秩序的顽固维护者、疯狂镇压世界人民革命的"宪兵"。特别是在亚欧大陆，哪里发生革命，哪里有人民斗争，它就穷凶极恶地出现在哪里。如此，沙皇俄国的反动角色表现得淋漓尽致，俄罗斯帝国在世界历史中的"地位"达到巅峰。

第五章
帝国斜阳：农奴制危机

一、揭竿而起：斯杰潘·拉辛举义旗

1649 年，英国资产阶级和广大人民群众经过多年革命，推翻了长达 500 多年的封建统治，建立英格兰、苏格兰与爱尔兰共和国（简称英格兰共和国），并把英王查理一世推上断头台，世界历史开启了一个新的时代——资产阶级世界革命的时代。沙皇俄国却反其道而行之，通过了维护封建专制制度和封建农奴制的《1649 年法典》，重申了审判权和行政权高度集中于沙皇政府，宣布凡反抗教会、政府、沙皇、波雅尔、地方军政长官，乃至一般官吏的"国事犯"，一律"杀无赦"，规定凡农奴从宫廷领地、国有土地和私有土地逃亡，可以无限期地追回，同时追回其妻子、儿女及财产。该法典还规定，凡窝藏逃亡农奴者，除了要归还逃亡农奴和他们的牲畜、粮食外，另加罚款 10 卢布；否认窝藏逃亡农奴而被查出者，要在商业广场受鞭打三天，监禁一年；逃亡农奴嫁作他乡人，连同她丈夫一起归还原主。在此之前，农奴在尤里耶夫节还可以出走，因饥荒逃亡不予追回，如今这些权利全部被取消，法典还取消了寻找逃亡农奴的规定年限。这就从法律上完全剥夺了农奴逃离本地地主剥削压榨的自由，把农奴束缚在土地上任由地主剥削压榨，从而在法律上把农奴制彻底固定下来了。

沙皇政府倒行逆施，地主阶级在沙皇专制制度和封建农奴制庇护下对农奴的残酷剥削压榨，必然激起广大农奴的强烈不满和反抗，导致一次又一次农奴起义，不断动摇着沙皇统治的根基。1667年，俄国就爆发了17世纪规模最大的农奴起义——斯杰潘·拉辛起义。

斯杰潘·拉辛（1630？—1671）出生在顿河畔一个富裕的哥萨克家庭。他身材魁梧，双目炯炯，性格刚毅，见多识广。他曾走南闯北，两次横穿俄国，到过许多地方，并多次参加顿河军使团同卡尔梅克人、莫斯科官方进行交涉。这不仅使他增长了许多见识，学会了多种语言，积累了丰富经验，也使他对俄国农奴的处境、哥萨克下层的生活有了更多了解，对他们产生了深切同情。同时，他的哥哥伊凡因在俄波战争期间逃离哥萨克部队而被沙俄政府处死，更加深了他对沙皇政府的仇视。种种因素决定了他将成为一位杰出的农民起义领袖。

17世纪五六十年代，沙皇俄国为争夺乌克兰和波罗的海地区，同波兰、瑞典等国进行了长达13年的战争。战争期间，沙皇政府不仅多次抓兵抽丁，平均每20个至25个农奴和商人家庭就要抽一人当兵，而且不断增加赋税，以支付巨额军费开支，驿站税、近卫军税、伍一税、什一税等，名目繁多。许多地方的农奴还必须向部队提供呢子、粗麻布和食品，提供运输徭役。在这种情况下，许多贫苦农奴不堪重负，不顾《1649年法典》的束缚，逃亡到顿河流域。

顿河中下游一带是辽阔的大草原。当时，这里尚属俄国边区，为俄国的军事力量所不逮。15世纪以来，俄国中部地区许多农奴、城市贫民为躲避封建农奴主的剥削压榨，逃到这里谋生，自称"哥萨克"

（突厥语，意为"自由自在的人"）。他们不受沙皇政府管束，自由选举首领。同时，为了防范政府和农奴主的追捕与外来侵扰，他们逐渐养成了强悍善骑、勇猛作战的特性。17世纪上半叶，他们建立了自己的军事组织——顿河军。为了利用哥萨克保卫俄国东南边疆，并使之成为俄国同奥斯曼土耳其帝国、克里米亚汗国争战的一支重要军事力量，沙皇政府允许哥萨克自治，实行土地免税，还给哥萨克金钱、粮食和武器作为薪饷。

但此时哥萨克已发生分化。富裕的哥萨克被称为"善于持家的"哥萨克，他们作为哥萨克的上层，沙皇政府的赏赐几乎全被他们吞掉，很少有贫穷哥萨克的份儿。从前，贫穷的哥萨克为维持生存，常常在克里木和黑海一带抢劫掠夺，向伏尔加河和里海远征劫掠。现在，奥斯曼土耳其加强了对顿河出海口的封锁，俄国政府加强了对伏尔加河一带的防卫，贫穷哥萨克的劫掠之路被堵塞了。与此同时，战争又使沙皇政府减少了对哥萨克的粮食供应，贫穷的哥萨克处于饥饿状态。此外，大量逃亡农奴的到来进一步加剧了他们的困难。当地贫穷的哥萨克和新逃亡来的农奴衣食无着，只好聚众造反。

1666年春，哥萨克统领瓦西里·乌斯率500名被饥饿折磨的贫穷哥萨克队伍溯顿河而上，打算主动投奔沙皇军队，为沙皇政府效力，以便摆脱饥饿，混碗饭吃，但当队伍抵达沃罗涅日时，被俄军守将乌瓦罗夫将军扣留。随后，乌瓦罗夫派6名哥萨克组成使团，前往莫斯科陈情，得到的答复是要哥萨克人返回顿河，等候沙皇诏令。

但哥萨克已无法等待下去，他们设法逃离沃罗涅日，继续向莫斯科行进。沿途的贫穷农民和奴仆闻讯后纷纷前来投奔。他们破坏地主庄园，夺取地主的财物，吓得地主纷纷携家带眷逃往图拉城。消息传到莫斯科，沙皇政府立即派 1000 人的精锐部队前来镇压。这时，乌斯知道要加入俄国军队为沙皇政府效力的希望已经破灭，在沙皇大军的压力下被迫撤回顿河。

这次行动本意并非造反，但激发了农奴破坏地主庄园、逃离地主庄园的热情，大有登高一呼，天下响应之势，预示着一场暴风雨就要到来了。

1667 年 5 月，斯杰潘·拉辛率领 1000 多名贫穷的哥萨克前往伏尔加河和里海沿岸进行"谋衣食"活动。从前，到这一带远征掳掠的哥萨克队伍最多不超过 200 人，现在拉辛率领如此众多的哥萨克行动，足见情势不同寻常。拉辛在给察里津总督的一封信中写道："他们已经没有吃喝的了，国家发给的钱粮微不足道，他们只好去伏尔加河一带谋生。"

拉辛率领的起义队伍从顿河经卡梅申河进入伏尔加河，在这里他们袭击了沙皇、大主教和富商的船队，没收了船上的货物。有些船上装载着沙皇政府的囚犯，起义队伍便处死了船上的看守，砸开了囚犯身上的镣铐，释放了囚犯，向他们宣布："你们都自由了，到你们愿意去的地方去吧……谁要是愿意和我们一道，谁就是一个自由的哥萨克。我们只打击波雅尔、贵族和富人，至于穷人和平民，我们要和他们分享一切，如同兄弟。"走投无路的囚犯自然加入了起义队伍。

不久，斯杰潘·拉辛率军从伏尔加河经布赞河进入里海，来到雅伊克河（现名乌拉尔河）口，击溃了驻防的近卫军。从被俘的近卫军获悉，雅伊克城防守薄弱，守军头领伊凡·杨岑财迷心窍，让大部分近卫军当雇工给他挣钱，城里守军很少。于是，拉辛设计智取，把部队隐蔽在附近，只带 40 人来到城门口，要求守军放他们进城"去教堂做祈祷"。守军请示长官杨岑后给他们放行，这时拉辛等人便一拥而上，占领了城门，随后隐蔽部队迅速开进城里，雅伊克城唾手而得。

拉辛在占领雅伊克城后，以此为基地四处活动。沙皇政府闻讯，不敢等闲视之，派普罗佐罗夫斯基率四队（相当于团）近卫军前去镇压，同时派人去劝说拉辛向沙皇投降。拉辛的回答是将前来劝降的莫斯科近卫军百人长西夫佐夫投入河中，并英勇机智地迎敌作战，击败了别佐布拉佐夫指挥的 3000 名近卫军。

雅伊克城地盘狭小，难以供应数千哥萨克队伍的军需。同时，沙皇政府加强了对哥萨克军的打击，雅伊克城难以长期据守。1668 年 3 月，春意盎然，万物复苏，拉辛率领哥萨克部队离开雅伊克城前往里海沿岸地区。在那里，他们同来自顿河的另一支哥萨克义军会合，共同开往伊朗。他们沿里海海岸一路攻城略地，攻打了杰尔宾特、巴库等许多城镇及乡村，抢夺富人的牲畜、粮食、衣服、布匹，解放在当地做奴仆的俄罗斯人。他们派代表去和伊朗国王谈判，希望能在伊朗获得一席之地，让哥萨克长期居住那里。但伊朗国王对哥萨克的劫掠行为早已恨之入骨，此时又收到沙皇政府的照会，要他协助打击哥萨克，而不要给哥萨克提供避难所，因此伊朗国王扣押了拉辛的代表，并加强了对哥萨克的抵御和打击。

斯杰潘·拉辛见在伊朗立足无望，便继续沿里海南岸攻袭劫掠，先占领了拉什特城，由此又驶向马撒德兰，在那里抢劫了许多城镇，捣毁了伊朗国王的夏宫费拉巴特，袭击了阿斯特拉巴德（今戈尔甘），最后来到米扬－卡拉半岛，在这里度过了严冬。

ﾠ ﾠ

　　1669年春暖花开之际，拉辛的哥萨克队伍向里海东岸土库曼人的游牧地区进行了远征，补充了粮食和衣物。同年夏，拉辛的哥萨克军同伊朗海军在里海激战。伊朗的麦涅达汗指挥由50艘平底船组成的庞大海军向拉辛的哥萨克船队发起进攻。他们把船舰用锁链连在一起，企图"像网一样兜捕敌人"，但这反而缚住了他们的手脚，失去了机动性。与之相反，哥萨克驾驶着小船像鱼儿一样来回穿梭，袭击敌人。结果，伊朗海军被打得大败，麦涅达汗差点儿被俘，其子则被哥萨克活捉。

　　此时，拉辛的哥萨克义军经过两年多的征战，损失也很大。不久，伊朗国王重新调集大军前来围剿哥萨克军。拉辛便率领队伍，带着战利品，向里海北岸撤退。当队伍撤至阿斯特拉罕附近一座人迹罕至的小岛时，该城守将普罗佐罗夫斯基将军派李沃夫率3000名近卫军分乘50多艘船舰前来袭击。拉辛的队伍此时仅剩600人，他知道寡不敌众，便率军撤离该岛，再度出海。不久，俄军送来沙皇的开恩诏书。此时，拉辛的哥萨克军已无力再战，坚持再战或继续出逃很可能全军覆没。于是，拉辛接受了沙皇的诏书，与俄军和谈，双方达成协议。该协议规定，哥萨克军交出所掠夺的武器财物，俄军把哥萨克部队平安送回顿河流域。8月21日，拉辛的哥萨克军开进阿斯特拉罕。久闻拉辛及哥萨克军威名的市民和近卫军下层官兵纷纷前来观看。当他们看到拉辛和其他哥萨克弟兄一个个气宇轩昂、威风凛凛时，钦佩之情油然而生。9月初，拉辛的部队离开阿斯特拉罕，返回顿河流域。离别时，阿斯特拉罕及城郊乡村的许多贫民和近卫军出于对自由的向往，出于摆脱贫困与压迫的渴望，加入了拉辛的队伍。沿途也有许多逃亡农奴加入。拉辛率领着这支重新壮大起来的队伍路过察里津时，打开监狱释放了囚犯，拔去了监狱长官的胡子。之后，拉辛的队伍在察里津附近渡过顿河，结束了这次远征。

这是斯杰潘·拉辛农民起义的第一次远征。这次远征使拉辛的队伍积累了丰富的战斗经验，为起义军的发展壮大锻炼了战斗核心人员，为新的远征、更高程度的农奴战争准备了条件。

1670 年 4 月，又是一个春暖花开的季节。拉辛的队伍在顿河地区经过近半年的休整，兵强马壮，士气高昂，力量空前壮大，起义军总数已达 8000 多人。经过精心准备，他们开始了新的进军。他们兵分水陆两路，陆路由拉辛指挥，水路由乌斯率领，浩浩荡荡，首先去攻打察里津。察里津城内的居民得知起义军来临，立即打开城门，欢迎起义军。城中守将屠格涅夫见状，指挥近卫军躲进炮楼内负隅顽抗，被起义军包围三日攻破，屠格涅夫被扔进河里淹死。拉辛起义军占领察里津后，四处张贴文告，宣布起义者坚决反对波雅尔和贵族，但不反对沙皇，号召人们参加起义。同时，他们放风说，皇太子阿列克谢·阿列克谢耶维奇和被废黜的大牧首尼孔都在起义军手中，以吸引人们的支持。他们还没收了属于沙皇、贵族、官吏和商人的一切财产，分给起义军官兵和穷苦老百姓。

起义军在察里津滞留了一个多月。正当拉辛准备北上莫斯科打击大贵族时，他获悉阿斯特拉罕总督普罗佐罗夫斯基派李沃夫率 5000 名近卫军前来收复察里津，已经抵达黑亚尔。于是，起义军决定南下迎敌，并进而夺取阿斯特拉罕，以解除后顾之忧。6 月初，拉辛率 7000 名起义军水陆并进，向阿斯特拉罕扑来。当起义军途经黑亚尔时，和李沃夫的近卫军遭遇，起义军迅速发动攻击，近卫军仓促应战。起义军中许多战士没有武器，他们拿着削尖的长木棒，尖头绑着布条，远远望去，黑压压一片。这使近卫军大惊失色，无心恋战，纷纷倒戈，和起义军拥抱亲吻，并发誓要和起义军同生共死，消灭大贵族，砸碎农奴制枷锁。近卫军统兵见状，慌忙登上小船，企图夺路逃走，黑亚尔城上倒戈的近卫军立即向他们开枪，挡住了他们的去路。随后，起义军赶来，将他们一个个活捉，并根据近卫军的意见，将这些平时作威作福、欺压近卫军士兵的官吏统统扔到河里淹死，只把李沃夫留下来。

之后，拉辛起义军继续向阿斯特拉罕逼近。阿斯特拉罕是俄国东南边区的商贸重镇和军事要塞，那里物产丰富，市场繁荣，俄罗斯、印度、亚美尼亚、波斯、布哈拉等国商人开的商场、店铺鳞次栉比，各种小手工业遍布城区四郊。那里城防坚固，三道防线犹如铁箍一样把它紧紧围住。城中央是一座石砌克里姆林宫，状如不等边三角形，有 6 座城门和 10 座炮塔。内城之外是白城，也是由石砌成，墙高 8.5 米，厚 3 米，间隔不远便有一座高耸的炮塔。最外面的防线是一道土壁，其上建有一道木墙，其脚下是一道深沟。这道外墙包围着关厢。炮塔内储备着火药、武器、炮弹，被包围时可储存谷物、面包等食物。城内有守军 1.2 万人，大炮 500 门，另有俄国第一艘军舰"鹰号"，舰侧装有 13 门大炮和 200 支火枪。守军和军舰都由富有战斗经验的外国军官统领。阿斯特拉罕真可谓铜墙铁壁，固若金汤，沙皇政府为守住该城可谓煞费苦心。

拉辛的起义军此时因在黑亚尔全歼李沃夫的近卫军声威大振，其力量也因近卫军士兵倒戈和大量逃亡农奴加入壮大到 1 万多人。阿斯特拉罕城里的贫苦百姓和近卫军也在盼星星盼月亮地等待着拉辛队伍的到来，以便发动起义。形势对起义军极为有利。

6月22日，拉辛起义军抵达阿斯特拉罕城郊。拉辛先礼后兵，先派两名军使进城，提议双方进行谈判，守军交出城池。但顽固不化的阿斯特拉罕总督普罗佐罗夫斯基不仅把拉辛的来信撕得粉碎，还下令把一个军使推到城墙上当众处死，把另一个军使用木棍塞住咽喉，投入石牢。

普罗佐罗夫斯基的暴行激怒了拉辛起义军，起义军当即向阿斯特拉罕发起了进攻。起义军兵分两路，一路在正面发起进攻，以吸引敌军主力；另一路绕到城背后，在守军薄弱处突击。进攻开始后，城内贫苦百姓和近卫军立即自发地举行起义，他们同近卫军百人长等军官、大贵族及其侍臣、其他贵族展开搏斗，协助起义军从城防薄弱处攻进城来。这支起义军攻进城后，同正面进攻的起义军前后夹击，很快击溃了守军，占领了全城。6月24日晨，起义军在大教堂广场前召开大会，把66名反动官吏、贵族和近卫军军官判处了死刑。在战斗中，腹部受伤的普罗佐罗夫斯基被从高高的炮塔上扔了下去，落得个粉身碎骨的下场。

起义军占领阿斯特拉罕后，建立了人民政权。政权的基层组织是千人队、百人队和十人队，最高机关是全体大会，拉辛是公认的领袖。新政权没收了封建主、商人和国库的财产，分给穷苦老百姓。阿斯特拉罕一时成为人人平等、没有剥削压迫的伊甸园。

1670年7月20日，拉辛留下4000名起义军镇守阿斯特拉罕，亲率1.3万人溯伏尔加河北上，开始北伐。沿途他们大量散发文告，宣称起义军反对一切"村社的吸血鬼"，要"把叛徒从国土上驱逐出去，给黎民以自由"，并表示起义军要"到莫斯科和其他城市去，杀死那些叛变的波雅尔、贵族和衙门官吏"，号召人们消灭农奴制，从波雅尔和贵族的桎梏下解放出来。起义军所到之处，没收地主财产，镇压官吏贵族，烧毁政府文书档案。这一切都表明起义军鲜明的反封建性，因而赢得了广大贫苦百姓的拥护。他们纷纷加入起义军队伍，起义军力量空前壮大。8月，起义军来到萨拉托夫和萨马拉，当地居民起义献城，两城不攻自破。9月初，起义军逼近辛比尔斯克。

辛比尔斯克是伏尔加河中游的一个战略重镇，占领了辛比尔斯克，就打开了通向农奴集中的俄国中部各县的道路，也为进军莫斯科开辟了一条捷径，拉辛起义军决意夺取。但辛比尔斯克位于伏尔加河陡峭的右岸，围以两道城墙，地势险要，易守难攻，特别是沙皇政府也深知该城的重要性，加强了对该城的防御，在该城驻扎了三个莫斯科近卫军团队、一个士兵团队和一个小围子近卫军守备队，总数达5000人，并继续向这里派遣增援部队。城中守将米洛斯拉夫斯基未雨绸缪，用土袋、盐袋等加固了城墙，储存了大量的粮食和用水。

9月5日凌晨，拉辛起义军约两万人在距辛比尔斯克城500米处登陆，向该城发起进攻，遭到守城俄军的激烈抵抗。翌日清晨，起义军集中优势兵力，再次发动攻势，突破该城外墙，占领了小围子和关厢。俄守军全部退缩进内城——用原木墙和炮塔围起来的原木城。此后20多天中，起义军对原木城先后发动了4次攻击，但均被守城俄军打退，起义军遭到严重损失，拉辛也在战斗中受了重伤。

10月3日傍晚，米洛斯拉夫斯基率领守城俄军和前来增援的巴里亚京斯基王公所率的俄军一起，对起义军发起反攻。起义军挡住了俄军的反攻，然后乘辛比尔斯克内城空虚，迅速突袭原木城。就在原木城即将被攻破之时，俄军从背后杀来，起义军腹背受敌，只得撤退。

起义军在辛比尔斯克城遭受重挫，只有一小部分起义军乘船逃了出来，其余均被巴里亚京斯基的部队杀害。

1670 年 9 月至 10 月初，斯杰潘·拉辛起义达到高潮。拉辛在以强大攻势进攻辛比尔斯克的同时，也派人四处活动，扩大起义战果，起义席卷了伏尔加河西岸至奥卡河的广大地区，有 15 座较大的城市落入起义者之手。

拉辛在辛比尔斯克失败后并未停止斗争。他回到顿河地区养好伤后又重新组织队伍，开始了新的斗争。不幸的是，1671 年 4 月 14 日，反动的哥萨克军统领亚科夫列夫率队包围了拉辛所在的卡加尔尼克城，用火攻城，俘获了拉辛。之后他率 2000 名卫兵护送，把拉辛等俘虏押解京城。沙皇阿列克谢·米哈伊洛维奇亲自参加了对拉辛的审讯。6 月 6 日，拉辛在莫斯科红场英勇就义。沙皇政府用最野蛮的方式处死了他。刽子手用利斧砍去了拉辛的左手、右手、下肢和头颅，然后把这些被肢解的躯体插在木桩上示众。

拉辛遇难后，伏尔加河一带的农民起义军继续进行着斗争。直到 1671 年 11 月 27 日，阿斯特拉罕陷落，这次农民起义才最终被镇压下去。

斯杰潘·拉辛起义是罗曼诺夫王朝时期发生的第一场大规模农民起义。当时，俄国的封建社会尚处于向前发展的时期，贵族地主阶级及其国家机器的力量比较强大，而且农民起义有自发性、分散性等问题，双方力量悬殊，起义失败不可避免。但这次沉重打击了俄国的封建统治阶级，也暴露了封建农奴制和沙皇专制制度引发的深刻社会矛盾，为俄国的封建农奴制和沙皇专制制度，也为罗曼诺夫王朝敲响了第一声丧钟。

二、野心勃勃：叶卡捷琳娜夺皇位

1725 年 1 月 28 日，俄国历史上最杰出的君主、雄才大略的彼得大帝病逝，俄国历史进入了一段动荡不定的时期。宫廷政变接连不断，沙皇宫中的主人走马灯般换个不停，短短 37 年内六易其主。

彼得大帝生前修改了传统的皇位继承法，规定皇位不一定非要传给男性直系后代，沙皇本人可以指定继承人；如沙皇发现继承人不合适，亦可更换。但彼得大帝死时却未指定继承人。彼得大帝没有男嗣，其子阿列克谢早年被立为太子，但因反对改革叛逃出国，后被以叛国罪处死。正因为如此，彼得大帝才取消了皇位继承法。彼得大帝有两个女儿，但彼得大帝死时，一个远嫁他乡，一个年少，都难以承继大位。最适合继承皇位的便是皇后叶卡捷琳娜了。叶卡捷琳娜是彼得大帝的第二任妻子，立窝尼亚人，平民出身，原为立窝尼亚牧师格勒克的管家，1702 年俄军攻占立窝尼亚时被俘，为俄军主将缅什科夫收留，后献给彼得大帝。叶卡捷琳娜相貌平平，但体态健美，性格爽朗，机智灵活，深得彼得大帝宠幸，彼得大帝率军出征时常携带其随侍左右。彼得大帝性格粗暴，常常大发雷霆，失去控制，即使亲信也无法劝阻，还常成为其出气的对象。每当此时，只要叶卡捷琳娜以手梳其长发，彼得大帝的情绪即可平复。因此，叶卡捷琳娜也获得彼得大帝身边重臣及近卫军的好感。1724 年，叶卡捷琳娜正式加冕为皇后。彼得大帝病逝当日，缅什科夫等改革重臣为维护改革成果及自身权益，在近卫军支持下，拥戴叶卡捷琳娜即沙皇位，称叶卡捷琳娜一世。

叶卡捷琳娜一世为俄国历史上第一位正式即位称帝的女皇，但她在位仅两年即病死，彼得一世之孙继位，史称彼得二世。

彼得二世继位时年仅 12 岁，由枢密院摄理。枢密院成立于 1726 年，由元老重臣组成，地位凌驾于元老院之上，实权掌握在缅什科夫手里。不久，彼得二世就在保守势力多尔戈鲁基家族的操纵下罢免了缅什科夫，没收了其财产，流放其到西伯利亚。同时，彼得二世宣布反对彼得一世的改革措施，取消了彼得一世设立的机构，将首都由圣彼得堡迁回莫斯科。1728 年 2 月 25 日，彼得二世在莫斯科克里姆林宫的圣母升天大教堂举行了加冕式。这次加冕式的程式安排日后成为历代俄罗斯帝国皇位的继承者加冕式的典范，此后俄罗斯历代皇帝的加冕仪式均参照于此。

彼得二世仅在位三年，就在大婚前几天染上天花并于 1730 年 1 月 19 日去世，享年仅 15 岁。彼得二世死后，罗曼诺夫家族男性谱系绝嗣，皇位继承人只能从女嗣中寻找。枢密院遂与远嫁库尔兰公国腓特烈·威廉公爵一年即已孀居的伊凡五世之女安娜·伊凡诺夫娜达成协议，迎立安娜回国继位，但一切大政均由枢密院主持。安娜继位当天，在近卫军的支持下，立即发动政变，解散了枢密院，将首都重新迁至圣彼得堡，任用大批日耳曼籍官吏，将约两万名不满其统治的俄罗斯贵族集体流放到西伯利亚。安娜女皇生活上穷奢极侈，奇珍异兽、侏儒巨人充斥宫廷，宫廷开支 5 倍于彼得大帝时期。在政治上，她实行恐怖统治，秘密警察遍布全国。这是俄国历史上最黑暗的时期之一。

1740 年 10 月，安娜女皇当政 10 年后病死，根据其遗嘱，由其甥孙伊凡继位，称伊凡六世。但伊凡六世当时尚不满周岁，由其母摄政。一年后，彼得一世之幼女伊丽莎白·彼得诺夫娜在近卫军的支持下发动政变，登上了皇位。

伊丽莎白女皇即位时 32 岁。她容貌秀丽，体态丰腴，在治国理政方面颇有建树。在位期间，她准许农民弃农经商，废除国内关税，设立国家贷款银行，创立了俄国莫斯科国立大学（1755）和圣彼得堡剧院。在她的倡导下，西欧的文化思想渐渐传入俄国，保守沉闷的俄国思想文化界吹来清新之风，产生了诸如罗蒙诺索夫这样的俄国近代最伟大的学者。

1762 年，伊丽莎白女皇病逝，她早已指定的继承人彼得·费奥多罗维奇继位，史称彼得三世。然而，他继位不到半年即被一次宫廷政变推翻，没几天又被人所杀。令人想象不到的是，发动这场政变推翻他，而后又杀害他的竟是他的妻子——即将成为俄国历史上最著名的女皇的叶卡捷琳娜二世。

1744 年 1 月，在德国通往俄罗斯的大道上，驶来四辆笨重的轿式马车。当时正值隆冬季节，寒风凛冽，积雪盈野。尽管马车内放着木炭火盆，乘客身着厚厚的皮大衣，面戴防护罩，仍然冻得四肢麻木，瑟瑟发抖。道路坎坷不平，马车不停地颠簸，车上的乘客不时发出痛苦的呻吟。在不适宜旅行的季节，乘车人为什么要承受旅途之苦？原来，车上的乘客不是别人，正是未来的沙俄女皇叶卡捷琳娜二世及其母亲和随从，这次旅行将彻底改变她的命运。

叶卡捷琳娜二世原名索菲娅·腓特烈·奥古斯特，1729 年 5 月 2 日出生在奥得河畔什切青市（今波兰境内）一个德意志贵族家庭。父亲凯斯蒂昂·奥古斯特是德意志安哈尔特－采尔布斯特公国的一个小公爵，是一位职业军官，后晋升为陆军元帅。母亲约翰娜·伊丽莎白是德意志荷尔斯泰因－戈多普公国公主。

索菲娅小时候长相一般，高鼻梁，尖下巴。有一阵子，她还得了脊柱侧弯，右肩膀高，左肩膀低，脊柱呈"之"字形，只能日夜穿着紧身褡，经过四年校正，才恢复了正常。她天资聪颖，反应敏捷，勤奋好学，从小受到良好的家庭教育。父母经常带她出席上流社会的社交活动，周游诸侯列国，使她从小耳濡目染奢靡浮华的宫廷生活。1739 年，她 10 岁那年，父母带她去基尔参加未来的瑞典国王阿道夫·腓特烈举行的宴会。在那里，她第一次见到了彼得大帝的外孙卡尔·彼得·乌尔里希（后改名彼得·费奥多罗维奇）。他比她大一岁，长得瘦小羸弱。两人谁也没有想到，未来他们会共结连理，而又成为生死冤家。

1741 年 12 月，彼得大帝的女儿伊丽莎白发动政变，登上了沙皇的宝座。伊丽莎白是索菲娅母亲约翰娜未过门的嫂子，曾和约翰娜的哥哥卡尔·奥古斯特定亲。卡尔·奥古斯特长得一表人才，深得伊丽莎白爱恋。天有不测风云，人有旦夕祸福。两人定亲不久，卡尔·奥古斯特就被一场天花夺去了生命。伊丽莎白悲痛欲绝，发誓永不再嫁，并继续和未婚夫卡尔·奥古斯特一家保持着亲密的关系。现在，伊丽莎白登基做了女皇，这是一个好兆头。索菲娅的母亲约翰娜当即给"准嫂子"女皇发去贺信。不久，女皇寄来了热情洋溢的回信。

伊丽莎白女皇登基一个月后，即将彼得大帝的外孙、她的外甥卡尔·彼得·乌尔里希从德国接回俄国。卡尔·彼得·乌尔里希时年 14 岁，父母双亡。他从 7 岁开始就身着戎装，手持齐身高枪剑参加军事训练站岗值勤。9 岁那年，他被晋升为中士。11 岁那年，父亲去世，乌尔里希大公公廷大元帅布鲁默尔担任他的首席家庭教师。布鲁默尔性格粗野，行为怪癖，常用饥饿或跪干豌豆的方法来惩罚他，有时则挥拳殴打他，吓得他直吐胆汁。在这种教育下，本来就身体瘦弱、智力愚钝的他变得更加胆怯、虚伪和乖戾。当伊丽莎白女皇见到他时，大失所望。但为了让罗曼诺夫王朝后继有人，女皇别无选择，遂给他改名彼得·费奥多罗维奇，正式立他为俄罗斯大公、皇位继承人，并开始给他选妃。

伊丽莎白女皇当然不会忘记关照已故未婚夫的妹妹。听说她有一个和彼得年龄相仿的女儿，便命人把画像送来，还派人登门相面。对欧洲众多豪门贵族待嫁千金的画像反复审察后，伊丽莎白女皇最终决定亲自面试索菲娅公主。1744年1月1日，正当索菲娅一家济济一堂共庆新年佳节的时候，喜从天降，信使送来了乌尔里希大公公廷大元帅布鲁默尔写给索菲娅母亲的一封急信，信中说："遵照伊丽莎白·彼得诺夫娜女皇陛下的特谕，我谨通知您，庄严的陛下希望殿下偕同长女公主毫不延缓地尽早莅临鄙国的皇宫所在地……殿下的聪颖足以领悟女皇陛下急欲会见您和您的公主千金的真实意图，关于您女儿的才貌在此已广为传颂。"这使索菲娅全家欣喜若狂。自从把索菲娅的画像送往俄国后，他们一直在盼望着这一天的到来。他们匆匆打点行装，踏上了旅途。

经过一个多月披星戴月的长途旅行，精疲力竭的索菲娅一行终于抵达莫斯科。当晚，她们便被引进皇宫拜谒了伊丽莎白女皇。此时，索菲娅身材苗条匀称，身着伊丽莎白女皇赠送的宫服——一套正合身的不带裙环的玫瑰色与银色相间的马海毛衣服，头发棕黄，脸蛋白皙，一双碧蓝的眼睛闪闪发光，这就在某种程度上掩饰了她的缺点。她举止优雅，言语得体，不卑不亢，显得聪慧温顺而有教养。女皇把她左瞧右看，高傲的脸上露出满意的神色，接见大厅里一片欢乐气氛。从此，索菲娅母女便在皇宫里住了下来。

1744 年 6 月 28 日，遵照女皇陛下的旨意，索菲娅皈依了东正教。当她仪表庄重地步入皇家教堂，用带着浓重日耳曼口音的俄语朗读了长达 50 页的教义课本，像背书一样流畅地背诵了东正教信经时，女皇感动得掉下了眼泪。她为自己给彼得·费奥多罗维奇选了这样一位美丽聪慧的王妃而感到自豪，她深信有索菲娅的辅佐，外甥一定能承继大业，强盛帝国。当天，女皇给索菲娅改了名字。索菲娅一名使她想起她的姑姑、彼得大帝的同父异母姐姐索菲娅，于是女皇给小索菲娅改名为叶卡捷琳娜·阿列克谢耶芙娜。叶卡捷琳娜是女皇母亲的名字，用母亲的名字给外甥媳妇命名，表明了女皇对她的宠爱。第二天是俄罗斯东正教的圣彼得和圣保罗节，女皇为彼得·费奥多罗维奇大公和叶卡捷琳娜举行了定亲仪式。1745 年 8 月 21 日，彼得大公和叶卡捷琳娜正式完婚。婚礼盛大而隆重，护送新郎新娘去喀山大教堂的马车达 130 辆之多。当女皇和新郎新娘乘坐的由 8 匹大白马拉着的轿车走过街头时，百姓们都在道路两旁跪迎。法国代办阿利翁写道："人们从来没有看到过这么盛大壮丽的场面。"

婚后的叶卡捷琳娜继续勤奋地学习俄语，攻读东正教教义。这种学习自从她来到莫斯科便开始了。彼得·费奥多罗维奇并不是她理想的终身伴侣。他长相丑陋，形销骨立，长长的面孔，突出的眼珠，宽阔的嘴巴，既不知道关心国家大事，又不会关爱周围的人，只知道玩各种玩具和木偶兵，显得又傻又痴，孩子气十足，结婚 8 年两人还没有生下子嗣。聪明的叶卡捷琳娜从一开始就预感到他们之间不会有任何幸福。但从小对宫廷生活耳濡目染的叶卡捷琳娜渴望成为俄罗斯帝国的皇后，乃至女皇，享受至高无上的尊荣权威。她在回忆录里写道："从他的才干来看，他对我几乎无足轻重。可是，俄罗斯皇冠对我是至关重要的。"而要想成为俄罗斯女皇，戴上俄罗斯皇冠，她必须取悦女皇伊丽莎白，慑服达官显贵，赢得大小朝臣的同情；她必须和土生土长的俄罗斯人一样，因此她刻苦学习俄语。她恳求俄语教师延长学习时间，她常常深更半夜起床，坐在笔记本前背诵词汇表。她还满怀兴致地学习东正教礼仪和教义。同时，她开始默默地了解沙皇宫廷，了解她周围的一切人和事，了解俄国社会。后来，她又开始大量读书。她读小说，读史书，读哲学著作，读普·佩雷费克斯的《亨利大帝传》，读塔西佗的《编年史》，读伏尔泰的《风俗论》，读孟德斯鸠的《论法的精神》。在这些名著中，她汲取了大量精神营养，学习了治国的理念与方法，为她日后君临俄国奠定了思想理论基础。

1761 年 12 月 25 日，伊丽莎白女皇病逝，彼得·费奥多罗维奇继位，史称彼得三世。

彼得三世生在德国，他的血管里流淌着德意志王公贵族的血。他的童年和大部分少年时光是在德国度过的，从小受德国路德教的熏陶，10 岁就被封为荷尔斯泰因公爵。尽管他 14 岁那年被姨妈接到俄国，并被立为俄国皇储，皈依东正教，但他愚顽不化，他仍然笃信路德教，崇尚德意志的风俗习惯，崇拜普鲁士制度，根本瞧不起俄国。伊丽莎白女皇在世时，他慑于女皇的威严，尚不敢放纵，只知酗酒玩乐。现在，女皇死了，他彻底摆脱了女皇的监视，成为至高无上的沙皇，便开始肆无忌惮，随心所欲，我行我素。他蔑视俄国东正教的礼仪习俗，故意在女皇的灵柩前大声讲话，做鬼脸，说笑话，取笑神父。国丧期间，他还在自己的房间举行晚宴，不许与会者穿黑色丧服，而要他们浓妆艳抹，纵酒狂欢。在葬礼举行时，他几次狂笑，吐舌头，肆意打断神父的祈祷，他似乎只会别出心裁，搞一些引起俄国臣民憎恶的恶作剧。在对外政策上，他牺牲俄国的利益，迎合普鲁士的利益，背弃昔日的盟友奥地利，同普鲁士签订和约，归还普鲁士领土，与普鲁士合伙对付奥地利。在一次宴会上，他向普鲁士公使祝酒时公然说道："为您的国王、我们的主人的御体康泰干一杯！请您转告普王，只要他一声令下，我将亲率我的帝国赴汤蹈火。"他似乎不是俄罗斯帝国的沙皇，而是普鲁士国王的臣民。他还在俄国军队中强制推行普鲁士的军事制度，要军人改穿普鲁士军服，遵守普王腓特烈·威廉二世制定的法典，委任普鲁士的汉诺威选帝侯乔治二世为俄军总司令，兼任近卫军骑兵司令。在宗教政策方面，他下令在一切做祈祷的地方，除了基督和圣母的图像外，其余圣像一律摘除。此外，他还用牧师的礼服取代教士的长袍，强迫教士剃须，在皇宫中建造一座路德教教堂，规定各教派一律平等，没收教会的财产。彼得三世这一系列倒行逆施触犯了众怒，引起了俄国贵族、教会和近卫军的强烈不满。

与之相反，叶卡捷琳娜越来越深得人心。经过17年的学习与磨炼，她已由一个温顺谨慎的柔弱少妇成为一个成熟干练的世故女人。她谈吐风雅，多谋善断，谦逊随和，笃信东正教义，让人觉得她早已不是德意志公主，而是名副其实的俄罗斯皇后，已彻底"俄罗斯化"了。在伊丽莎白女皇丧葬期间，她经常身着黑纱前往教堂，跪在女皇灵台前，一连几个小时祈祷哭泣，给络绎不绝前来向女皇遗体告别的俄罗斯人留下了极好的印象。彼得三世经常当众侮辱她，这时她低首不语，默默忍受，博得了不少廷臣与近卫军军官的同情，尽管这一切有不少是装出来的，目的是实现当女皇的政治雄心。正如她在回忆录中所说："只有政治雄心激励着我，我内心有一股难以言传的力量使我一刻也不怀疑我将自然而然地变成俄国女皇。"

彼得三世和叶卡捷琳娜从未有过爱情。彼得三世即位后不久，就似乎要把后冠从叶卡捷琳娜头上转移到伊丽莎白·沃伦佐娃头上。1762 年 2 月 21 日，彼得三世在寿宴上公然命令叶卡捷琳娜把只有皇后或皇储妃才有权佩戴的圣叶卡捷琳娜勋章交给沃伦佐娃。6 月 9 日，在一场有 400 人参加的盛大招待会上，彼得三世当众大声说叶卡捷琳娜是"白痴"，并把她排斥在皇室成员之外。叶卡捷琳娜回想结婚以来遭受的种种凌辱，不禁不寒而栗。为了维持生存，为了维护合理合法的名分，为了实现久已怀抱的政治雄心，她决定采取行动，开始和早已培植的心腹密谋策划，准备发动一场宫廷政变。

1762 年 6 月 12 日，彼得三世离开圣彼得堡到芬兰湾的奥拉宁堡避暑。为了便于监视皇后，他谕令叶卡捷琳娜从圣彼得堡移居和奥拉宁堡毗邻的夏宫彼得霍夫。叶卡捷琳娜的心腹害怕其中有诈，劝她不要前往，但叶卡捷琳娜不甘示弱，于 6 月 19 日只身一人来到彼得霍夫，住进一个偏僻临海的小阁里。6 月 27 日，叶卡捷琳娜的一个同党被捕，其余同党担心政变密谋泄露，决定立即举事。当日深夜，叶卡捷琳娜的宠臣格里高利·奥尔洛夫的弟弟、近卫军军官费奥尔多·奥尔洛夫同哥萨克首领、科学院院长里基尔·拉祖莫夫斯基密谋后命令科学院印刷厂厂长起草印刷废黜彼得三世、宣布叶卡捷琳娜登基的诏书。6 月 28 日拂晓，格里高利的另一个弟弟、近卫军军官阿列克谢·奥尔洛夫驱车来到彼得霍夫，唤醒睡梦中的皇后，禀报情况后带着她迅速返回首都圣彼得堡。

叶卡捷琳娜乘车首先来到伊斯马依诺夫斯基兵营。那里的近卫军官兵对彼得三世的胡作非为深感不满，对皇后的贤德久有所闻，见皇后驾到，不约而同齐声高喊："我们的小母亲叶卡捷琳娜万岁！"里基尔·拉祖莫夫斯基伯爵率领全体官兵跪了下来，宣布叶卡捷琳娜为全俄罗斯唯一至高无上的女皇，并以全体士兵的名义向她宣誓效忠。之后，首都的近卫军官兵纷纷倒向叶卡捷琳娜，首都市民也加入了士兵的队伍，他们簇拥着新任女皇来到喀山大教堂，做了简短的祝福仪式，又簇拥着她回到冬宫。

圣彼得堡发生的一切，彼得三世全然不知。当天下午，彼得三世从奥拉宁堡移驾彼得霍夫，才发现皇后不见了，到处寻觅不着，再细打探，始知叶卡捷琳娜已回首都，兵变称帝了。平日骄横狂傲的彼得三世立时像泄气的皮球，现出了色厉内荏、懦弱无能的原形。他一蹶不振，惘然无措，既不接受立即调集军队向首都进军的进言，又放弃了发布声讨叶卡捷琳娜的檄文的想法，只知借酒浇愁，哭哭啼啼。就在彼得三世无计可施、犹豫不决之时，叶卡捷琳娜已派人说服了喀琅施塔得的海军，并亲率大军前来征讨彼得三世。彼得三世不愿交战，提出和皇后共掌朝政。叶卡捷琳娜闻言，一笑置之。随后，她口授了一份彼得三世的逊位诏书，派格里高利·奥尔洛夫等人送往奥拉宁堡。此时，彼得三世手下将士都已投靠新任女皇，他本人实际上已被软禁。无可奈何，彼得三世只得誊写了叶卡捷琳娜口授的逊位诏书，并签了名。当晚，彼得三世被押往罗普舒看管起来。7月6日，叶卡捷琳娜颁布诏书，宣布彼得三世退位，由叶卡捷琳娜继位。这样，叶卡捷琳娜女皇正式登基，称叶卡捷琳娜二世。

就在叶卡捷琳娜二世正式登基的当天，彼得三世在罗普舒被新任女皇的同党处死。

叶卡捷琳娜二世终于如愿以偿，成为俄国历史上第四位，也是最后一位女沙皇。

三、女中豪杰：叶卡捷琳娜施新政

然而，女沙皇的宝座并不稳固，它犹如置放在波涛汹涌的大海上，随时都有被颠覆的危险。并非所有贵族、官吏、近卫军都拥戴她，有人企图重新拥立伊凡六世复辟，也有人企图拥立8岁的皇太子保罗为帝。但伊丽莎白女皇和彼得三世的骄奢淫逸——据说伊丽莎白女皇仅服装就有1.5万套，一套服装从来不穿第二遍，参加七年战争（1756—1763），国家经济状况恶化，每年财政赤字达700万卢布，军队已8个月没有领到薪饷。商品货币经济的潜流开始侵蚀封建农奴制度的堤坝，但封建主对农奴的剥削压榨有增无减，封建农奴制度顽强阻挡着商品经济的发展，导致广大农奴、手工工场工人和少数民族劳动人民反抗的加剧。18世纪五六十年代，农民起义此伏彼起，叶卡捷琳娜二世即位一年时间，全国23个省中就有11个省爆发了农奴起义。宫廷的权力斗争、国家的财政经济危机和政治危机，时刻威胁着新任女皇的地位。法国国王路易十五认为，她很可能昙花一现。普鲁士人预言，彼得三世被废黜，将是新一轮宫廷政变的开端。新任女皇该如何行动呢？

叶卡捷琳娜二世不愧为饱读经书、深谋远虑的女中豪杰，她面对困境，从容自若。她对参与政变、辅佐有功的人员论功行赏，分别赐予巨款和农奴，以建立稳固的统治支柱。她一共给这些人赏赐了1.8

万个农奴和 18.6 万卢布，使积极参与政变的近卫军军官变成了贵族、农奴主。为解决财政困难，她带头放弃沙皇的个人预算，取缔某些私人企业的垄断权，建立税收制，提高某些税率，成立证券发行银行，发行公债。为了维护和扩大贵族地主的利益，巩固和扩大沙皇统治的阶级基础，她允许贵族地主抢占俄国新占领的或人烟稀少的少数民族地区土地，向国家缴纳少额现金后即可据为己有。于是，大批贵族地主涌向伏尔加河流域和黑海北岸，抢占那里的土地，赶走当地少数民族，带去农奴，在那里建立起农奴制度。在世俗封建主和教会封建主争夺土地和农奴的斗争中，她为了支持人数众多的世俗封建主，重新颁布敕令，没收教会和修道院的地产，然后把土地和农奴赏赐给贵族。对于农奴起义，她毫不留情，派军镇压。这一系列措施使她赢得了贵族地主的信任和支持，很快巩固了自己的统治。

叶卡捷琳娜二世对政治和治国理政有着强烈的兴趣。她不知疲倦，事必躬亲，常常是每天早晨 5 点起床，每天工作 12 个小时至 14 个小时，主持御前会议和杜马会议，审批公文，有时甚至亲自起草公文，速度之快令誊写者吃惊。对于写给她的请愿书，她一一过目。她这样做，是为何故？她在读书笔记中曾写过这样一段话：

> 我所孜孜以求的是，但愿上帝托付给我的这个国家兴旺昌盛……国荣我亦荣。

就是说，她把个人命运和她所喜爱的俄罗斯帝国的命运紧紧连在一起。俄国繁荣昌盛，她不仅可享受荣华富贵，还可流芳百世；俄国衰弱腐败，她的英名也将受损。她与她所钟爱的俄罗斯帝国可谓一荣俱荣，一损俱损。她把很大一部分精力用于国政，是俄国历史上最勤政的帝王之一。

当时，欧洲各国宫廷中风行"开明专制"，即"开明君主专制"。这种政治主张是法国启蒙思想家孟德斯鸠、伏尔泰、狄德罗等提出来的，他们反对封建专制和宗教迷信，主张自由、平等、博爱，主张通过"开明君主专制"，建立"君主和哲学家的结合"，来实现理想的君主立宪制度。欧洲各国君主为了维护自身统治，为了维护贵族阶级的特权利益，纷纷打起了"开明君主专制"的招牌。叶卡捷琳娜二世自幼好学，博览群书，对孟德斯鸠和伏尔泰的著作尤感兴趣，深受他们思想的影响，登基后自然便附会风雅，也开始实行"开明专制"。

她首先把"君主和哲学家结合"。当她听说狄德罗的《百科全书》只出版了7卷，法国政府就禁止再出时，便邀请狄德罗来圣彼得堡继续印刷出版《百科全书》。同时，她还邀请《百科全书》的另一位编纂者达兰贝尔来俄国继续完成《百科全书》，并给皇太子保罗大公讲授科学、文学和哲学，答应给他两万卢布的薪俸、一座皇宫和大使头衔。遗憾的是，这两位著名哲学家不信任女皇，婉言谢绝了。狄德罗在1773年才下定决心启程前往俄国。其时，他已年过花甲，身体衰弱，坐着马车，一路颠簸，时而咳嗽，时而腹泻，走走停停，耗时近半年，才来到遥远而寒冷的俄国。但此时女沙皇实行"开明专制"的兴趣已经减弱。尽管狄德罗口若悬河，高谈阔论，给女沙皇提出一系列看起来颇为合理的建议，但女沙皇却觉得幼稚可笑。

狄德罗在圣彼得堡住了几个月，女皇对他的唠叨渐渐厌倦，对他出版新的《百科全书》一事也没有明确表态。他提了一大箩筐建议，其中不乏真知灼见，但都被女皇扔在了一边，俄罗斯依然如故。狄德罗也渐感无趣。1774 年 3 月，春暖花开之际，这位老哲学家带着女皇赠送的一枚戒指、一件皮衣和 3000 卢布，告别了女皇，踏上了归途。

女皇同哲学家伏尔泰的"结合"颇具诗情画意。1763 年秋，年届古稀的伏尔泰托人给女皇捎来一首诗，诗中写道：

啊！叶卡捷琳娜！

能目睹您的丰功盛烈，

聆听您的谆谆教诲者，

他才是三生有幸！

受人爱戴，又为人君上，

唯您能独擅此雄才！

尤其是前一个特点，

更使我衷心崇拜！

您的睿智，

使圣贤也惊诧感慨，

圣贤得识您后，

也甘拜下风拜。

捧读这位当时欧洲最负盛名的大学者——文学家、史学家、哲学家、思想家的献诗，女沙皇万分激动，立即提笔回信，信中说道："自从 1746 年我能自由地支配自己的时间以来，您的著作是我最好的师友。在那以前，我读的只是小说。一次偶然的机会，我读到了您的著作。从那以后，我不断地读您的著作，再不想看别人的了。别人的书同您的比起来不仅逊色许多，而且对人启迪不大。但是，到哪里去找您的书呢？"

从此，两人建立了长达 15 年的通讯联系，直到 1778 年伏尔泰逝世。女沙皇在信中听取伏尔泰对改革俄国政治的意见，当然也免不了自我标榜，把自己说成农奴制度的反对者和公正裁判的拥护者，把俄国说成"没有一个农奴想吃鸡的时候是吃不到鸡的"。伏尔泰在信中把女沙皇捧为"北方上空一颗最璀璨的星""理想的君主"。女沙皇还通过伏尔泰在欧洲的心脏地区开办了一家广告社，为女沙皇歌功颂德，为农奴制的俄国涂脂抹粉。

从小受路德教的影响，后来又受伏尔泰、孟德斯鸠等启蒙思想家的影响，叶卡捷琳娜二世确实比较开明。她崇尚自由，认为："自由乃万物之灵魂，如无自由，则万物皆为死物。我愿众人服从法律，但并不要做奴隶。"她主张："待人温和仁慈、和蔼可亲、富于同情、豁达大度，在身居高位后，仍应深入下层体察民情，这既无损于你的尊严，又不减少他们的尊敬。"因此，她对臣下一般都态度和蔼，平易近人，少有专制君主的威严。她主持的御前会议常常气氛融和，开诚布公，畅所欲言，这使一些曾亲临其境的外国外交官赞叹不已。她明确告诉新上任的大元老："朕喜欢听真情实况，你可以毫无顾忌地向朕禀奏。只要你一心忧国，你还可以大胆地同朕争论……朕不喜欢阿谀奉承，也不希望你这样做。"她很少训斥身边的侍从，甚至不愿辞掉她不喜欢的厨师。一天晚上，她在书房按铃找侍从发信，长时间不见人来。她来到前厅一看，几个侍从正在打牌。此时，她没有大动肝火，而是叫起一个侍从，低声吩咐他去发信，然后坐下来顶替他打牌。她常常安步当车，前往杜马或教堂。有一次，她被大批鸣冤叫屈者团团围住。此时，警察对人群挥起了皮鞭，女皇却伸出双臂保护了他们。此事使鸣冤者感激涕零，他们四处传颂，一时成为美谈。

叶卡捷琳娜二世为体现其"开明专制"，于1767年组织了新法典编纂委员会，企图根据新的情况，用新的思想，编纂一部新的法典，来取代《1649年法典》。她亲自为委员会起草了圣谕，作为委员会立法应遵循的指导原则。这部圣谕洋洋洒洒，含22章、655条，主要抄自孟德斯鸠的《论法的精神》，字里行间充满慈善、公正、爱国、理智等字眼。委员会成员包含社会各个阶层（除农奴外）的代表，他们来自全国各地，带来了共1441份申诉各阶层利益与愿望的委托书。就是在这次会议上，叶卡捷琳娜二世被授予"英明伟大的皇帝和国母"的称号，成为继彼得一世之后被授予"大帝"称号的第二个沙皇，也是俄国历史上被授予"大帝"称号的第三位君主，还是最后一位获此殊荣的君主。

当然，叶卡捷琳娜二世的"开明专制"是有鲜明阶级性的，"开明"是为了更好地巩固封建农奴主的专制。她认为："治理俄罗斯这样幅员辽阔的国家，只能用专制君主制，舍此皆为下策，因为其他统治形式很难使皇命迅速付诸实践，而且会为那些妄图使一个强大国家四分五裂的野心活动提供土壤……"她首先维护的是贵族地主阶级的利益，她颁布的一系列敕令体现了她对贵族地主阶级的关怀。她扩大了贵族享有的特权，规定贵族阶级垄断白酒酿造权，贵族有权把他们的农奴流放到西伯利亚做苦役，贵族服完兵役离开军队时都可以得到军官身份。她不打算取消农奴制，只是建议把农奴以人相待。对农奴骚动，她则宣称："采取严厉措施，以保护有产贵族的领地和财产。"这些都体现了"开明专制"的阶级局限性，也就注定了广大农奴的反抗不会停止，还将愈演愈烈。

四、政治瘟疫：普加乔夫掀狂澜

就在女皇叶卡捷琳娜二世兴致勃勃、不遗余力地实行"开明专制"的时候，俄国历史上规模最大的农奴起义爆发了。这就是著名的普加乔夫起义。

叶梅利扬·伊凡诺维奇·普加乔夫于 1742 年出生在顿河畔齐莫维伊斯克镇一个贫穷的哥萨克家庭。说来也巧，17 世纪最大规模的农奴起义领袖斯杰潘·拉辛就出生在这里。普加乔夫自幼随父劳动，14 岁时父亲去世，他用稚嫩的肩膀挑起了家庭生活的重担。生活的磨难、四邻乡亲的苦痛、斯杰潘·拉辛的英雄传说，在他少年的心灵里打下了深深的烙印。或许他曾经憧憬过，长大要做斯杰潘·拉辛那样的英雄，惩办为非作歹的贵族，让贫穷的哥萨克获得土地和自由。

17 岁那年，他应征入伍，参加了世界历史上著名的七年战争。在战争中，他出生入死，机智勇敢，但因丢了一匹马而遭到长官的无情鞭打。1762 年，他返回家中，和妻儿团聚。后来，他又应征参加了对奥斯曼土耳其的战争，因作战勇敢而晋升少尉。不幸的是，他患了瘰疬病，几乎因此丧命。病愈后，他请求退役，但未获批准，于是他策划逃跑。逃而复抓，抓而复逃，几经周折，他最终逃出虎口，开始辗转流浪。

此时，普加乔夫已过而立之年。在不长的人生经历中，他已尝遍人间苦难。正如他本人所言："我哪里没有去过？什么苦没有吃过？我忍饥挨冻，究竟坐过几次牢，只有天知道。"他在辗转流浪的过程中，进一步了解了民间疾苦和愿望。当时，农奴苦难更加深重，他们每周要为地主劳动 3 天至 6 天，地主可随意把他们流放到边区或投入监狱，农奴对地主的任何申诉都被判为诬告，受到终身流放的惩罚。巴什基尔人、莫尔多瓦人、楚瓦什人、鞑靼人等非俄罗斯族的处境更加悲惨，他们的土地、草原、林场被俄罗斯贵族地主和修道院霸占，还要缴纳各种贡税，服各种劳役，倍受官吏、教会的欺凌。哥萨克的自治权利也日益遭到限制，贫苦哥萨克的日子越来越难过。正因为如此，各地的反抗活动不断发生，仅 1762 年至 1772 年，俄国中部和圣彼得堡省爆发的起义就达 50 多次。普加乔夫决定揭竿而起，救民于水火之中。

普加乔夫发动起义，没有公开打出自己的旗帜，而是冒充被害沙皇彼得三世。这是因为"只反贵族、不反沙皇""拥护'好沙皇'"是俄国农奴战争的传统。彼得三世尽管骄奢淫逸而又软弱无能，执政也只有短短半年时间，但他采取的某些措施似乎给人以关心平民的印象，如没收教会土地分配给原寺院农奴，禁止企业主为工厂购买农奴，禁止迫害教派分裂分子，准许旧教徒返回俄国，取消秘密警察局等。现在女皇实行"开明专制"，但人民的苦难却日益深重。这就使人们开始怀念起彼得三世来了，他的事迹开始被颂扬，他在怀念和颂扬中不断被美化，成为一个"好沙皇"。于是，彼得三世"死而复生"，有人开始打出彼得三世的旗号，反对叶卡捷琳娜二世的统治。据统计，在普加乔夫之前，已有 7 个人冒充彼得三世（在整个叶卡捷琳娜二世统治时期，冒充彼得三世者多达 20 余人）。这是俄国农奴战争的一大特色。普加乔夫为了动员群众，获得拥戴，也冒充彼得三世，并编造了一个自己如何死里逃生、隐藏几年的故事，说叶卡捷琳娜二世没有杀害他，而是把他废黜并关进牢狱，但是他逃出来了，之后到处流浪，到过基辅、波兰、埃及、耶路撒冷等地。普加乔夫说彼得三世之所以被废黜、受迫害，是因为他知道百姓备受贵族欺凌，他不许他们这样做，还要惩办那些贪赃枉法的官吏。现在，他要和儿子保罗一起返回圣彼得堡，复辟皇位，把叶卡捷琳娜二世关进修道院或遣送回老家。他还把耳边的伤疤当作沙皇的印记给大家看。

普加乔夫与彼得三世的长相特征迥然不同：普加乔夫中等身材，虎背熊腰，方面阔嘴，双目炯炯，一脸络腮黑胡须，讲一口流利的俄语；彼得三世身材瘦长，鸠形鹄面，猴头鼠目，多操德语，说俄语时带一股浓重的德国腔。但贫苦百姓有谁见过彼得三世？大家见他说得有板有眼，便信以为真。有些目光敏锐的人将信将疑，但对他们来说，重要的不在于是真是假，而在于改变自己的苦难处境。于是，人们开始把普加乔夫当作"好沙皇"彼得三世来拥戴。

1773年9月16日，普加乔夫在雅伊克哥萨克地区托尔卡契夫村召开了起义动员大会，向聚集在这里的哥萨克宣布："我就是沙皇，亲爱的子民们！我知道你们大家都遭受凌辱，你们的权利被剥夺，你们的自由受践踏……如果上帝让我重新登上皇位，那么，我就放你们回家，让你们成为自由的人，赏赐给你们土地、海洋、河流、渔场、森林和牧场，给你们十字架和胡须……你们可以保留自己的传统习惯和结婚仪式，我还要发给你们每人12卢布和12俄石（约2519升）粮食。"普加乔夫的讲话引来一片欢呼。之后，普加乔夫的秘书伊凡·波奇塔林将这一讲话整理成文，作为"彼得三世"的"诏书"广为散发。第二天，普加乔夫率领一支由哥萨克、卡尔梅克人、鞑靼人组成的队伍，高举绣着十字架的起义大旗，手执长柄叉、长柄镰刀、斧头等武器，踏上了征途。

普加乔夫率起义军首先向当时沙皇政府位于东南地区的统治中心奥伦堡进军。他们沿雅伊克河前进，沿途几乎未遇抵抗，附近的哥萨克纷纷加入起义队伍，起义队伍像滚雪球一样不断壮大。到10月初，起义军已占领了伊列茨克城、拉瑟普堡、下奥捷尔堡、塔提舍夫堡，逼近并包围了奥伦堡。

奥伦堡是奥伦堡省的省会，是沙皇俄国东南部的一个坚强堡垒。它城高约4米，宽约11米，环以约4米深的护城壕，城墙上有10个五角堡和2个半棱堡，配备有70门大炮，城内有守军近3600人。10月6日，起义军向奥伦堡发起进攻，奥伦堡总督列英斯多尔普指挥城内守军顽强抵抗，枪炮齐发，打退了进攻。之后，城内守军组织突围，但被起义军打退了。10月22日，起义军开始用炮火猛烈攻城，向城内发射了1000多发炮弹，城内守军也以猛烈炮火还击。起义军乘机发动总攻，但没有成功。11月2日，起义军再次发动总攻，普加乔夫身先士卒，率军突入城墙，双方在城墙上展开了激烈的白刃战，但最终又被守城俄军击退。

这年冬天来得特别早，10月中旬就已上冻，此时已进入严冬。普加乔夫见奥伦堡久攻不克，便命暂时停止攻城，把奥伦堡紧紧包围，迫敌投降。

起义军包围奥伦堡后，各地群众深受鼓舞，从伏尔加河流域到哈萨克斯坦草原，从乌拉尔到西西伯利亚，到处掀起造反的狂澜，燃起起义的烈火。贫苦人民大批大批地前来投奔"彼得三世"的起义队伍，起义军规模空前壮大，到1774年3月已发展到5万人。

普加乔夫起义的消息震动了朝廷。最使叶卡捷琳娜二世恼怒和担心的是起义者竟冒充她的亡夫，打起了她亡夫的旗号。彼得三世是何许人，她最为清楚，对彼得三世的死她也心知肚明。这样一位智力不全的昏君竟然"死而复生"，成了典型的俄罗斯传奇英雄，成了为平民百姓撑腰做主而受他们拥戴的"好沙皇"，这就对她的统治构成很大威胁。这种情况也使她感到委屈：为什么她全心全意要当"开明君主"却遭人反对唾骂，而她昏庸无能的夫君却如此受人爱戴，还要让他"死而复生"？她百思不得其解，只能诉诸"一场促使我们深思的政治瘟疫"，说起义军"不过是从四面八方聚集的强盗，为首闹事的是一个放肆无耻的招摇撞骗的人"，并发誓要把这帮家伙统统送上绞刑架。她首先派卡尔将军率军前去镇压。

11月初，卡尔将军指挥数千俄军逼近起义军，企图对包围奥伦堡的起义军形成反包围，从而里应外合，一举歼灭起义军。但起义军深得民众拥护，他们不断把俄军行动的消息报告给起义军，普加乔夫对俄军的实力与动向了如指掌。于是，起义军采取各个击破的战术，在俄军的包围圈还没有合拢之前，便将俄军各个歼灭。11月9日，起义军军事统领奥夫奇尼科夫率1000多人包围了卡尔将军率领的俄军，发动猛烈攻击，大败俄军，最后被迫在弹药用尽的情况下停止了追击。11月13日，普加乔夫率起义军包围了切尔尼舍夫所率领的俄军，2000多名俄军大部分向起义军投诚，切尔尼舍夫化装成马车夫企图逃走，但被识破活捉，和其他军官一起被绞死。卡尔将军见大势已去，只好交出指挥权告病回家。沙俄政府对普加乔夫起义的第一次征讨以失败而告终。

之后，叶卡捷琳娜二世又授命亚历山大·比比科夫将军全权组织、指挥镇压起义。比比科夫精明强干，文武双全，是女皇最信赖和赏识的优秀将领之一。经过一段时间的组织部署，1774年1月，比比科夫麾下的各路部队开始行动，镇压各地起义，相继攻陷了起义军占领的一些城堡。此时，被普加乔夫起义军围困的奥伦堡城内俄军的处境日益艰难，粮食即将耗尽，士兵开始屠杀战马，皮革和树皮都成了食物。列英斯多尔普几次组织突围都没有成功。据此，比比科夫火速调兵来援。3月，俄援军逼近奥伦堡，普加乔夫亲率9000名起义军在塔提舍瓦堡附近迎敌。3月22日，双方在这里会战。俄正规军武器精良，训练有素，起义军不敌，战败，阵亡达2000余人。普加乔夫被迫解除对奥伦堡的包围，率余部转移。

　　普加乔夫对奥伦堡长达5个多月的围攻是战略上的重大失误。此次围攻贻误了战机，消耗了力量，给沙皇政府提供了调集军队镇压起义的良机。当时，俄军主力正在国外和奥斯曼土耳其作战，圣彼得堡、莫斯科守备薄弱，起义军本应乘风破浪，直捣黄龙，这样就有可能以风卷残云之势推翻女皇统治，使"彼得三世"重登帝位。造成这一失误的主要原因，是在雅伊克哥萨克心目中，奥伦堡是他们一切灾难的渊薮，正是从这里发出的一道道命令，剥夺了他们的自由、权利和财产。因此，他们对它早已恨之入骨，起义的首要目标便是拔掉这个眼中钉、肉中刺。雅伊克哥萨克是普加乔夫起义军的支柱和核心，普加乔夫不能不顺从他们的意愿。这样一来，叶卡捷琳娜二世就放下了一半的心。她曾情不自禁地说道："这些盗寇被牵制在奥伦堡整整两个月，而未走向更远的地方，可说是一件幸事。"

　　但女沙皇高兴得太早了。普加乔夫在奥伦堡的失败迫使他"走向更远的地方"。1774年4月，普加乔夫率余部来到乌拉尔地区。这里是深受沙俄农奴专制制度压榨的巴什基尔人居住区，还有100多个工厂，工厂的农奴工人深受企业主的压迫和剥削。普加乔夫在这里受到了极大拥戴，巴什基尔人和农奴工人纷纷加入起义军，起义军队伍再次壮大。5月6日，普加乔夫率4000名起义军不费一枪一弹突击占领了马格尼特纳，守卫该城的伊谢特哥萨克和士兵加入起义军。之后10天中，起义军连连告捷，接连占领了卡拉盖斯克堡、彼得罗巴夫洛夫斯克堡、斯提普纳堡和特罗依茨卡堡。他们一路前进，一路收编哥萨克和士兵及武器弹药，抢劫富人钱物，焚烧城堡庄园，破坏桥梁堤坝。他们这次前进的目标是喀山，普加乔夫决定，夺取喀山之后，就向莫斯科进军，并在那里登基。6月21日，奥萨城不战而降，通向喀山的道路洞开，普加乔夫率两万起义军主力迅速向喀山挺进。6月23日，起义军渡过卡马河。7月11日，起义军逼近喀山城。12日，普加乔夫召集各部军事首领讨论制订了突击方案，随之对喀山发起了进攻。起义军很快突入城内。他们打开监狱，释放了囚犯，其中包括普加乔夫的妻子和三个孩子，他们是半年前被官府抓起来的。当然，官府并不知道他们的亲人就是冒牌的"彼得三世"，只知道他也参加了起义军。当普加乔夫远远看到为自己而受尽折磨的妻儿时，不禁悲喜交加。他分明听见孩子在喊："妈妈，看吧，爸爸回来了！"他也真想扑过去拥抱阔别多年的妻儿，但他不能。他此时是死里逃生的前沙皇"彼得三世"，不是普通的哥萨克普加乔夫。他的肩头担负着成千上万贫苦哥萨克、俄罗斯农奴的命运。全俄罗斯的人都在关注着他——"彼得三世"，他的身份一旦暴露，一切努力都将付之东流。于是，他强忍着心中的感情，命令士兵把他们装进四轮大车。这使周围的人颇为诧异，为什么"陛下"对这家人如此厚爱？他解释说，这是他的朋友普加乔夫的家属，普加乔夫在狱中代他受尽折磨，含冤死去。

起义军在喀山城里开始抓捕大贵族和高利贷者，抢劫他们的财物，放火焚烧他们的宅第。这时，守城俄军都龟缩在内城。正当起义军对内城发起炮击、准备攻城的时候，传来大队援军已逼近喀山的消息。普加乔夫不得不撤出喀山，与来援俄军交战，双方激战5个小时，起义军战败，损失1500多人，被迫后撤。7月15日，普加乔夫在补充兵力后，率2.5万人再次向喀山挺进，但在喀山郊区遭到俄军致命打击，损失达1.2万人。

起义军的惨败并未使普加乔夫泄气，他满怀信心地说："我有沙一样多的人民，而且我知道所有贫民都会高高兴兴地归向我。"鉴于主力军已经丧失，向莫斯科进军已无可能，他决定撤到顿河地区，在那里建立新的基地，尔后再进军莫斯科。于是，他率余部从喀山向西撤至楚瓦什人居住地区，然后向伏尔加河和顿河地区撤退，沿途不断以"彼得三世"的名义发布诏书，动员人民支持起义军，同贵族地主作斗争。其中一篇诏书写道："朕体上苍之恩德，施君父之仁慈，赐予尔等农民地主下属诸人以朕王国矢志不渝臣民之称，并授予古十字架、圣经、长胡，以保智慧、康宁与自由，成为永世之哥萨克。为此无须应征服役或缴纳人丁税与其他贡赋，亦无须出资赎买或缴纳代役租，即可拥有土地、森林、草地、渔场、盐湖，并豁免往昔凶残之贵族及贪赃枉法之城市法官加于尔等农民和众百姓之一切苛捐杂税。……原盘踞于自己封地和世袭领地上之贵族，乃朕朝廷之宿敌、帝国之扰乱者及诸农民之摧残者，彼等对尔农民所作所为已背弃基督，故应以其人之道，还治其人之身，将其逮捕之，处决之，并施以绞刑，灭绝此等顽凶，尔等众即可大享升平，直至永世无穷焉！"这些诏书极大地鼓舞了伏尔加河地区的贫苦农民。多少年来，他们深受贵族地主、贪官污吏的压榨和掠夺，土地、森林、草地、渔场等他们赖以生存的资源统统被夺去，他们被剥夺得一无所有，还要承担繁重的劳役和苛捐杂税。现在，"好沙皇彼得三世"把他们所渴望的土地、森林、草地、渔场等资源交还他们，允诺给他们以自由，还要绞死那些摧残农民的贵族地主和贪官污吏，真是大快人心。他们欢欣鼓舞，奔走相告，争相阅读诏书，用敲钟、献面包和盐的最高礼节热烈欢迎"彼得三世"，从四面八方赶来加入起义军，把作恶多端的贵族扭送到"彼得三世"的法庭。同时，各地农奴也纷纷举行起义，和普加乔夫起义军相呼应。普加乔夫在伏尔加河地区重新掀起了农奴战争的狂涛巨澜。

农奴起义的烈火烧得贵族地主坐立不安。在莫斯科过惯花天酒地生活的贵族日夜提心吊胆，担心死而复生的"彼得三世"杀到莫斯科。尽管政府派出许多密探，在莫斯科酒馆就餐的老百姓仍然为"彼得三世"的健康干杯，这更增加了贵族的恐惧。政府加强了莫斯科的防卫：宣布戒严，加强巡逻，增派部队，在政府机关建筑物上安置大炮。据说，叶卡捷琳娜二世甚至准备把宫廷迁往里加。为了集中兵力尽快镇压起义，沙皇政府结束了对奥斯曼土耳其的战争。女沙皇任命爱将彼得·帕尼为兵马大元帅，调拨 7 个团 3 个营的步兵、9 个轻野战队、18 个警备营、4 个顿河哥萨克团、1000 名乌克兰哥萨克的庞大军队去镇压起义。她在写给帕尼的信中不无感叹地说道："我们派了这么多军队去打盗匪，这些军队几乎能使邻国为之震惊。"不仅如此，她还悬赏 2.8 万卢布捉拿"彼得三世"，并命刚从对奥斯曼土耳其作战凯旋的杰出将领苏沃洛夫亲自率军轻装奔袭，捉拿普加乔夫。

1774 年 8 月 17 日，普加乔夫起义军占领了伏尔加河哥萨克军区的中心杜博夫卡。三天后普加乔夫率 8000 名主力军直趋察里津，向这座伏尔加河要塞发起了进攻。战斗正酣时俄追兵袭来，普加乔夫被迫下令撤出战斗转移。8 月 24 日，普加乔夫近万名主力军同俄军在黑亚尔附近的萨尔尼科夫渔场激战，起义军惨败，遗尸 2000 具，被俘 6000 人。这是普加乔夫起义军进行的最后一次大战，也是他们所遭受的最后一次惨败。

之后，普加乔夫率几百残余部队向起义发生地雅伊克地区转移。不幸的是，起义军返回途中突然内部生变。9 月 9 日，几个变节的雅伊克哥萨克乘其晚上睡觉不备时把他抓了起来，送交了官府。9 月 21 日，普加乔夫被装在一个特别的笼子里，在两个步兵连、200 名哥萨克和两门大炮的押送下前往辛比尔斯克，11 月押送到莫斯科。经过多次秘密审讯和三次公开审讯，1775 年 1 月 9 日，他被判处磔刑——四马分尸，然后被斩首。1 月 10 日，普加乔夫在莫斯科被处死。女沙皇为了显示她的开明和人道，特意开恩先割了普加乔夫的首级，然后撕裂了他的肢体。

普加乔夫被处死了，他的战友也不能幸免，他们有的被四马分尸，有的被绞死，有的被剥皮，有的被割掉鼻子后服苦役。伏尔加河漂浮着木排，上面放着绞刑架，吊着一具具起义者的尸首。普加乔夫的家被摧毁，他的妻子和三个孩子都被关入监狱，连他的出生地齐莫维伊斯克镇也被改名为波将金镇。此外，沙皇政府还把雅伊克哥萨克改名为乌拉尔哥萨克，雅伊克河改名为乌拉尔河，完全废除了顿河哥萨克的自治权，解散了第聂伯河东岸乌克兰地区的哥萨克军团。

普加乔夫起义失败了，但它掀起的巨浪狂澜永远为后世革命者所赞颂。

五、十二月党人：贵族造反

普加乔夫起义被镇压后，叶卡捷琳娜二世很快放弃了"开明专制"，采取了许多措施，以加强贵族地主阶级的统治，维护贵族地主的特权利益。

她从地方到中央进行了行政改革，取消了从前的省州县三级管理体制，改为省县两级管理体制。把全国划分成 50 个省，省下直接置县。省县的设置不是根据地理条件和历史特点，而是根据人口划分，每省 30 万至 40 万人，每县两万至三万人。省行政长官由沙皇直接任命，县行政长官为县警察局长，同时掌管行政和警察职权，由贵族选举产生。城市为独立的行政单位，普通城市的行政长官由商人和市民选举产生。同时，每两个或三个省任命一名总督管理。总督实际上是沙皇的代表，掌管当地军政事务，拥有极大权力。对于中央政权，她逐步撤销了手工工场、理财、矿务、司法等委员会，将其职能下放到各省的署和厅，同时加强外交、陆军、海军三个委员会的权力。削弱元老院的作用，沙皇抛开元老院，通过大元老直接听取汇报和传达圣谕。

她加强对少数民族地区和新征服地区的控制，撤销那里的自治权，实行行省制度，委派俄罗斯贵族担任总督、省长等要职，强制推行俄罗斯化。如：在乌克兰，她强制乌克兰人民学习俄语，把俄语定为官方语言，学校、教会只能用俄语进行教学、祈祷，书籍只能用俄语出版；乌克兰本民族语言则被降为次等语言。

她加强军队建设，使陆军总数从其上台时的 33 万增加到 50 万，成为欧洲最强大的军队；她恢复和加强了波罗的海舰队的实力，又建立了一支新的舰队——黑海舰队，使俄国海军发展成为拥有 100 多艘主力舰、炮舰、巡洋舰等舰只的庞大海军。

1785 年 4 月 21 日，叶卡捷琳娜二世颁赐《俄国贵族权利、自由和特权诏书》，确认和扩大了俄国贵族所享有的特权，规定贵族有占有农奴、土地、矿藏、森林、水源的垄断权，有购买村庄、在城市购买房屋、开办工厂、设立市场和定期集市的权利；贵族可免交人丁税，触犯法律不受体刑，免服兵役，如从军可不在军队宿营等；授权贵族在省县两级组织贵族联合会，选举首席贵族、县警察局长和陪审官等省县两级官员，贵族联合会代表本地贵族有权向省长、总督和沙皇政府提出要求和建议。同时，该诏书规定乌克兰、白俄罗斯、波罗的海沿岸、伏尔加河流域、西伯利亚等地的非俄罗斯贵族享有和俄罗斯贵族一样的特权。

叶卡捷琳娜二世不愧为彼得大帝的外孙媳妇。她连彼得大帝的面都没见过，但她的内外政策继承了彼得大帝的衣钵。她的行政改革完善了彼得一世建立的贵族官僚制度，她赋予俄国贵族的特权加强了沙皇专制制度的阶级基础。她使俄罗斯的军事实力空前强大，俄罗斯的版图进一步扩大，俄罗斯帝国似乎进入了鼎盛时期。她因此被贵族地主阶级颂扬备至，被称为"贵族女皇"。

然而，正是被叶卡捷琳娜二世赋予无限特权的贵族，最先意识到农奴制和沙皇专制制度的落后与腐朽，最先起来造沙皇专制制度的反。当然，这里所说的贵族，是指贵族中一小部分先进分子。

叶卡捷琳娜二世执政时期，俄罗斯贵族中的先进分子发出了推翻沙皇专制制度的第一声呐喊。18世纪80年代初，贵族出身的革命思想家亚历山大·拉吉舍夫创作了俄国第一篇革命诗歌《自由颂》，热情讴歌了未来将会发生的推翻农奴制度和专制制度的人民革命，预言被压迫的人民总有一天会把沙皇送上断头台，未来革命的胜利将是人类最伟大的节日。1790年，他又出版了著名的《从彼得堡到莫斯科旅行记》一书，通过沿途所见所闻，无情揭露了广大农民在农奴制下所受的苦难，指出农民一星期内要为地主服役6天，或支付力不能及的代役租。地主夺走了农民的一切，留给他们的只有无法夺走的空气。他深刻指出农奴制度和专制制度是一切罪恶的根源，号召推翻专制制度。这使沙皇政府极为恐惧，将他交付法庭，判处死刑，后改为长期流放西伯利亚。

拉吉舍夫被投进了监狱，但他的著作和思想在俄国社会引起了巨大反响，也在一些贵族青少年平静的心海里掀起了波澜。《从彼得堡到莫斯科旅行记》被沙皇政府列为禁书，但莫斯科国立大学的学生私下争相传阅。他们被书中所揭露的俄国农民受苦受压的血淋淋的事实所震撼，被书中所阐发的无可辩驳的真理所惊醒。对照周围他们从小司空见惯的贫富悬殊、贵贱不等的环境与现象：一边是金碧辉煌的宫殿，一边是低矮破陋的木屋；一边是披金戴银、油头粉面的贵族男女，每天出入舞场宴会，以惩罚奴仆为乐；一边是衣衫褴褛、蓬头垢面的农民，一年四季辛勤劳作却食不果腹、衣不蔽体，还要忍受主人的任意欺凌……他们为俄罗斯的落后愚昧感到羞耻，他们陷入了深思。

当然，影响这些进步青年的不只是拉吉舍夫的著作，还有法国的伏尔泰、卢梭、狄德罗、达兰贝尔、孟德斯鸠等人的思想。当时，他们的著述已传入俄国，他们的思想对俄国进步青年产生了强大的吸引力，引起了他们的热烈争论。人人生而平等的思想，一切封建特权必须消灭的思想，权力属于人民的思想，逐渐在他们心中扎了根。有的进步青年发誓，长大之后，要将思想化为行动。

1811 年前后，莫斯科的几位进步青年组建了"少年兄弟会"。他们被卢梭的社会契约论所吸引，决定去库页岛建立一个新的共和国。他们制定了"新的共和国"的"法律"，甚至设计了他们所要穿着的特殊服饰，服饰的胸前有两条平行的铜线条，以示平等。

1812 年，拿破仑入侵俄国，卫国战争爆发。当时，贵族享有不服兵役的特权，但一批进步的贵族青年热血沸腾，豪情满怀，怀着强烈的爱国主义激情入伍参军，走上了前线，投身于保卫祖国的行列。这场战争不仅锤炼了这批进步青年的爱国主义，更开阔了他们的思路，扩大了他们的眼界。当他们越出国境追击法军来到西欧后，亲眼看到了自由平等思想在这里结出的硕果。这里没有农奴制，实行君主立宪制，君主的权力受到很大限制，人们平等而自由，文明而健康，国家富足而繁荣，和俄国相比，反差真是太大了，他们再次受到强烈震撼。

打败拿破仑后，俄国国内的阶级矛盾重新激化。卫国战争期间，传说沙皇将在战后赐予农奴"自由"，广大农奴为了尽快获得自由，积极参加了战争。他们不仅参军参战，而且自发组织游击队，配合正规军作战，保家卫国，为战争的胜利做出了最大贡献。然而，战后农奴不但没有获得自由，反而遭到更加残酷的剥削。贪得无厌的地主为了获得更多的金钱以供挥霍，提高农奴的代役租，加强农奴的劳役，恨不能榨干他们身上最后一滴血。这种情况，连梁赞大主教也看不过眼，他揭露说，地主还乡以后，把农奴搜刮一空，迫使他们以行乞为生……地主的"自私自利之心达到了想从石头缝里榨出油来的程度"。这使从战场归来的农奴愤愤不平，他们控诉道："我们抛头颅洒热血，现在又强迫我们为地主淌大汗。我们使祖国摆脱蹂躏，现在地主却来蹂躏我们。"农奴和地主的阶级矛盾激化，农奴的反抗斗争不断发生。1815 年至 1825 年，平均每年发生农奴骚动 20 余次。

除了农奴的反抗斗争外，这一时期也发生了工人和士兵的反农奴制骚动。1815 年至 1825 年，军队中发生的骚动至少有 20 次。农奴、工人、士兵的反抗斗争结合在一起，对封建农奴制和专制制度造成了直接威胁。

这一时期，沙皇政府不仅不履行诺言给农奴以自由，反而推行了一套更为反动的政策，以维持其统治。这就是俄国历史上著名的"阿拉克切耶夫暴政"。

阿列克谢·阿拉克切耶夫，1769 年出生在俄国一个贵族农奴主家庭，早年毕业于炮兵学院，曾任省区炮兵和步兵总监、省长，1796 年任圣彼得堡城防司令。叶卡捷琳娜二世死后，他成为沙皇保罗一世的宠臣，领导了根据保罗一世的旨意进行的军事改革，推行普鲁士军事制度和战术原则。1801 年，保罗一世被暗杀，其子亚历山大一世登基，阿拉克切耶夫一度失职归乡，但很快又被召回，成为沙皇亚历山大一世的宠臣、沙皇内政的首席顾问和俄罗斯帝国中央政府机构的决策人。

阿拉克切耶夫为人奸诈，秉性残忍，野蛮粗鲁，刚愎自用。他本人就是一个农奴主，在领地上经常用盐水浸泡过的鞭子抽打农奴，人称"该死的毒蛇"。他凭借着和亚历山大一世的特殊关系，凭着沙皇宠信，独揽大权，横行无忌，施行暴政，最残暴的便是他实行的军屯制。

军屯制的思想是沙皇亚历山大一世提出来的，但阿拉克切耶夫把它发挥到极致。他从1810年开始试行军屯制，1816年开始广泛推行。这是一种在国有农奴村庄实行军事化，使国有农奴变成世代相传的士兵的制度。具体做法是，把一些县乡划为军屯区，把当地的国有农奴按军事结构组编起来。他们首先要从事农业和畜牧业劳动，保证衣食自给，同时要进行军事训练。他们穿统一的服装，住一样的房屋，每天按照统一的号令下地、上操、吃饭、睡觉。如：农奴闻击鼓声下地耕种，再闻击鼓声从地里去校场操练，晚上10点钟必须熄灯就寝。农奴如违反军规，轻则受棍刑，重则处以夹鞭刑。所谓夹鞭刑，就是把被罚者上身脱光，双手绑在枪托上，由人牵着从两列士兵中通过，士兵每人手持皮条，依次狠狠抽打，直至把被罚者打得皮开肉绽，甚至活活打死。1819年夏，乌克兰楚古耶夫军屯区的农奴发起反抗，阿拉克切耶夫率兵镇压，将52人判处夹鞭刑，当场打死25人，可见夹鞭刑之残酷。此外，他们的婚姻由军事当局决定，有生育能力的妇女每年必须生一个孩子，他们的子弟从8岁起被列入军簿，进入特设的"世袭兵学校"，穿上肥大的军服接受军事训练，12岁即成为正式军人。

沙皇政府实行军屯制的目的是抑制农奴反抗，同时保证沙皇军队的兵源。这一政策的实施充分体现了沙皇专制制度野蛮凶残、惨无人道。当时，有一首民谣唱道："阿拉克切耶夫毁灭了整个俄罗斯，他使善良的人们哭干了眼泪。"

沙皇政府不仅推行野蛮的军屯制，对教育和思想文化领域也加强控制。喀山地区规定，学校的所有学科一律按《圣经》教义讲授，如有违抗，轻者禁闭，重者充军。圣彼得堡督学在圣彼得堡大学推行阿拉克切耶夫体制，把学校变成军营。许多有进步思想的教授遭到迫害，或被解职，或被交付法庭审判。在这种气氛下，有的数学教员把直角三角形解释为："直角三角形的弦是真理与和睦、法制与仁爱相遇的象征，通过神与人之间的中介人，把天堂同尘世、天上与地下相连。"有的医生在诊室里挂上了治什么病要拜什么神的图表。报刊书籍被严加检查，不许出现任何"动摇信仰和善行"的言论。普希金因写了《自由颂》等诗篇而被放逐南方。相反，反动愚昧的宗教宣传十分猖獗，秘密警察到处横行。这真是豺狼当道，万马齐喑，虎豹肆虐，民不聊生。

所有这一切都让已接受了拉吉舍夫、伏尔泰、孟德斯鸠等启蒙大师先进思想的贵族青年痛心疾首，思潮汹涌。现在，他们已长大成人了，他们要采取行动了，他们要拯救祖国，要改变俄国这种落后腐朽的农奴制度和专制制度，要给农奴以自由，要使俄罗斯这只双头鹰展翅腾飞。19世纪20年代初，西班牙、意大利、葡萄牙等国革命运动风起云涌，进一步激发和鼓舞了他们采取行动改变俄国现状的决心。他们成了俄国历史上第一批革命家。他们于1825年12月举行了武装起义，以"十二月党人"的称谓名垂青史。

早在对法战争刚刚结束时，圣彼得堡近卫军团一些参加过对法战争、从西欧归来的年轻军官就经常聚集在一起，阅读外国报刊，议论时弊，抨击朝政，探讨变革。

1816年年初，这些青年军官、未来的十二月党人成立了第一个秘密组织——救国协会（后更名为祖国忠诚子弟协会）。救国协会约有成员 30 人，为首的是近卫军参谋本部上校、24 岁的亚历山大·尼古拉耶维奇·穆拉维约夫。他是俄国著名数学家、农学家和军事家尼古拉·尼古拉耶维奇·穆拉维约夫的长子，其家庭是俄国颇享盛誉的书香门第。此外，救国协会成员还有：参谋本部上校、27 岁的谢尔盖·彼得罗维奇·特鲁别茨科伊公爵，立陶宛王室的后裔。参谋本部少尉、23 岁的尼基塔·穆拉维约夫，其父为国民教育副大臣兼莫斯科大学督学，曾是沙皇亚历山大一世的教师。他本人曾在莫斯科大学学习，卫国战争爆发后，不顾母亲反对，私自出逃参战，直至远征西欧。近卫军重骑兵团副官、23 岁的帕维尔·伊凡诺维奇·彼斯捷里，他知识渊博，才华横溢，普希金称他为"绝顶聪明的人"，其父为西伯利亚总督……这都是一些非常优秀的满怀爱国激情的热血青年。

　　救国协会是一个极秘密的革命组织，会员都要手持《圣经》、亲吻十字架庄严宣誓绝对保守秘密，决不出卖他人，叛变者被处死。他们的目标是明确的，即要废除农奴制和专制制度，实行立宪，实行代议制政体，但对如何实现这一目标，他们没有明确的意见。由于惧怕"人民革命的恐怖"，他们不愿动员人民起来革命，他们想到的办法只是力争让秘密协会的会员控制国家机关，消除外国人在国家机关中的影响，在新沙皇登位之机迫使他同意实行代议制政体，通过刺杀老沙皇来加速新沙皇登基，但他们的会员又如此之少，采取这些办法犹如老虎吃天——无从下手。他们苦思冥想，激烈争论，犹豫彷徨，一筹莫展，最后决定解散救国协会，根据新的原则组建新协会。

　　1818 年，十二月党人在莫斯科成立了秘密组织幸福协会。幸福协会规定，俄国公民中所有贵族、商人、小市民、教士、自由民，信仰东正教且年龄不小于 18 岁者，均可入会。这就扩大了协会的范围，使协会的成员比救国协会大大增加，增至 200 人。幸福协会最初仍主张废除农奴制和专制制度，建立君主立宪制，后来在比较共和制和君主立宪制的优缺点后，一致赞同共和制，提出了为建立俄罗斯共和国而奋斗的口号。关于斗争的手段和时间，幸福协会起初准备用 20 年的时间营造舆论氛围，到 1840 年前后发动革命。随着国内外形势的变化，他们认为武装起义推翻沙皇专制制度的时机已经成熟，便放弃了长期营造舆论氛围的想法。

1821 年，鉴于沙皇政府已探悉幸福协会的存在，以及协会中存在不可靠的动摇分子，十二月党人宣布解散了幸福协会，另成立了两个新的秘密组织——南方协会和北方协会。

南方协会建在乌克兰第二集团军，主要领导人有彼斯捷里、阿列克谢·尤什涅夫斯基和尼基塔·穆拉维约夫。彼斯捷里为协会起草了纲领性文件《俄罗斯法典》。这是俄国革命者提出的第一部资产阶级共和国宪法，它宣布要坚决消灭农奴制和封建等级制度，农奴应连同土地一齐解放；消灭专制制度，建立共和国；立法权、司法权和行政权全部属于选举产生的人民代表；公民拥有宗教信仰、言论、出版、迁徙等自由。《俄罗斯法典》的主张代表了当时俄国最先进的思想。

北方协会建在圣彼得堡，主要领导人有尼基塔·穆拉维约夫（也是南方协会领导人）、谢尔盖·特鲁别茨科伊、叶夫根尼·奥博连斯基。北方协会也有自己的纲领性文件，是由尼基塔·穆拉维约夫起草的，被称为《尼基塔·穆拉维约夫宪法》。这部宪法主张实行君主立宪制；废除等级制度，法律面前人人平等；公民有选举和被选举权，但拥有高额财产的才为公民；废除农奴制，但继续保持地主土地所有制。显然，这部宪法要比《俄罗斯法典》温和保守。尽管如此，它仍然是一部反对农奴制和专制制度的进步法典。

除了这两个组织外，当时俄国还有一个独立的秘密团体——斯拉夫人联合会，它成立于1818年，由军官学校学生彼得·鲍里索夫和安德烈·鲍里索夫两兄弟创建，其宗旨是"把全体斯拉夫人从专制制度下解放出来，消除民族仇恨，组成联邦国家"。1825年，它加入南方协会。

南方协会和北方协会虽然是两个不同的秘密组织，其纲领有所差异，但在反对农奴制度和沙皇专制制度这个根本问题上是一致的，也都主张采取在军队中发动起义的策略。这就拉近了它们的距离，它们在暗中紧密联系，协商沟通，缩小分歧。最后，它们决定于1826年召开两个协会的代表大会，制定共同纲领和行动计划。

然而，形势的突变打乱了它们的部署。

1825年12月1日，沙皇亚历山大一世在远离圣彼得堡的南方军港塔甘罗格突然病卒。亚历山大一世无嗣而终，按新的皇位继承法，应由大弟弟康斯坦丁继位。但康斯坦丁在华沙任波兰王国军队总司令，娶了一个非皇族血统的波兰女子。根据新的皇位继承法，他如继承皇位，不能把皇位传给他本人的后嗣，因此他早已放弃了皇位继承权。这样，皇位就应该由亚历山大一世的二弟弟尼古拉继承。沙皇亚历山大一世生前也曾签署三封传位于尼古拉的密诏，分别藏在莫斯科圣母升天大教堂、圣彼得堡元老院和国务会议，但尼古拉对此并不知情。因此，尼古拉和圣彼得堡臣民仍把康斯坦丁视作皇位继承人，向他宣誓效忠。身在华沙的康斯坦丁则把弟弟尼古拉作为皇位继承人，向他宣誓效忠。尼古拉请哥哥尽快来圣彼得堡即位，康斯坦丁则催弟弟尽快登基，二人上演了俄国历史上罕见的兄弟相让的戏码，也使俄国出现了 25 天的皇位虚悬期。直到 12 月 24 日，尼古拉再次收到康斯坦丁表示他既不要皇位也不返回首都的信件后，才决定两天后在圣彼得堡举行第二次宣誓，正式登基。

十二月党人早在建立第一个组织时就打算在皇权更替时发动起义。现在，时机终于到来了。同时，他们获悉，叛徒已经告密，政府已对他们的秘密活动有所掌握，遂决定立即举行起义。起义前夕，北方协会的成员在其主要领导人雷列耶夫家里召开了秘密会议，制订了起义的具体计划。他们决定于 12 月 26 日向尼古拉宣誓时发动起义，选举谢尔盖·特鲁别茨科伊为起义总指挥。他们商定，首先率近卫军开到元老院，阻止元老院向尼古拉宣誓，宣布沙皇政府已被推翻，成立临时政府，并发表《告俄国人民宣言》。与此同时，派近卫军开赴冬宫，逮捕皇室全体成员，占领彼得巴甫洛夫斯克要塞，然后召开立宪会议，最终决定以什么形式废除农奴制，建立什么样的国家制度，如何解决土地问题以及如何处置皇室等问题。

但起义者尚未开始行动就遭遇挫折。他们原计划由十二月党人雅库鲍维奇负责指挥部队占领冬宫，但雅库鲍维奇在行动即将开始前拒绝了这一任务，理由是担心士兵在战斗中打死尼古拉及其亲属，而不是逮捕他们，他不想承担这份责任。这就打乱了起义部署，显然不是好兆头。

12 月 26 日清晨，十二月党人开始行动。近卫军龙骑兵团上尉亚历山大·别斯图热夫等来到近卫军莫斯科团，向士兵发表演说，说康斯坦丁没有放弃皇位，还答应把兵役期从 25 年改为 15 年，对尼古拉宣誓是个骗局，他鼓动大家去元老院阻止对尼古拉宣誓。士兵们素闻尼古拉粗暴残忍，对他没有什么好感，现在经十二月党人一鼓动，便呼喊着反对向新沙皇宣誓，要离开军营开赴元老院广场。该团团长弗雷德里克男爵见状企图阻止，被十二月党人德米特里·谢平－罗斯托夫斯基上尉手起刀落，砍掉了脑袋。上午 10 时，莫斯科团 800 名士兵在别斯图热夫等人的率领下，扛着武器，打着团旗，荷枪实弹来到元老院广场，在彼得大帝纪念碑前排成战斗方阵。他们不时高呼："康斯坦丁万岁！"有人误以为"康斯季图卡娅"（宪法）是康斯坦丁的夫人，喊出了"康斯坦丁及其夫人康斯季图卡娅万岁！"的口号。

然而，狡猾的尼古拉为以防万一，已在当日凌晨提前召开国务会议，宣布即位，史称尼古拉一世，并接受了元老院元老的宣誓。当起义队伍到来时，元老们早已离去，元老院早已人去楼空。这使起义的又一重要计划落空。

上午 11 时，新沙皇尼古拉一世派圣彼得堡总督米罗拉多维奇前去劝说起义士兵解散。他一再解释康斯坦丁已主动放弃皇位，也同意向尼古拉一世宣誓。米罗拉多维奇是 1812 年卫国战争的英雄，在士兵中颇有威望。十二月党人为了防止动摇军心，要求他离开广场。多次劝阻无效，只得采取强制措施，起义军参谋长奥鲍连斯基用刀刺伤其腿部，卡霍夫斯基又开枪将其击成重伤，方才消除了这一威胁。

不久，十二月党人尼古拉·别斯杜日夫率领海军陆战军 1100 名士兵来到广场，加入起义队伍。随后，潘诺夫和苏特果夫又率领 1250 名掷弹兵团士兵来到广场，和起义队伍会合。这时，广场上的起义军已增至 3000 多人，军官也有 30 余人。这是一支不可忽视的力量。

更重要的是，这时在广场已聚集了数万名群众。他们中有工人、农奴、商人、学生、市民等。他们是前来围观者，但又是一颗颗上了枪膛的子弹，只要扣动扳机，就可射向沙皇政府。同时，广场的形势对起义者也非常有利：以起义队伍为圆心，形成了三个圈。内圈为最早赶来围观的百姓，中圈为沙皇派来镇压起义的万余名军队，外圈是后面赶来围观的群众。如果起义者领导有方，发动群众，登高一呼，势必天下响应，形成对沙皇政府军的里外夹击。他们若里应外合，必陷敌于人民起义的汪洋大海，起义军非但没有这样做，自身还陷入了群龙无首、惘然无措的地步。起义的领导者哪里去了呢？

原来，起义总指挥特鲁别茨科伊自从起义爆发后始终没有来到现场，而是躲在沙皇军队总参谋部他的办公室里来回踱步，苦苦思索。他思前想后，认为起义准备不足，绝无成功希望，继续参加只能是以卵击石，自取灭亡，被送上绞刑架或流放西伯利亚。他越想越害怕，结果背叛了革命，不仅不前往现场指挥起义，反而打算向沙皇宣誓，后又跑到奥地利使馆要求庇护。

就这样，十二月党人到处找不到他，只得推举奥鲍连斯基为新的总指挥，但为时已晚。这时已临近天黑，尼古拉一世担心天黑后起义规模会扩大，于是下令炮兵向起义队伍开炮。一发发炮弹射向在凛冽的北风中站了一天的饥饿人群，中弹者纷纷倒地，余者四散逃生，广场上留下了一具具横七竖八的尸体。死者的鲜血融化了洁白的积雪，形成一条条殷红色的涓涓细流，又汇成一团团红色的火焰。十二月党人的起义就这样被凶残的沙皇政府镇压了，共有1200多人当场被打死，其中900多人是在现场围观的无辜的平民百姓。

北方协会发动的起义爆发后，南方协会的十二月党人也于1826年1月10日在乌克兰第二集团军切尔尼哥夫团中发动起义。他们明确打出了"推翻沙皇统治、建立共和国"的旗号。1月15日，他们被沙皇政府派来的军队镇压。

十二月党人起义失败后，沙皇政府对起义参加者大肆逮捕和审讯。先后有579人被逮捕审讯，其中5名起义的主要领导者被判磔刑（后被绞死），121人被流放到西伯利亚服苦役（只有19人生还）。其余参加起义的士兵，或被处鞭刑，鞭打致死，或被派往高加索同当地山民作战，战死疆场。沙皇专制制度的野蛮凶残再次暴露无遗。

十二月党人起义是俄国贵族先进分子发动的沙皇俄国历史上第一次有组织有纲领、反对农奴制和沙皇专制制度的武装起义，它再次敲响了俄国农奴制和沙皇专制制度的丧钟。同时，它也证明，贵族先进分子由于其阶级局限性，不可能发动群众，领导革命取得胜利。之后，领导革命的重担就历史性地落在另一批人身上了。

六、迫在眉睫：农奴制改革

1853年至1856年，沙皇俄国为争夺黑海海峡的控制权，以实现其南出地中海的夙愿，同奥斯曼土耳其、英国和法国进行了著名的克里木战争。战争以沙皇俄国的惨败而告终，死亡人数达30万。根据战后签订的《巴黎和约》，沙皇俄国不仅没有夺得黑海海峡的控制权，而且被禁止在黑海保有海军军械库和舰队，还要让出多瑙河三角洲，把比萨拉比亚南部归还给摩尔多瓦。这场战争对沙皇俄国的历史产生了重要影响。在对外政策方面，它是沙皇俄国扩张史上遭受的最严重的挫折，使其在欧洲的霸权地位顿失。从此，沙皇俄国把侵略矛头转向中亚和远东。在对内政策方面，它充分暴露了农奴制和专制制度的落后腐朽，激化了阶级矛盾，催发了农奴制改革。

早在克里木战争爆发之前，沙皇俄国的广大民众就因不堪农奴制和专制制度的重压，不断掀起反抗斗争。如：1831 年夏，诺夫哥罗德省爆发了声势浩大的军屯户起义，全省 14 个军屯区就有 13 个卷入了起义。起义遭到沙皇政府的残酷镇压，4000 多人被送交军事法庭，但也迫使沙皇政府开始改变军屯区的管理体制，到 19 世纪 50 年代完全取消了军屯制。1834 年至 1835 年，彼尔姆省和奥伦堡省的数万国有农奴因反对把他们转为宫廷农奴，从而增加赋税负担，掀起反抗，政府派军队残酷镇压。1847 年，维捷布斯克省数万农奴变卖了牲畜和农具，携妻带子，成群结队地向首都圣彼得堡进军，要求沙皇让他们参加圣彼得堡至莫斯科的铁路修建，然后赐他们以自由。总之，尼古拉一世自从 1825 年登基以来，对内实行更加反动的专制统治，群众的反抗斗争不断增多。据统计，仅农奴的反抗斗争，1826 年至 1837 年就达 846 次，而 1838 年至 1849 年更增至 1058 次。

克里木战争爆发后，大量农奴被征入伍，从事农业生产的人数锐减，加之又出现了严重歉收、传染病等自然灾害，农奴的处境更加悲惨，阶级矛盾进一步激化。农奴反抗斗争继续蓬勃发展，大批农奴逃离家乡，企图摆脱农奴制，获得自由。许多农奴听到服兵役后即可获得自由的谣传，竟争先恐后去应征，人数往往以数十万计。

与此同时，克里木战争也彻底暴露了沙皇俄国的落后腐朽。沙皇俄国当时有战斗部队 120 万人，后备部队 170 万人，全国人口 6200万，不可谓不庞大，但其武器装备却远远落后于英法。当时，英法军队大部分都已装备新式步枪——有线膛枪（来复枪），俄军 95% 的士兵仍然使用射程只有 300 步的拿破仑时代的旧式火枪——滑膛燧发枪。俄国的波罗的海舰队基本上是供沙皇检阅用的（尼古拉一世喜欢检阅军队），缺乏战斗力。黑海舰队虽可作战，但多为帆力舰。俄海军总共只有蒸汽舰 24 艘，而英国、法国和奥斯曼土耳其共有 281 艘。俄国的交通补给工具也十分落后，铁路尚未修到南部，部队给养仍依赖牛马车辆运输，国内部队调动时间比英法军队从本国调往战场所需时间还要长。当然，我们不是唯武器论者，战争的结果主要是由战争的性质决定的，如果俄国进行的这场战争是正义战争，俄国的经济政治制度较对手先进，或许可以弥补武器装备的落后。世界历史上以弱胜强、掌握落后武器的军队战胜拥有先进武器军队的战例屡见不鲜。偏偏俄国进行的这场战争是一场争霸战争，其经济政治制度又远远落后于英法，这就决定了其失败的结果。

事实上，沙皇俄国武器装备的落后也正源于其经济制度的落后。当时英法先进的自由资本主义制度已分别建立了 200 多年和 60 多年，两国也都完成了第一次工业革命，经济飞速发展。但俄国仍然固守反动落后的封建农奴制度，全国 6200 多万人口，有 4000 多万为农奴。他们没有土地，没有人身自由，被当作地主的私有财产，可以自由买卖，可以用来换狗，可以流放到西伯利亚，甚至可以用来作赌注。叶卡捷琳娜二世曾说："除执行死刑以外，地主对其农奴可以为所欲为。"实际上，农奴被地主鞭笞至死者不在少数。他们不经地主许可，不得进城做工。地主可随时从工厂召回受雇的农奴，他们的工资大部分也以代役租的形式流入地主的腰包。有些农奴企业主都是地主的农奴，地主有权随时收回企业，把他们重新束缚在土地上。这就严重阻碍了俄国资本主义经济的发展。如钢铁生产：18 世纪末，俄国的钢铁产量居世界第一位，但到 19 世纪初，英法两国就先后超过了俄国。后来，普鲁士、比利时、奥地利这些小国也赶上了俄国。到 19 世纪 50 年代中期，英国的生铁产量增长了近 30 倍，而俄国只增长了两倍，俄国的生铁产量仅为英国的 1/15。同期，英国有铁路 1.5 万千米，德国有 1 万千米，而俄国仅有 1500 千米。经济力量的落后自然决定了其军事力量的落后。

农奴制不仅阻碍了俄国经济的发展，也影响了整个军队的素质和士气。军官都是贵族出身，一个个贪生怕死，腐败无能。士兵都来自农奴，他们人心涣散，哪有心思作战。军队又缺乏训练，组织不严，调动不灵。这些都严重削弱了俄军的战斗力。

此外，腐朽的封建专制制度、庞大的官僚机构，也使其行政效率低下，无法与较先进的英法民主政府一争长短。

俄国民众反对农奴制斗争蓬勃发展，俄军在克里木战争中惨败，使沙皇尼古拉一世忧心如焚，羞愧难忍，心力交瘁，力不能支。他哀叹自己时运不济，登基当天即遭遇了一场贵族革命，在执政近 30 年中，农奴、士兵、工人等各类人员的反抗、骚动频频爆发，现在又在一场倒霉的战争中败给英法，甚至还有快成僵尸的奥斯曼土耳其帝国。他执政近 30 年，既没有创造像其兄长亚历山大一世赢得反法战争胜利、绞杀拿破仑帝国那样的辉煌，更没有获得像祖母叶卡捷琳娜二世享有的"伟大的皇帝"的殊荣。他只获得了一个因屡屡镇压欧洲革命而被人们赠予的并不高雅的"欧洲宪兵"的称号。1855 年 3 月 2 日，这位智力平庸的沙皇，这位原本未打算做沙皇而没有接受良好教育的沙皇，在苦苦熬撑了近 30 年之后服毒自杀，其长子亚历山大继位，史称亚历山大二世。

亚历山大二世上台后，面对的局势可谓内外交困。在国际上，克里木战争仍在进行，俄国和英、法、奥斯曼土耳其和撒丁王国正处于交战状态。后来，奥地利又向俄国发出最后通牒式照会，对俄国提出了一系列强硬要求，如俄国不接受，便将进攻俄国。战争有进一步扩大的危险，俄国将面对一个新的强敌。在国内，农奴的反抗斗争继续发展，不断扩大。据统计，1855 年至 1857 年，平均每年发生的农奴骚动为 63 次，1858 年增加到 86 次，1859 年为 90 次，1860 年增加到 126 次，1861 年达 1176 次。他们杀死所痛恨的地主和地主管家，赶走为非作歹、欺压百姓的官吏，烧毁地主庄园，夺取地主的土地和粮食，同前来镇压的沙皇军队英勇搏斗，猛烈地冲击着封建农奴制，动摇着沙皇专制制度的统治。

与此同时，俄国思想界也空前活跃。资产阶级自由派、革命民主派为废除农奴制摇旗呐喊，大声疾呼。自由派早在 19 世纪 40 年代即已形成，它又分为西方派和斯拉夫派。西方派代表人物有历史学家卡维林、法学家齐切林。他们赞赏西方的自由民主制度，反对农奴制和专制制度，但不主张采取革命手段，而主张通过渐进的改革，废除农奴制，建立西欧式的君主立宪制，实现俄国资本主义工业化。斯拉夫派代表人物有萨马拉开明地主萨马林等，他们也反对农奴制，但主张在保留农村公社和地主土地所有制的前提下自上而下地废除农奴制，在保留沙皇制度的前提下获得言论自由，实现以沙皇俄国为中心的斯拉夫人的联合。革命民主派的代表人物有赫尔岑、车尔尼雪夫斯基、杜勃罗留波夫等。他们猛烈地抨击农奴制和沙皇专制制度，认为要废除农奴制，必须首先消灭专制制度，主张通过革命手段，自下而上地推翻专制制度和农奴制，使农奴连同土地一起解放，通过农村公社绕过资本主义发展阶段，直接过渡到社会主义。

这一切都表明，俄国农奴制已走到山穷水尽的地步，已陷入深重的危机，已到非改革不可的地步。

面对国内外困境，亚历山大二世首先被迫接受了奥地利提出的条件，同英法等国进行和谈，于 1856 年 3 月 30 日签订了《巴黎和约》，结束了克里木战争。随后他们便开始着手解决农奴制问题。

在俄国，沙皇不仅是贵族地主的总代表，而且他本人便是最大的农奴主，拥有大片土地和大量宫廷农奴。贵族地主是沙皇政府的支柱，这就决定了亚历山大二世不可能采取激进手段解决农奴问题。但他又清醒地看到，要继续维持其统治，要使罗曼诺夫王朝长治久安，废除农奴制势在必行。因此，他以自由派的面目出现，决定在最大限度地维护贵族地主利益的基础上自上而下地解决农奴问题。1856 年 4 月 11 日，亚历山大二世在对莫斯科贵族代表会议发表的演说中驳斥了他要给农奴自由的谣传，同时又指出了农奴和地主之间存在敌对情绪，明确表示对这些问题"从上面解决要比由下面来解决好得多"。这表明了他要维护贵族地主的利益，自上而下地进行农奴制改革。

亚历山大二世的农奴制改革是在获得贵族地主支持后缓慢地进行的。1857 年 1 月 15 日，亚历山大二世成立了一个"讨论关于整顿地主农奴生活措施"的秘密委员会。委员会承认，俄国农奴制状况"几乎过时了一个世纪"，为了安抚民心，强固国家今后之福利，必须仔细重新审查过去关于农奴的决议，然后逐步解放农奴，以免发生剧变，并开始研究制订改革方案。半年后，委员会提交了一份关于改革原则的草案，主要内容为：在地主保留全部土地所有权的条件下，给农奴以人身自由；农奴使用的宅旁园地 10 年至 15 年内可赎归私有；

农奴仍然使用地主土地，承担代役租和劳役租义务；地主保留世袭领地治安权。是年年底，亚历山大二世收到维尔诺省总督的奏折，声称当地贵族地主愿意不带土地解放农奴。沙皇大喜，立即诏令该省成立省级贵族代表委员会，草拟"改善地主农奴生活"的方案，并提出了改革原则——秘密委员会制定的改革原则。同时，他将诏令发至全国各省，并在报上公开发表。此举在全国引起强烈反响，人们热烈称颂沙皇的这一英明决定。

随后，沙皇亚历山大二世将秘密委员会改为农奴事务总委员会，作为公开集中领导改革准备工作的机关。同时，各省也都成立了贵族委员会，起草改革地主农奴生活的方案。1858 年，各省贵族委员会相继提出了改善地主农奴生活的草案。各省的地理、经济条件不尽相同，提出的草案内容各异，但大都同意废除农奴制，解放农奴，但要保留地主土地所有制。

与此同时，广大农奴并未因沙皇已颁布准备解放农奴的诏令而停止反抗，甚至反抗更加猛烈。几百年来，他们饱受农奴制奴役压榨之苦，他们渴望获得解放，他们连一分钟也等不下去了。车尔尼雪夫斯基等革命民主派在报刊上大量发表文章，号召农奴不要对贵族委员会抱任何希望，指出俄国的出路不是准备改革，而是准备革命。这就促使沙皇政府加快改革准备的步伐。1858 年 10 月 30 日，沙皇亚历山大二世给农奴事务总委员会下达指令，提出了进一步准备改革的三条原则：要使农奴立即感到其生活有改善；地主立即放心，其利益有保障；强大的政权一分钟也不动摇，社会秩序一分钟也不破坏。12 月中旬，亚历山大二世亲自主持农奴事务总委员会会议，讨论通过了新的改革方案。1859 年 3 月，总委员会设立了审理各省草案的编纂委员会。编纂委员会经过长达一年半的艰苦工作，综合平衡了各地主贵族地区的利益，广泛征求了各地区贵族地主的意见，满足了他们的要求，于 1860 年 10 月 22 日将最后草案提交农奴事务总委员会。之后，农奴事务总委员会和国务会议先后修改、审定了草案。此时，农奴反抗斗争愈演愈烈，废除农奴制已刻不容缓，亚历山大二世在国务会议开幕式上的讲话中清醒地指出："再拖延下去，只会更加激起狂怒，并且一般情况下只会给整个国家，特别是给地主造成有害的灾难性后果。"1861 年 3 月 3 日（俄历 2 月 19 日），亚历山大二世在其登基 6 周年的纪念日，批准了关于废除俄国农奴制的法令，并签署了关于改革的特别宣言。3 月 5 日，法令和宣言正式公布。

亚历山大二世批准的关于农奴制改革的法令共包括 17 个文件，其中最重要的是《关于农民脱离农奴依附地位的总法令》。这些文件全面而详细地规定了废除农奴制度的基本条件和具体措施。如：它们规定，农民自法令公布之日起获得人身自由和支配自己财产的权利，地主再也不能买卖、交换农民，也不能干涉农民的家庭生活。农民有权订立契约和合同，从事工商业活动，拥有动产和不动产，进行诉讼，也可改变身份，成为市民或商人。全部土地仍属地主所有，但地主必须分给农民永久享用的宅园地和划给耕种份地；农民因获得份地，必须承担劳役租和代役租；最初 9 年内，农民无权拒绝份地；农民可按规定把宅园地和份地赎归私有，赎金的 20% 至 25% 由农民支付现金，其余由政府以有息债券代付，农民须在 49 年内还清本息。农民的租税由村社征收，村社的公职人员由农民选举产生，但必须执行政府的一切法令，并隶属于地方行政机构；村社实行连环保，以保证农民按时缴纳各类赋税；未经村社允许，农民不得擅自离开，等等。

　　1861 年农奴制改革，是沙皇俄国在自由民主的时代潮流冲击下，在国内广大农奴长期不屈不挠反抗斗争的打击下，被迫由沙皇这个最大农奴主主持进行的资产阶级性质的改革。这场改革既然由沙皇这个最大的农奴主主持进行，就不能不最大限度地维护和满足贵族地主阶级的利益。正如亚历山大二世本人直言不讳地供认："凡是为保障地主的利益能够做的一切，都做到了。"因此，这次改革首先是地主阶级对农民的一次疯狂的大规模掠夺，如同一个即将被处死的罪犯在临刑前贪婪地饱餐一顿一样。在改革过程中，地主把最好的土地割走，把最坏的土地留给了农民。在黑土地带，地主平均割去农民使用土地的 1/4；全国平均为 1/5。与此同时，农民却要支付比实际价格高出两三倍的赎金。据统计，农民在改革中分得的土地，按 1861 年的价格仅值 5 亿多卢布，但到 1905 年为止，农民共交付赎金 20 亿卢布。结果，通过改革，贵族地主大发横财，许多农民则负债累累，濒于破产，或因所分得的土地难以为生，不得不以极苛刻的条件租种地主的土地，重新遭受地主盘剥。正因为如此，在法令颁布之初，农民的反抗斗争有增无减。他们渴望的是完全解放、无偿获得土地，他们不相信他们的"好沙皇"会这样剥削他们。

　　尽管如此，这次改革总算废除了在俄国实行了 200 多年的农奴制，搬掉了压在农民头上的一座大山，使 2000 多万地主农民摆脱了农奴依附地位，获得了人身解放①。他们可以进城做工，可以从事工商

---

①　当时，俄国农民分为国有农民、宫廷农民、地主农民三类：地主农民有 2000 多万，他们在法律上属于农奴；国有农民和宫廷农民约有 2000 万，是事实上的农奴。这次农奴制改革从法律上废除了农奴制，使 2000 多万地主农民获得解放，而国有农民和宫廷农民事实上的农奴地位有待进一步改善。

业，这就为资本主义工业生产提供了大量的雇佣劳动力，促进了资本主义工商业的发展。同时，继续从事农业的农民，他们的生产也开始转入商品生产，地主也开始改变经营方式，改进耕作方式，用所得赎金投资工商领域……资本主义开始在俄国迅速发展。资本主义的迅速发展，意味着沙皇专制制度行将就木，俄罗斯帝国大厦倾覆的日子已经不远了。

第六章
大厦倾覆：帝国覆灭

一、大改革：挽救衰势的努力

19世纪六七十年代，俄国称为"大改革时代"。这一时期，除了废除农奴制外，沙皇政府还在其他方面实行了一系列改革。

第一，地方行政改革。

1863年，沙皇政府制定了《关于省和县地方自治机构法令》草案，翌年1月由亚历山大二世批准生效。根据该法令，政府在省和县设立地方自治机构。地方自治机构由自治会议及其执行机关自治局组成，均由选举产生。县自治会议由地主、市民、村社农民三个阶层分别选举的代表组成，省自治会议由各县自治会议选举的代表组成。自治会议三年选举一次，每年召开一次会议，负责政策和预算的制定。自治局设主席和委员若干人，由自治会议选举产生，每三年改选一次。县自治局主席由省长批准，省自治局主席由内务大臣批准。

之后，沙皇政府又对城市行政机构进行了改革，规定在城市中建立无等级的城市自治机关城市杜马及其执行机关自治局。城市杜马由纳税人选举产生，自治局由市长和数名成员组成，市长为城市杜马和自治局主席，大城市市长由内务部批准，小城市市长由省长批准。

亚历山大二世进行地方行政改革，并不是要把地方行政权力完全交给当地广大群众，他不愿意也不可能这样做。按照地方自治会议和城市杜马选举法等有关规定，地方自治机构都被控制在地主贵族手里，城市杜马则被控制在大资产阶级手里。同时，它们都要接受沙皇政府的严格监督。它们的职权也很小，只能管理地方经济、教育、卫生、社会救济等。尽管如此，这毕竟改变了过去地方行政官员完全由地主贵族充任的现象，使一般农民和市民也有机会参与地方行政管理，这无疑是一大进步。

第二，司法改革。

沙皇俄国之前的司法审判基本上还处在黑暗落后的中世纪时代。虽有法律而非人人平等，贵族享有特权；司法附属于行政，政府控制司法；审判秘密进行，不准被告提出辩护，即予判决；法官知识浅陋，待遇低微，随意判决，贿赂公行。废除农奴制后沙皇政府立即着手司法改革。亚历山大二世指示以"迅速、公正、仁慈"为改革三原则。1864年12月，沙皇批准了以西欧司法制度为模式的新的司法章程。新的司法章程根据法律面前人人平等的原则，用对所有人在同一法院、依照同一法律、遵循同一程序审判取代了旧的等级法院；根据司法独立的原则，规定司法人员不受行政任命和撤职，审判完全依照法律进行；根据司法公开的原则，确立了公开的诉讼程序，建立了陪审员制度和律师制度，规定审判公开举行，原被告均须出庭，被告可由辩护律师辩护，由陪审员决定被告有罪或无罪，再由院长和两名法官量刑或释放；法官改为终身制，慎选廉能之士担任，并提高其待遇，借以养廉。总之，司法改革贯彻了资产阶级法律原则，是当时各项改革中比较彻底的一项。但是规定政治案件不归陪审法院审理，而由高等司法厅或元老院审理，这就为沙皇政府迫害革命者，肆意逮捕、流放或处决革命者大开方便之门。

第三，财政改革。

为进行此项改革，亚历山大二世先派其得力助手塔塔里诺夫到西欧各国考察，归来后提出改革建议，这些建议均被沙皇采纳。1860 年，沙皇俄国首先创办了国家银行，规定国家银行有权优先贷款给工商业。之后，沙皇又建立了预算统一、收支统一的制度，取消各部门独立的财政权，所有行政收支预算统归财政部审理。同时，实行财政监督制度，中央政府在各省设监督局，每月检查所有地方机构的收支情况。在税收制度方面，过去税收由私人承包，问题极多，为社会所诟病，现改由政府自行征收，使税源大增，也使贪污贿赂之风稍减。

第四，教育改革。

在中小学教育方面，过去小学教育被教会垄断，私人无权办学。教会学校设备简陋，师资缺乏，教学内容陈旧。随着农奴的解放、经济的发展与就学儿童的增加，此种状况已极难适应形势需要。1864 年6 月，沙皇政府颁布《关于初等国民学校条例》，规定小学教育由教育部和地方自治机关主办，同时允许私人创办小学。紧接着，沙皇政府又颁布法令，决定仿照日耳曼中学形式创办中学，高中分文实两科；中学实行各种等级和信仰平等的原则，女生也可入学。在大学教育方面，1863 年6 月，亚历山大二世批准了《大学章程》草案，授予大学广泛自治权，规定大学校务会议有权独立解决科研、教学、行政、经费等问题，大学校长、副校长、系主任均由教授选举产生，由教育部批准，但学生不拥有自治权，不得结社，违反纪律要受纪律法庭审讯，同时提高了学监的权力。

第五，军事改革。

克里木战争中沙俄军队的腐败无能暴露无遗，军事改革势在必行。1861 年 11 月，亚历山大二世任命杰出军事家和国务活动家德米特里·阿列克谢耶维奇·米柳京为陆军大臣，主持改革工作。米柳京在赴西欧考察后拟订的改革方案，1874 年 1 月经沙皇批准颁布实施，其要点为：改变征兵制度，改募兵制为普遍义务兵役制，规定男性居民，不分财产状况，均应服兵役，也即全国人民不分阶级，服役义务一律平等。缩短服役时间，将服役期由原来的 25 年缩短为 15 年。其中，现役期为 6 年（20 岁至 26 岁），预备役 9 年（26 岁至 35 岁），期满后退为民军，直至 40 岁。海军则另有规定，现役 7 年，预备役 3 年。对负担家庭生计的独生子免役，对学生减少服役期，如大学生服役期仅半年，高中生服役期为两年。加强军中教育，扫除文盲，改善军法，取消重刑，给士兵合理待遇。

亚历山大二世实行的农奴制改革和上述一系列改革，都是由俄国农奴主自上而下实行的资产阶级改革，是沙皇政府为国内外情势所迫而对俄国被压迫人民做出的让步。它标志着俄国开始由封建君主制向资产阶级君主制转变，开始走上资本主义发展道路。这些改革局部地调整了与生产力和经济基础不相适应的生产关系和上层建筑，部分地解脱了对生产力的束缚，资本主义经济开始在全国范围内迅速地发展起来。在农业方面，许多农民从农奴地位解放出来，并获得了一部分土地，他们的生产积极性空前高涨，促进了农业发展。同时，他们在经营过程中逐渐发生两极分化。经营有方的富裕农民买田租地，逐渐上升为资本主义农场主，大力发展商品生产；经营不善或因天灾人祸等原因日益贫困的农民则出卖田地，沦为农村无产阶级，靠出卖劳动力为生。在农奴制改革中获得了俄国大部分土地的贵族地主，不能再像过去那样直接役使农民为自己劳动，也开始转变经营方式，出租、出卖土地或把田庄押给银行，封建地主土地所有制的形式开始发生变化。与此同时，伴随着当时正在开展的工业革命，农业中机器的使用越来越广泛。如：1870 年，全国约有 780 台收割机，到 1894 年至1895 年增至约 2.7 万台。资本主义在农业中得到较大幅度的发展。

在工业方面，资本主义发展尤为迅速。这是因为：第一，农奴制的废除和农业经济向资本主义的演变为工业的发展提供了广阔的消费市场和劳动力市场。就消费市场来说，当时俄国还是个农业国，农村人口占全国人口的绝大多数，他们自然是工业品的主要消费者。随着他们社会地位的改善与生活水平的提高，工业品的消费量也在不断增加，同时他们要提高劳动生产效率，就要购买农业机械，这些都刺激了工业生产。就劳动力市场来说，在农奴制改革过程中，许多农民无力赎买土地，沦为无产者，随着农民的两极分化，破产农民不断增加，这就为工业的发展提供了源源不断的劳动力。第二，农奴制改革过程中广大农民给贵族地主交付大量赎金实际上是一次资本原始积累过程，一些贵族地主将之用于工业投资，促进了工业发展。第三，沙皇政府大力修建铁路，沟通了国内市场，也推动了工业发展。"若要富，先修路。"交通运输是一个国家机体的动脉。1861 年以前，俄国仅有铁路 1000 多千米。到 19 世纪末，铁路线增至 5 万多千米，基本把国内市场连成一体，也把俄国进一步卷入世界市场。第四，沙俄政府还采取了许多鼓励、保护本国工商业发展的措施。如：向企业主贷款资助工业发展；引进外国资本，扶植工业发展，到 19 世纪末外资在重工业中已居统治地位；实行保护关税政策，1868 年至 1890 年，生铁的关税增加 9 倍，铁轨增加 3.5 倍，所有重要工业品都实行了高关税政策。第五，由于西欧大多数国家资本主义经济发展远比俄国先进，俄国学习和引进了它们的先进经验和技术设备，少走了许多弯路。

综上所述，俄国在农奴制改革后资本主义工业迅猛发展，到 19 世纪 80 年代基本上完成了从工场手工业到大机器工业的转变，完成了工业革命，确立了资本主义的生产方式。这一时期，俄国的工业发展速度远远超过了西欧先进国家。1860 年至 1900 年，俄国的工业产量增长了 6 倍，而英国仅增长了 1 倍，法国增长了 1.5 倍，德国增长了 4 倍。同时，俄国工业生产集中程度也超过了其他资本主义国家。1866 年至 1890 年，雇用 1000 人以上的大企业的数量增加了 1 倍多，工人人数增加了两倍多，产品总值几乎增加了 4 倍。波罗的海沿岸成为俄国机器制造业和纺织业的工业区，高加索的沿海城市巴库成为石油生产的中心，南方的顿涅茨盆地成为煤和冶金业的生产基地。俄国的经济发展从来没有这样迅速，俄国似乎进入了经济发展的黄金时代。

二、惊雷滚动：革命暴风雨要来了

俄国经济发展迅速的同时，俄国机体上的毒瘤并没有完全割除，经济繁荣的表象下潜伏着更深刻的危机。在俄国上空，乌云正在聚集，惊雷已在滚动，它们很快将化作暴风骤雨，摧垮这貌似强大的

"泥足巨人"，摧毁千疮百孔的帝国大厦。

1881年3月13日（俄历3月1日），正是乍暖还寒的早春季节。在首都圣彼得堡，沙皇亚历山大二世像往常一样在一帮侍从、阁僚和将军的簇拥下首先检阅了军队，然后按照日程安排前往海伦女大公处赴宴。在乘车返回冬宫的途中，正像往常一样通过叶卡捷琳娜运河上的黄桥（现名歌手桥）时，一枚炸弹飞来，击中了他的马车。所幸沙皇未受伤，他的卫士却被炸伤在地。当仁慈的沙皇下车察看卫士的伤情并温言慰问之时，第二颗炸弹飞来，正好落在他的两足之间，随之爆炸。沙皇就此倒地，再未起来。行刺者伊格纳齐·赫雷涅维茨基也当场死去。

这是沙皇亚历山大二世第4次遭暗杀，也是最后一次遭暗杀。他在位26年，有13年都在推进改革，在俄国开创了"大改革时代"，被人们誉为"解放者"。虽然他进行改革、解放农奴是不得已而为之，但这样做毕竟有利于社会进步，促进了生产力发展，改变了俄国的传统社会基础，使俄国由封建主义社会过渡到资本主义社会。客观地说，他功大于过，在历代沙皇中属于有建树者。那么，为什么他会接二连三地遭受暗杀，最终难逃一劫呢？这便是俄国社会危机的反映。

到19世纪六七十年代，资本主义在西欧已发展了两个多世纪。整体来说，资本主义仍处于蓬勃发展的上升阶段，但它所产生的问题也益发严重。每隔几年就会发生一次的经济危机，资本家为追求超额利润的无穷贪欲，广大工人极其恶劣的工作、生活环境，以及日益贫困化，多数人的命运继续操纵在极少数有钱人的手里……这些都促使人们思考、探索，寻找问题的根源，希冀建立一个真正自由、民主、平等的社会。

然而俄国废除了农奴制，进行了一系列资产阶级改革，走上了资本主义发展道路，但仍保留着严重的封建残余。政治上仍保留着沙皇专制制度，沙皇拥有至高无上的权力。他有权颁布法律，任命官吏。各级政权基本被贵族地主把持。直至 1897 年，俄国 955 名一至四等文官中，世袭贵族仍有 735 人，占总数的 3/4。人民没有言论自由，书刊出版要受到严格检查和限制，任何不满政府的言行都要受到严厉查处。在经济上，俄国仍然保留了地主土地所有制，大部分土地仍掌握在地主贵族手里。据 1877 年的调查资料，在俄属欧洲境内的 49 个州中，全部私有土地中约 80% 即 7300 万俄亩（约合 7957 万公顷）属于贵族，而其中又约有 3000 万俄亩（约合 3270 万公顷）属于 1000 个最大的地主。农民不但仍然缺少土地，还要为赎买份地背上沉重的债务。他们为了养家糊口，不得不租种地主的土地，把收成的一半或一半以上交给地主，或用自己的农具和牲口在地主的土地上服一定的徭役。同时，《赎地法》规定，他们没有交清份地赎金，不能离开村社；根据连环保制度，他们没有付清赋税，也不能离开村社。他们的自由仍然受到很大限制。

正因为如此，1861 年农奴制改革后，当俄国的资本主义经济在迅速发展的时候，政治上的反抗斗争却不断发生。农民不断举行起义，要求获得真正的解放和自由，要求获得足够生存的土地。以赫尔岑、车尔尼雪夫斯基为首的革命民主主义者秘密出版报刊，大量发表文章，揭露沙皇政府的虚伪，鞭挞沙皇专制制度的反动腐朽，号召农民举行起义，推翻专制制度。一些革命者开始建立秘密组织，准备发动武装起义。1862 年，车尔尼雪夫斯基的一批门生成立土地和自由社，这是自十二月党人起义失败以来俄国出现的最大的秘密协会，它的名称来自革命民主主义者奥格辽夫的《人民需要什么》一文中的口号"土地和自由"。它的总部"俄罗斯中央人民委员会"设在圣彼得堡，莫斯科、喀山等城市也建有分社，其中莫斯科分社的成员达400人。该组织系统地进行革命宣传，散发传单，出版刊物《土地和自由》和《自由报》，指出专制制度是俄国一切灾难的唯一根源，必须予以消灭；为保证人民的胜利，革命者的首要任务是召开由人民自由选举的代表组成的立宪会议，建立俄国新的社会政治制度。1864年，沙皇政府对革命运动疯狂镇压，该组织自行解散。

这一时期，影响最大的莫过于民粹主义运动了。

民粹主义运动是一批代表农民利益的平民知识分子发动的，他们自称人民的精粹，故称"民粹派"。民粹派认为，资本主义在俄国的发展不是历史的必然，而是一种偶然现象，是一种衰落、倒退和祸害，必须加以阻止；农民村社是社会主义的胚胎和基础，是通向社会主义的桥梁，俄国可以在农民村社的基础上实现社会主义；无产阶级在俄国的出现是历史上的"不幸"，实现社会主义的主要力量不是工人阶级，而是"按本能、按传统来说是共产主义者"的农民，农民是俄国革命的动力；推动历史前进的是少数出类拔萃的英雄人物。这实际上是一种"农民社会主义"，也即小资产阶级社会主义思潮。在这种思想理论的指导下，他们展开了反对农奴制残余和沙皇专制制度的英勇斗争。他们建立秘密组织，印发秘密报刊传单，进行革命宣传。1874年春夏，他们发动了"到民间去"的运动，两三千名革命青年怀着对农民的满腔热情和自我牺牲精神，从各座城市来到伏尔加河中游一带的农村。他们身着农民的服装，模仿农民的语言，学习各种工匠手艺，从一个村庄到另一个村庄，宣传他们的思想主张，鼓动农民起来进行"社会革命"，其足迹遍及俄国在欧洲地区的 37 个省。由于农村的阶级矛盾还没有激化，农民对他们将信将疑，社会革命并没有发生，等待他们的却是沙皇政府的手铐脚镣，"到民间去"运动很快就被沙皇政府镇压。

1876 年 10 月，民粹派最大的秘密革命组织土地和自由社在圣彼得堡成立。土地和自由社有统一的组织机构，实行集中、秘密、纪律、互助监督、少数服从多数的原则，把争取土地和自由作为其旗帜和纲领的基础。该组织成立后发展很快，在伏尔加河沿岸、俄罗斯中部、白俄罗斯、乌克兰、高加索和南高加索都成立了革命小组。他们除了继续进行鼓动宣传，组织暴动、罢工、示威游行等反抗活动外，一些成员还装扮成医生、教员、工匠等，在乡村建立固定活动地点，在那里进行长期工作，以便在时机成熟时发动起义。

但是，这些急于求成的小资产阶级革命家渐渐失去了耐心。一些人开始热衷于恐怖暗杀活动，企图通过刺杀沙皇来推翻专制制度，实现"土地和自由"的目标。1879 年夏，由于对个人恐怖活动的做法产生严重分歧，土地和自由社分裂成了两个独立的组织，一为土地平分社，仍然坚持原来的立场，反对个人恐怖策略，主张把全部土地平均分给农民；另一个叫民意党，自称他们代表民意，主张把个人恐怖活动作为政治斗争的主要手段。他们决定刺杀亚历山大二世，为此成立了专门机构，秘密进行了训练和准备。在土地和自由社分裂之前，1879 年 4 月，该组织成员亚历山大·索洛维约夫就曾暗杀过一次沙皇，结果没有成功，本人也被逮捕处死。1879 年 11 月至 1881 年 3 月，民意党锲而不舍，又进行了三次暗杀活动，前两次都未得手，第三次终于大功告成，亚历山大二世死于非命。

　　沙皇亚历山大二世被刺杀，举世皆惊，但没有在俄国激发社会革命，反而给民意党人带来灭顶之灾。继位的亚历山大二世之子亚历山大三世动用军警疯狂报复，民意党的主要活动家很快被逮捕处死，革命力量严重受挫。1884 年 10 月，民意党停止活动。之后，民粹派逐渐转向放弃革命斗争、主张和沙皇制度妥协的自由主义道路。

　　民粹主义运动的失败证明，由于其理论和策略的错误，尽管民粹派对沙皇专制制度切齿痛恨，对广大农民深切同情，甘愿抛头颅、洒热血，救民于水火之中，为他们夺得土地和自由，但最终不能达到目的。俄国革命需要一个新的阶级来领导，需要一种新的理论来指引。就在此时，一支新的更强有力的政治力量登上了俄国的历史舞台，这就是俄国无产阶级。

　　农奴制改革后，随着资本主义工业的迅速发展和工业革命的完成，俄国形成了一个新的独立阶级——无产阶级（工人阶级）。据统计，到 19 世纪 90 年代初，俄国雇佣工人已近 1000 万，其中约有 150 万是工厂、矿山、铁路工人。众所周知，无产阶级同大机器生产相联系，他们一无所有，靠出卖自己的劳动力为生，代表最先进的生产力，是最有远见，大公无私，最有组织性、纪律性，最具革命彻底性的阶级。俄国无产阶级，除具备无产阶级的总特点外，还有自身的特点：第一，当时俄国刚刚进入资本主义发展阶段，工人的劳动条件极差，每天一般要工作 12 个小时，有的行业则要工作 14 个小时至 15 个小时，甚至长达 18 个小时，工伤事故层出不穷，每年受伤工人人数竟达工人总数的 25% 至 30%。居住条件非常恶劣，一间矮小的集体宿舍要住 10 名至 12 名工人，一个斗室里要住 2 家至 3 家。但他们的工资在当时各资本主义国家中是最低的，而且常常被罚款，罚款往往高达工资的 30%，甚至 50%。这就是说，俄国无产阶级要遭受资本家极其残酷的压迫剥削。第二，当时俄国 60% 的工厂设在农村，约94% 的工人来自破产农民，有的工人在农村还有少量土地，俄国无产阶级同农村有着密切的联系，这就使他们不少人还要受封建主义的剥削，也使他们容易同农民建立革命联系，结成工农联盟。第三，俄国当时还处于封建的沙皇专制制度的统治之下，无产阶级缺乏基本的民主权利，政治上遭受封建专制制度的压迫。第四，俄国是后起资本主义国家，可以利用国外先进技术、大企业经验等，俄国的工业集中程度高，近半数工人集中在 500 人以上的大型企业，远远高出其他资本主义国家，这就使俄国无产阶级更便于组织和发动革命。总之，俄国无产阶级深受资本主义、封建专制制度的残酷压迫和剥削，他们的反抗性也更顽强、更坚决，这就注定了他们将作为一支不可替代的政治力量登上历史舞台，最终成为摧毁俄罗斯帝国的主力军，演出震撼世界的活剧。

1875 年，在民粹主义运动尚处于高潮之时，濒临黑海的工业城市敖德萨出现了俄国第一个独立的工人阶级组织——南俄工人协会。该协会章程规定协会的宗旨为：宣传工人要从资本家和特权阶级的压迫下解放出来的思想，联合南俄边疆工人，将来进行反对现存的经济和政治制度的斗争。这就在俄国工人运动中首先提出了工人反对资本家、同现存制度斗争的思想。该协会团结了约 200 名工人，组织了两次罢工。是年年底，该协会被沙皇政府破获，部分成员被判服苦役。

1878 年年底，圣彼得堡的工人阶级建立了北方工人协会，协会纲领宣布其宗旨是"推翻国内现存的政治经济制度"，同时第一次为俄国工人提出了言论自由、出版自由、集会自由等一系列政治要求，并号召俄国工人在阶级斗争的道路上和全世界无产阶级共同携手前进。1880 年，该协会出版了俄国历史上第一个工人的秘密刊物《工人曙光报》。该协会积极进行宣传活动，组织和参加罢工，同莫斯科等地革命者联络，但该协会也只存在一年多就被沙皇政府破坏。

19 世纪八九十年代，当民粹主义走向低落之时，工人运动却逐渐高涨。80 年代上半期，俄国发生工人罢工和骚动共 145 次，80 年代下半期则增加到 221 次，参加斗争的工人达 12 万多人。到 90 年代上半期，工人罢工和骚动的次数又增加到 232 次，参加人数近 16 万人。但这一时期的工人运动基本上还处于自发阶段，还没有先进政党的领导，没有先进理论的指引，工人阶级还没有意识到自己肩负的历史使命，工人罢工的要求局限于缩短工时、减少罚款、不得随意解雇工人等改善自身生活条件。因此，这些罢工斗争一次次被沙皇政府镇压。俄国无产阶级迫切需要先进的思想理论来指引，迫切需要自己的先进政党来组织领导。就在此时，无产阶级的先进理论马克思主义开始在俄国传播，并在此基础上出现了俄国无产阶级的政党——俄国社会民主工党。

首位为俄国传播马克思主义做出杰出贡献的是格奥尔基·瓦连廷诺维奇·普列汉诺夫及劳动解放社。

1856 年 12 月 11 日，普列汉诺夫出生在沃罗涅日省利佩茨克县古达洛夫卡村的一个小贵族家庭里。少年时代，他曾就读于军校，18 岁那年转入圣彼得堡矿业学院学习。那时，他特别崇拜著名的革命民主主义者别林斯基和车尔尼雪夫斯基。在他们的思想影响之下，他开始参加革命活动，并加入了民粹派组织土地和自由社。他曾两次参加"到民间去"运动，到农村进行革命宣传，也经常参加工人集会，帮助组织罢工，和工人建立了密切的联系。土地和自由社分裂后，他领导土地平分社，继续进行革命活动，但遭到沙皇政府镇压，被迫于1880年流亡国外。在国外，他接触并接受了马克思主义。1882年，他把《共产党宣言》译成俄文，并通过拉甫罗夫写信请马克思和恩格斯写了俄文版序言。翌年，他在瑞士的日内瓦建立了第一个俄国马克思主义组织——劳动解放社，把传播马克思主义、批判民粹派的错误学说作为主要任务。之后，他和劳动解放社的成员做了大量工作，出版了《现代社会主义丛书》，翻译出版了马克思和恩格斯的大量著作，把它们秘密运送回国。与此同时，普列汉诺夫本人也撰写出版了《社会主义和政治斗争》《我们的意见分歧》《论一元论历史观的发展》《论个人在历史上的作用》等一系列著作，阐述了马克思主义观点，批判了民粹派的错误理论。这就为马克思主义在俄国的传播和俄国革命运动的发展起到了巨大作用。

马克思主义在俄国的传播培育了俄国新一代革命者，其中包括未来成为布尔什维克党领袖、苏维埃俄国的缔造者、全世界无产阶级革命导师的列宁（原名弗拉基米尔·伊里奇·乌里扬诺夫）。

1870年4月22日，列宁出生在伏尔加河畔辛比尔斯克（今乌里扬诺夫斯克）的一个知识分子家庭里。父亲伊里亚·尼古拉耶维奇·乌里扬诺夫思想进步，热爱教育，大学毕业后曾在中学任教，后升任省国民教育视察员、省国民教育总监。母亲玛丽亚·亚历山大罗夫娜·乌里扬诺娃是一位医生的女儿，勤奋好学，热爱音乐，通过自学考取教师资格。这是一个文明、健康、进步的家庭。列宁兄妹六人，从小就受到了良好的家庭教育，培养了坚强的意志和正直诚实的品质。

列宁天资聪颖，5 岁就开始在母亲的教育下读书，9 岁就进入中学学习，学习成绩在班上年年名列第一。1887 年 5 月，哥哥亚历山大·乌里扬诺夫因参加谋刺沙皇亚历山大三世，被沙皇政府判处绞刑。此事深深地震撼了列宁的心灵。哥哥对他影响太大了，从小哥哥就是他心目中的英雄，他从哥哥那里第一次知道了沙皇专制制度的罪恶，第一次看到了马克思主义的著作。现在，哥哥死在了沙皇政府的绞刑架下，他对沙皇政府充满了深仇大恨，决心投入反对沙皇专制制度的斗争。

1887 年 8 月，列宁中学毕业，进入喀山大学法律系学习。在那里，他开始参加革命活动。12 月中旬，他因参加该校学生反对警察制度的抗议大会被捕入狱，后被开除学籍，流放到喀山省的柯库什基诺村。半年多后返回喀山，他又立即参加了由著名革命者费奥多谢耶夫组织的马克思主义小组，开始深入研究马克思和恩格斯的著作。之后列宁便成为一名坚定的马克思主义者，先后在萨马拉、圣彼得堡等地组织马克思主义小组，发表演讲，撰写文章著作，积极宣传马克思主义，批判民粹主义理论，成为圣彼得堡马克思主义者公认的领导人。

列宁在积极宣传马克思主义、进行理论斗争的过程中逐渐认识到建立无产阶级政党的重要性，并为此而努力活动。1895 年 12 月，根据列宁的倡议，圣彼得堡 20 多个马克思主义小组联合为工人阶级解放斗争协会。该协会坚持集中制、严守纪律和密切联系群众的原则，列宁是领导核心"中心组"成员之一。这是俄国无产阶级政党的萌芽。在该协会影响下，其他城市也纷纷建立类似组织，为建立统一的无产阶级政党奠定了组织基础。

圣彼得堡工人阶级解放斗争协会建立后很快被沙皇政府发觉。

1895 年 12 月，列宁和协会的其他领导人及许多成员被捕。1897 年 2 月，列宁被判流放西伯利亚 3 年。列宁在流放地继续从事革命活动，同各地马克思主义者保持联系，并深入研究俄国的状况，完成了《俄国资本主义的发展》等 30 多部著作，为俄国无产阶级革命做出了巨大的理论贡献。

就在列宁在西伯利亚流放地继续进行革命活动的同时，1898 年 3 月 13 日至 15 日（俄历 3 月 1 日至 3 日），来自圣彼得堡、莫斯科、基辅等地的斗争协会和西部边境的一些社会民主组织的 9 位代表在明斯克召开了俄国社会民主主义组织的第一次代表大会，宣告了俄国社会民主工党成立。

尽管这次大会没有制定党纲和党章，实际上并没有完成建党任务，但它毕竟标志着无产阶级政党在俄国的诞生。这无疑是俄罗斯上空的又一声惊雷。列宁有句名言："给我们一个革命家组织，我们就能把俄国翻转过来。"此言并非妄谈。当俄国无产阶级政党"长大成人"之后，俄罗斯帝国果然被他们搞得天翻地覆。

总之，到 19 世纪 60 年代至 90 年代，俄罗斯帝国大厦的支柱已经腐朽，基石已经动摇。俄罗斯上空乌云翻滚，惊雷阵阵，暴风雨就要到来了。

三、虎狼相争：日俄战争失利

1894 年 11 月 1 日，沙皇亚历山大三世在位仅 13 年即病故，终年 49 岁，其长子、26 岁的尼古拉·亚历山大罗维奇·罗曼诺夫继位，史称尼古拉二世。

和其父相比，尼古拉二世幸运而又不幸。幸运的是，他比亚历山大三世多做了 10 年皇帝；不幸的是，他比亚历山大三世承受了更多苦痛，成为断送俄罗斯帝国的末代皇帝。

19 世纪末 20 世纪初，西方资本主义由自由资本主义发展到了一个新的阶段——垄断资本主义，也即帝国主义阶段。在这一点上，沙皇俄国没有落伍，农奴制改革后资本主义迅速发展，它奋起直追，紧步西方先进国家的后尘，进入帝国主义阶段，但沙皇俄国毕竟与先进国家不同。号称托拉斯帝国主义的美国，以其得天独厚的自然条件、自由民主的经济政治环境，广纳贤才，物尽其用，很快后来居上，跃居世界第一工业大国，并继续向第一经济大国迈进，令世人垂涎侧目。号称"日不落帝国"的殖民帝国英国，虽然遇到后起之秀美德等国的挑战，但毕竟"姜还是老的辣"，它以资本主义发展 200 多年的雄厚积累，以对比本土大 100 多倍的殖民地及半殖民地的野蛮掠夺，继续保持着第一经济大国和第一海军强国的地位，国内众多人士因分享了垄断资本从殖民地榨取的超额利润而安居乐业，从而基本保持了社会稳定。人称"高利贷帝国主义"的法国，以其资产阶级革命的彻底而闻名于世，没有沉重的历史包袱，没有封建羁绊的束缚，资本主义按照其内在规律向前发展着。至于"容克资产阶级帝国主义"的德国，虽然保留着许多封建残余，但垄断资产阶级毕竟参与了国家治理，加之普法战争的胜利为德国夺得了重要矿产资源、工业基地和大量赔款，德国垄断资本为了给德国争夺"阳光下的地盘"正开足马力进行军火生产，国内也似乎一派欣欣向荣的景象。而沙皇俄国却是一个"军事封建帝国主义"的国家，政治上继续实行封建专制统治，广大人民毫无自由民主权利；经济上保留了封建地主土地所有制，保留了严重的封建残余，广大农民无地少地，他们"过着一贫如洗的生活，他们和牲畜住在一起，穿的是破衣，吃的是野草……由于连年歉收，成千上万的农民死于饥饿和瘟疫"。这就使俄国成为帝国主义各国中最落后、最腐朽的国家，成为帝国主义各国中矛盾最尖锐的国家，成为帝国主义各种矛盾的集合点。这在1904年至1905年的日俄战争和1905年至1907年发生的俄国第一次资产阶级革命中体现出来。

1904年2月，沙皇俄国和日本两个帝国主义国家为争夺中国东北和朝鲜爆发了两国间的第一次战争。

早在19世纪末，俄日两国围绕远东的争夺就产生了尖锐矛盾。它们乘中国大清王朝腐朽没落、国力衰弱之机，都想独自吞并中国东北和朝鲜，建立远东霸权。1894年至1895年，日本发动甲午中日战争，强迫中国签订《马关条约》，侵占了朝鲜和中国台湾、澎湖列岛、辽东半岛等。这就打乱了俄国称霸远东的计划，俄国大为不满，于是它勾结德法两国共同干涉，迫使日本退还辽东半岛（但日本因此又向清政府索取3000万两白银）。之后，俄国加紧在远东扩张，接连取得了在中国东北修筑中东铁路（从满洲里经齐齐哈尔、哈尔滨至海参崴）的租让权，租借了旅顺口和大连港，直至控制了整个中国东北。对此，日本当然不会坐视不理，它也不甘忍受"三国还辽"之辱，于是制订十年扩军计划，加紧扩军备战，准备重夺辽东，实现其充当东洋霸主的夙愿。沙皇俄国知道日本不会善罢甘休，为了保护其在远东的利益，捍卫其在远东的霸权地位，同时为了转移国内视线，缓和国内矛盾，俄国也进行了战争准备，希望打"一场小小的胜仗"。双方均磨刀霍霍，一场战争不可避免。

1904 年 2 月 8 日午夜，俄国太平洋舰队的军舰静悄悄地停泊在著名的远东不冻港旅顺港内。舰上的士兵都已歇息，只有军官还在城里频频举杯，翩翩起舞，参加舰队司令斯塔尔克将军为其夫人的命名日而举行的晚宴。就在这时，远处传来隆隆炮声，军官们以为这是为祝贺司令夫人鸣放的礼炮，所以毫不在意。再说，他们"英明"的斯塔尔克司令曾经有言"战争打不起来"，要求舰队"没有特别命令，不得进行军事行动"，现在司令无动于衷，他们也就颇为放心，更加起劲地干杯狂舞，殊不知日军已开始向俄军进攻了。

原来，日军联合舰队在统帅东乡平八郎的指挥下，经过两天秘密航行，神不知鬼不觉地逼近旅顺港，向俄舰发动了突然袭击，不宣而战。当时，俄军毫无戒备，军舰上灯火通明，港口外围无防雷网保护，日舰得以靠得很近向俄舰开炮和发射鱼雷，当即炸毁俄铁甲舰二艘、巡洋舰一艘。次日，沙俄对日宣战。2 月 10 日，日本正式对俄宣战，日俄战争爆发。

日俄战争首先是一场争夺制海权的战争。日本是一个岛国，要想从俄国手中夺得中国东北，占领朝鲜，甚至整个中国，充当东洋霸主，必先夺取制海权。当时，日本有各类军舰 76 艘，鱼雷艇 76 艘，总计 20 多万吨；俄国则拥有庞大的波罗的海舰队、黑海舰队和太平洋舰队，总计有各类军舰 200 多艘，80 余万吨。总体而言，沙俄海军与日本海军的比例为 18∶10，沙俄海军实力占绝对优势，但就沙俄太平洋舰队与日本海军相比，则为 7∶10，日军占据优势。在这种情况下，日本海军倾巢出动，同时采取其惯用的偷鸡摸狗的伎俩，突然袭击，先发制人，企图集中优势兵力，一举歼灭俄太平洋舰队，夺取制海权。于是，日本海军把俄太平洋舰队围困在旅顺港内，接连不断地发动攻击，同时几次派敢死队驾驶装满巨石的 15 艘旧船在港口附近炸沉，企图堵塞港口，阻止俄舰出入。此外，日军还在旅顺港外布设大量水雷，设置四道封锁线，严密地封锁了旅顺口，日本舰队主力则埋伏在离旅顺港 50 海里的长山列岛锚地，随时准备打击出逃的俄舰。俄太平洋舰队被死死地困在旅顺港内，成了"瓮中之鳖"，日本掌握了制海权。

在陆战方面，2 月 8 日，即日海军偷袭旅顺口的同一天，日本陆军在朝鲜的仁川登陆，占汉城，克平壤，陷义州，一路过关斩将，迅速向中国东北逼近。4 月 29 日，日军渡过鸭绿江，进入东北。当时，沙俄在远东有陆军二三十万，日本只有 13 个步兵师，15 万人左右，俄军占明显优势。但俄军指挥不当，消极避战，在日军的猛烈攻势下节节败退。到 8 月下旬，日军已逼近辽阳城，双方在那里展开了大会战。9 月 4 日，日军攻占辽阳。之后，日军又集中优势兵力，强攻旅顺，连续猛攻数日，双方都损失惨重。日军参加攻城的兵力累计 13 万人，其中伤亡达 5.9 万余人。俄军死伤人数也达 2.3 万多人。应该说，俄军凭借旅顺城易守难攻的有利地形，以劣势兵力和较小伤亡，对日军进行了英勇抵抗，给日军以重创。但守卫旅顺的俄国关东防御地区司令施特塞尔无心继续抵抗，于 1905 年 1 月 1 日向日军投降。俄国太平洋舰队也在日本进攻旅顺的过程中被日军炮火摧毁。

之后，日本乘胜进军，调集 27 万兵力、1082 门大炮，于 2 月中旬向沈阳发起进攻。当时，俄军在沈阳还有 33 万兵力、1266 门大炮，仍然处于优势，但俄陆军前线总指挥、陆军大臣库罗巴特金部署不当，指挥失误，俄军行动迟缓，连战皆败。3 月 10 日，经过近一个月的会战，双方都付出了数万伤亡的沉重代价后，日军攻占沈阳，陆战基本结束。

再说海战方面，太平洋舰队被围困后，沙皇尼古拉二世立即命令从波罗的海舰队抽调60余艘各类舰艇，组成第二太平洋舰队，于1904年10月中旬启航驰援。该舰队沿非洲西岸航行，绕过好望角，两个多月后才行至非洲东岸的马达加斯加。这时，旅顺失守、太平洋舰队被歼的消息传来，舰队司令罗日杰斯特文斯基向沙皇请求返航。尼古拉二世非但不允，还将波罗的海舰队所剩舰艇组成第三太平洋舰队，赶来支援。他狗急跳墙，企图凭借其海军优势挽回败局。1905年5月中旬，两舰队在越南西贡湾会合，组成一支拥有48艘铁甲舰和巡洋舰的庞大舰队，继续向旅顺方向行驶。

对于俄舰队的行动，日军早已探清，东乡平八郎遂准备全歼俄海军。他将日舰队主力潜伏在对马海峡，另把一些大商船伪装成主力舰在台湾以南海面游弋。俄舰见前面有日舰活动，误以为日海军主力，便改道对马海峡。5月27日，当俄舰进入对马海峡后，早已隐蔽多时的日舰立即猛扑过来。俄舰在海上已连续航行了半年多，人人疲惫不堪，被这突如其来的打击打得晕头转向，无力还击，只得仓皇逃窜。俄舰"奥斯里亚比亚号"当即被击沉，旗舰"苏沃洛夫号"遭重创，俄舰队司令罗日杰斯特文斯基被俘。翌日，日舰发现逃窜俄舰后，将其团团包围。俄新任舰队指挥涅波加多夫以为逃脱无望，无心交战，率舰队向日军投降。日俄海战就此结束，俄国波罗的海舰队全军覆没。

此时，日本的战争目的已基本达到，也已被战争搞得精疲力竭，无力再战。俄国国内掀起革命风暴，也想结束战争，以便集中力量镇

压国内革命。于是，两国停战议和。在美国的调停下，1905 年 9 月
5 日，两国在美国签订了《朴次茅斯和约》。和约规定：俄国承认日
本在朝鲜有政治、军事和经济上的"卓绝之利益"，把旅顺、大连及
其附近的领土、领水的租借权让给日本，把长春到旅顺的铁路及其支
线、煤矿等转让给日本，把库页岛南部及附近一切岛屿让给日本。

需要指出的是，这场帝国主义战争是在中国领土上进行的。亚欧
两洲的两个帝国主义国家，为争夺中国领土在中国领土上厮杀，肆意
蹂躏中国的土地和人民。他们在中国土地上烧杀抢掠，无恶不作，使
无数人流离失所，家破人亡，其原因皆在于清政府的腐败无能、中国
的落后贫弱。此一悲惨屈辱的历史，永远是激励中国人民奋发图强的
反面教材。

四、血腥星期日：革命总演习

日俄战争也给俄国人民带来了苦难与屈辱。俄国人民本来就承受
着比欧洲其他国家人民更多苦难。1900 年至 1903 年，俄国又爆发了
经济危机，生产锐减，工人失业，收入下降，劳动条件恶化，阶级矛
盾加剧。日俄战争使俄国人民雪上加霜，加深了人民的苦难。同时，
一个横跨亚欧两洲的泱泱大国竟然败在亚洲的一个弹丸岛国手里，充
分暴露了专制制度的腐朽、沙皇政府的无能，这使俄国人民心如刀
绞，倍感屈辱。就这样，在俄国无产阶级政党——布尔什维克党的领
导下，一场反对沙皇专制制度的革命爆发了。

读者会问：俄国无产阶级的政党不是俄国社会民主工党吗？布尔

什维克党由何而来?

如前所述，早在 1898 年 3 月，俄国无产阶级就召开了第一次代表大会，宣布建立自己的政党——俄国社会民主工党，但这次大会没有制定党纲和党章，大会选出的中央委员会很快就被沙皇政府破坏，社会民主工党各地方组织实际上是各自为政，缺乏统一领导，建党任务没有完成。1900 年，列宁从流放地返回后，立即投入建党工作。为了躲避沙皇政府的破坏，他来到国外，首先在德国莱比锡创办了《火星报》，宣传马克思主义，批判机会主义，为建立一个坚强巩固的无产阶级政党进行思想上、理论上和组织上的准备。1900 年至 1903 年，他在《火星报》上发表了 50 多篇文章，批判主张无产阶级只应进行经济斗争的机会主义派别"经济派"，号召无产阶级同资本家和沙皇政府进行政治斗争，推翻专制制度，并阐述了建党计划、党的性质和任务等。他还领导编辑部制定了党纲草案。1903 年 7 月 30 日至 8 月 23 日，俄国社会民主工党举行了第二次代表大会。同样为了防止沙皇政府破坏，大会在国外举行——先在布鲁塞尔，后移至伦敦。出席大会的有来自圣彼得堡、莫斯科、图拉、哈尔科夫等地共 26 个组织的 43 名代表，列宁也出席了这次大会。大会的主要任务是通过党纲、党章和选举党的中央领导机关。在这些问题上，与会代表产生了尖锐矛盾。关于党纲，以列宁为首的火星派（围绕《火星报》形成的派别）制定的党纲规定，党的最低纲领是推翻专制制度，建立民主共和国，实行 8 小时工作制，消灭农村中的一切封建残余；最高纲领是实现社会主义革命，建立无产阶级专政。但经济派等机会主义者坚决反对把无产阶级专政写进党纲。关于党章，以列宁为首的多数派主张党员必须参加党的某个组织的活动，以马尔托夫为首的少数派则认为党员无须参加党的某个组织，每个罢工者、示威者都能宣布自己为党员。关于党的领导机关，列宁坚持要让火星派在中央委员会和党中央机关报《火星报》编辑部中占优势，但马尔托夫等人坚决反对。双方围绕这些问题展开了激烈的争论。最后，列宁所在的火星派在会议中占多数，大会最终通过了火星派提出的党纲，选举出了全部由列宁拥护者组成的中央委员会。同时，俄国社会民主工党也就此分裂成两个派别，列宁的拥护者因在会议中占多数，在大会选举时获得多数票，从此被称为布尔什维克（俄文"多数派"一词的音译）；马尔托夫等机会主义者在会议中占少数，在选举中获得少数票，从此被称为孟什维克（俄文"少数派"一词的音译）。之后，两派分道扬镳，往往各以俄国社会民主工党的名义举行自己的会议。不同的是，前者自称俄国社会民主工党（布尔什维克），简称布尔什维克；后者自称俄国社会民主工党（孟什维克），简称孟什维克。这便是布尔什维克党的来历。布尔什维克党成为真正的俄国无产阶级政党[1]。

1905 年革命的导火线是沙皇政府对 1 月 22 日和平请愿群众进行了血腥屠杀。

1905 年 1 月 16 日，圣彼得堡最大的兵工厂——普梯洛夫厂的工人为抗议厂方无理解雇 4 名工人举行罢工。之后，布尔什维克党号召首都工人起来支援普梯洛夫厂工人罢工。罢工迅速蔓延到其他工厂。到 1 月 20 日，参加罢工的工人已达 15 万人。这时，在圣彼得堡颇有影响的一个名叫格奥尔吉·加邦的神父开始组织工人到冬宫向沙皇呈

---

[1] 1918 年 3 月，布尔什维克党放弃了社会民主工党的名称，改名为俄罗斯共产党（布尔什维克）。自 1918 年 4 月起，孟什维克自称俄国社会民主工党。

递请愿书。在加邦神父的动员下，1月22日（俄历1月9日），圣彼得堡约20万工人及其家属举着三色旗、圣像和沙皇肖像，唱着祷歌，前往冬宫，向沙皇呈递请愿书。请愿书由成千上万名工人签名，言辞恳切，句句泣血，申诉了工人的痛苦生活，并提出了一些最低限度的要求。上面写道："我们贫困，备受压迫，我们承受着难以忍受的劳动负担，我们被人辱骂，不被当人，对待我们如同对待应当忍受自己的苦命而默不作声的奴隶一样。我们都忍受了，但是我们更被推进赤贫、无权和愚昧的深渊，专制和恣肆压抑着我们……我们的忍耐达到极限了。对我们来说，一个可怕的时刻来到了：死倒比继续忍受难堪的痛苦更好。"请愿书中要求实行8小时工作制，将土地转交人民，实行大赦和各种政治自由，召开根据普遍、平等、秘密投票选举产生的立宪会议。

然而，工人们太善良了。他们万万没有想到，对他们的和平请愿，沙皇的回答是子弹、马刀和铁骑。当请愿队伍来到冬宫入口处时，他们被沙皇早已部署的军队挡住了。接踵而来的便是血腥屠杀：军警向手无寸铁的和平请愿队伍猛烈地开枪射击，宪兵马队冲进人群挥舞马刀横冲直撞肆意砍杀，当场有1000多人被打死，3000多人受伤。皇宫广场和邻近街道上留下了一具具尸体，殷红的鲜血融化了广场和街道的积雪，此情此景让人想起了80年前的十二月党人起义……这一天恰逢星期日，从此便以"流血的星期日"载入史册。

沙皇政府对和平请愿群众的血腥屠杀暴露了沙皇的凶残本质，教育了善良的人民，擦亮了千百万人的眼睛。人民不再信任他了，不再把他看成保护者，而把他看作最凶恶的敌人。工人用质朴的语言愤怒地说："沙皇痛打了我们，我们也只好把他痛打一顿。"他们的愤怒、怨恨像火山一样爆发了。当天晚上，工人自发地行动起来，夺取兵工厂和武器商店的武器，用大车、圆木、电线杆、铁丝网筑起街垒，同军警展开英勇搏斗。各地工人闻讯后，迅速掀起罢工浪潮，抗议沙皇政府的暴行，支援首都工人的斗争。当月全国罢工人数达 40 万，超过去 10 年罢工人数的总和。

"一月九日事件"发生后，布尔什维克党积极进行引导，把群众自发的斗争转变为由布尔什维克党领导的自觉的推翻沙皇制度的革命。当时正在日内瓦的列宁写了《俄国革命的开始》一文，盛赞这场革命。1905 年 4 月 25 日至 5 月 10 日，布尔什维克党在伦敦召开了第三次代表大会，列宁参加并领导了会议。大会分析了正在进行的这场革命的性质，指出这是一场资产阶级民主革命，革命的任务是消灭地主土地所有制、沙皇专制制度等农奴制残余，建立工农革命民主专政，并为过渡到社会主义创造条件。无产阶级是这次革命的领导阶级，农民是无产阶级的同盟军，布尔什维克党在目前最迫切的任务就是组织无产阶级举行反对专制制度的武装起义，罢工则是发动群众的一种主要方法。这就为党在这次革命中的路线、方针、策略指明了方向，这场革命在布尔什维克党的领导下迅速走向高潮。

1905 年 5 月 14 日（俄历 5 月 1 日），在布尔什维克党的领导下，全俄有近 200 座城市举行了大罢工，充分显示了俄国无产阶级的力量。5 月 25 日，全国最大的纺织工业中心伊凡诺沃－沃兹涅先斯克 7 万名工人在布尔什维克领导下举行罢工。这场罢工历时 72 天，直至 8 月 5 日才结束。罢工期间，工人们选举出了俄国历史上第一个苏维埃机构——工人全权代表苏维埃。苏维埃组织工人民警，维持市内和工厂秩序，禁止饭店、酒馆出售烈酒，禁止商人抬高物价，成立工人战斗队和粮食委员会、财政委员会，开始扮演革命政权机关的角色。这是俄国无产阶级的伟大创举。6 月 20 日，俄罗斯帝国境内波兰工业重镇罗兹的工人举行总罢工和示威游行，抗议沙皇军队打死打伤无辜的集会工人。野蛮残忍的沙皇军队根据上司"不吝惜子弹，无情地行动"的命令，再次向手无寸铁的示威游行工人开枪射击，打死打伤 100 余人。愤怒的工人忍无可忍，迅速举行起义，筑起街垒，同沙皇军队激战三天，300 名工人壮烈牺牲，1000 余人被打伤。这是 1905年革命中的第一次武装起义，罗兹工人英勇斗争，极大推动了革命进一步发展。

在俄国无产阶级展开反对沙皇专制制度斗争的时候，俄国水兵也造反了。6 月 27 日，黑海舰队"波将金号"装甲舰的水兵发动了起义，导火线是午餐时水兵发现煮汤的肉已腐败生蛆，他们不堪忍受这非人的待遇，拒绝吃饭，横蛮暴虐的舰长便下令把拒绝吃饭的水兵抓起来，准备枪决。水兵再也无法忍受了，他们迅速夺取了武器，打死了包括舰长在内的平时骑在水兵头上作威作福的 7 名军官，选出了 30名代表组成军舰委员会，在舰上升起了红旗。

起义发生后，沙皇尼古拉二世下令黑海舰队立即镇压，如拒不投降，就把它击沉。但黑海舰队的水兵拒绝向"波将金号"开炮，还向起义的水兵高呼："乌拉！"其中，"乔治常胜号"军舰则投奔"波将金号"，站在了起义军舰一边。黑海舰队司令见状，唯恐整个舰队哗变，急忙命所有军舰掉头撤离，镇压起义归于失败。

至于两艘起义军舰，由于内部意见不统一、缺乏坚强有力的领导等，"乔治常胜号"在敖德萨附近搁浅，向当地驻军投降；"波将金号"向罗马尼亚政府投降，起义归于失败。

"波将金号"军舰起义是沙皇政府的一支巨大军事力量第一次公开转向革命，标志着反对沙皇专制制度的革命运动又向前迈了一大步。之后，革命运动进一步高涨。10月下旬，布尔什维克党领导莫斯科实行全市总罢工，罢工的口号是"打倒沙皇政府""立宪会议万岁""全民武装起义万岁"。紧接着，总罢工蔓延到全国，参加罢工的产业工人达100多万，铁路职工达75万，此外还有小店员、小官吏、律师、工程师、教师、作家等。总罢工使工厂停工，商店停业，学校停课，车船停驶，邮电不通，许多政府机构陷于瘫痪。到处是工人、学生、知识分子的群众集会和示威游行，到处是打倒专制制度、实行立宪民主的强烈呼声。在总罢工的过程中，圣彼得堡、莫斯科等许多城市建立了工人代表苏维埃，作为组织领导罢工和武装起义的机关，同时也是革命政权的雏形。首都圣彼得堡的工人代表苏维埃拥有代表562名，代表147家工厂、34家作坊和16个职工会。全国呈现出一派热火朝天的革命景象，沙皇政府的统治开始动摇。

面对全国出现的革命形势，沙皇政府已无力进行镇压，但如若允许革命进一步发展，沙皇政府的统治将岌岌可危，沙皇尼古拉二世进退维谷。这时，俄国著名的国务活动家、前财政大臣谢尔盖·尤里耶维奇·维特伯爵恰好同日本签订《朴次茅斯和约》后从美国归来。沙皇立即任命他为大臣会议主席，企图利用他来寻找出路，摆脱危机。维特是位沙皇制度的虔诚卫士，又是善于根据俄国资本主义发展的要求而改变统治方式的官僚。他建议沙皇因势利导，实行君主立宪，以平息人民的革命情绪。沙皇别无选择，只得暂时接受了维特的建议。10月30日（俄历10月17日），他签署了由维特起草的《整顿国家秩序宣言》，宣布"赐予"人民言论自由、出版自由、结社自由、集会自由和人身不可侵犯的权利，扩大选举权，承认国家杜马为立法机关，未经杜马批准任何法律无效。就这样，沙皇被迫在俄国改行君主立宪制。

《十月十七日宣言》颁布后，俄国资产阶级欣喜若狂，以为从此他们的权力和利益得到了保障，沙皇政府也向他们敞开了大门，为此他们成立了十月十七日同盟（十月党）和立宪民主党，以便和沙皇合作，共行宪政。但布尔什维克党认为这只是沙皇被迫做出的让步，是斗争的第一个胜利，必须继续推进革命，推翻沙皇制度，完成资产阶级民主革命。10 月 31 日，布尔什维克党中央发表《致俄国公民书》，揭露了《十月十七日宣言》的虚伪性，号召人民继续斗争。11 月 1 日，圣彼得堡、莫斯科的布尔什维克党组织散发传单，号召无产阶级准备武装起义，推翻沙皇制度。不久，列宁也从瑞士回国，直接领导起义的准备工作。

沙皇尼古拉二世虽然颁布了《十月十七日宣言》，决定实行君主立宪制，但并没有停止对革命镇压。12 月 15 日，沙皇政府查封了布尔什维克的《新生活报》等圣彼得堡的 8 家报纸。第二天，反动军警包围了正在开会的圣彼得堡工人代表苏维埃，将 200 多名与会代表逮捕。消息传来，莫斯科的工人群众异常愤怒。莫斯科的布尔什维克很快召开了全市代表会议，决定进行总政治罢工，继而转变为武装起义。随后，莫斯科苏维埃举行会议，通过了《告工人、士兵、公民书》，号召从 12 月 20 日中午 12 时起开始政治总罢工。

从 12 月 20 日开始，莫斯科各界响应布尔什维克和苏维埃的号召，举行了政治总罢工。参加罢工的人数达 15 万。罢工使莫斯科全城陷入瘫痪。当沙皇政府派军警前来镇压，逮捕了部分革命者后，总罢工转变成了武装起义。工人们组成战斗队，拿起武器，筑起街垒，同反动军警展开了英勇搏斗。当时，资产阶级报纸《权利报》这样描述道："大炮轰鸣，机关枪咔嚓咔嚓，榴霰弹在空中作响。战斗仍然紧张。在战斗中，已倒下数百个，甚至数千个牺牲者。所有街道上都躺着尸体，所有殡舍和医院都无空位……"战斗持续了一个多星期。这段时间，莫斯科大部分地区被起义者控制。12月26日，莫斯科总督向沙皇紧急求救。沙皇尼古拉二世立即抽调数千精锐部队前来镇压。他们用大炮猛轰，用机关枪狂扫。在这种情况下，为了避免不必要的牺牲，莫斯科布尔什维克党组织和苏维埃决定于12月31日午夜停止武装起义，撤出战斗。

莫斯科起义爆发后，政治罢工和武装起义犹如滚滚波涛，汹涌澎湃，在全国普遍爆发。有些地区还推翻了沙皇地方政府，建立了共和国。但这些起义都是分散进行的，缺乏统一领导，先后被镇压下去。

十二月武装起义是俄国1905年革命的最高潮，之后逐渐低落。1906年3月，俄国进行了第一届国家杜马选举。根据国家杜马选举法，地主的一张选票等于城市资产阶级的3张、农民的15张、工人的45张，同时许多工人、农民由于种种限制被剥夺了选举权，这就保障了地主和资本家在杜马中占绝对优势。尽管如此，沙皇尼古拉二世仍然觉得杜马不够驯服，第一届国家杜马召开仅两个多月，他便于7月21日悍然宣布解散。1907年3月5日，第二届国家杜马开幕。布尔什维克党抵制了第一届国家杜马的选举，参加了本届的选举并获得了65个议席，本届杜马左派力量大大增强。对此，沙皇政府更加不能容忍，于6月15日以"策划叛国政变"的罪名逮捕了杜马中的社会民主党代表，第二天（俄历6月3日）又宣布解散了第二届国家杜马。这就是著名的"六三政变"，它标志着 1905 年至 1907 年革命的结束。

1905 年至 1907 年革命是俄国历史上的第一次资产阶级民主革命。这次革命失败的主要原因是无产阶级政党建立不久，还不够成熟，不够强大有力，缺乏经验，没有形成一个集中统一的能够指挥协调全国无产阶级行动的领导力量，没有和农民结成巩固的联盟。但这次革命的意义是极其重大的，它是一次推翻沙皇制度、埋葬俄罗斯帝国的革命的"总演习"。战斗的号角已经吹响，胜利的曙光已经显现，俄罗斯帝国的崩溃已指日可待了。就世界范围而言，这场革命唤起了亚洲的觉醒。时隔不久，被称为"东亚病夫"的中国、被称为"西亚病夫"的奥斯曼土耳其、伊朗等国都爆发了反对帝国主义和反对封建主义的资产阶级民族民主革命，亚洲革命的时代到来了。

五、左支右绌：第一次世界大战

1914 年，沙皇俄国为从奥匈帝国手中夺取加利西亚，从奥斯曼土耳其手中夺取黑海海峡和伊斯坦布尔，参加发动了第一次世界大战。

如果说，1904 年至 1905 年的日俄战争给俄国带来了一次革命的"总演习"的话，它所参加发动的第一次世界大战则给它带来了灭顶之灾。

如前所述，1905 年革命后，沙皇政府被迫改行君主立宪制，将立法权交给国家杜马。但沙皇仍然拥有任免官吏的权力，内阁是对沙皇负责，而不是对国家杜马负责；同时，选举法赋予地主资产阶级以特权，规定大地主占有选举人总数的 49.4%，城市资产阶级占有选举人总数的 15%，工人、农民、小资产阶级、职员共占有选举人总数的 36%，这就保证了大地主、大资产阶级在杜马中的优势，保证了沙皇对杜马的控制。此外，对不驯服的杜马，沙皇可随意解散。这样，国家杜马实际上成为沙皇制度的点缀和"遮羞布"，沙皇专制制度的本质没有变。

从 1906 年开始，为缓解农村阶级矛盾，沙皇政府又进行了土地改革。这次改革因是在沙皇政府的首脑、大臣会议主席彼得·斯托雷平主持下进行的，故称斯托雷平土地改革。改革的基本内容是，允许农民退出村社，并把份地变为自己的私有土地。具体规定，每一个拥有村社份地的农民，任何时候都可以要求把他们的份地确定为自己的私产；若份地超过家庭人口的定额，多余部分可按 1861 年改革规定的价格赎买；个人不但有权支配土地，也有权支配退出村社的庄园的全部财产；退出村社须获得村会同意；如果村社共同重新分配土地，应尽可能给农民分配整块土地。这项改革的目的是破坏村社和村社土地平均使用的制度，培植和加强富农经济，作为沙皇在农村的统治支柱，防止农民用暴力手段消灭地主大地产。改革历时 10 年，在一定程度上促进了农村资本主义的发展，使一部分富裕农民通过收买贫农的土地和改善自己的经营方式，建立独立田庄和独家农场，走上资本主义道路。但这次改革对封建地主土地所有制丝毫没有触动，10 年中脱离村社的农民只占村社总农户的 1/4，其中建立单独田庄和独家农庄的农民仅占脱离村社农民的一半。广大农民无地或少地的问题没有解决，反而加剧了农村的土地集中和贫苦农民的破产，以及农村阶级矛盾激化。1901 年至 1914 年，农民起义就达 1.3 万多次。

总而言之，到 1914 年第一次世界大战爆发时，沙皇俄国依然存在严重的封建残余，保留着沙皇专制制度和封建地主土地所有制，依然是一个军事封建帝国主义国家，是世界几个帝国主义大国中最落后的国家。

第一次世界大战更进一步彻底暴露了沙皇俄国的落后与腐朽，激化了俄国的各种矛盾，加速了俄国革命的爆发和俄罗斯帝国的崩溃。

第一次世界大战期间，沙皇俄国强征了 1500 万青壮年入伍，几乎占全国男劳力的一半，是交战各国中参战人数最多的国家，但其战绩不佳，交战连连失利，丧失了波兰、立陶宛的大片土地，战死、受伤、被俘人数达 800 万。这无疑是劳动人民的沉重灾难。

战争期间，俄军指挥官庸碌无能，指挥不力，常常坐失良机。军队缺乏训练，军事装备不仅落后，而且严重不足。到 1915 年 8 月，仍然有 1/3 的士兵没有枪支，徒手作战，他们只有等到持枪同伴受伤或阵亡后才能拿起同伴的武器投入战斗。有的战地医院既无军床，又无军毯，伤兵往往和衣卷卧在冰雪泥潭中痛苦呻吟，有的伤兵几天得不到食物和纱布。在喀尔巴阡山作战的部队甚至没有鞋靴可穿，只得赤足攀行于崎岖山道。

军事装备的落后与不足反映了俄国经济的落后。当时，俄国虽然是世界第五大工业国，但仍然是个落后的农业国，80% 的人口以务农为生，出口额的 63% 是农产品，11% 是木材。工业生产虽然在农奴制改革后得到迅速发展，但和欧美先进工业国相比还处于落后状态，它的不少重工业，如 90% 的采矿业、几乎 100% 的石油工业、50% 的化学工业、40% 的冶金工业，还是外国人开办的。俄国拥有 2000 多万平方千米的领土和世界 1/13 的人口，但第一次世界大战爆发时，它的工业总产量只占世界工业总产量的 2.7%，仅及美国的 7%，德国的 17%，英国的 22%，法国的 40%；人均工业产量仅及美国的 1/12，德国的 1/13，英国的 1/14，法国的约 1/8。如此落后的工业生产，使得俄国不仅不能制造西欧已经使用的飞机、高射炮等新式武器，就连枪支弹药也不能自给。前线每月需要子弹 2.5 亿发，而兵工厂每年最多只能供给 5 亿发。最高统帅部要求每月供给炮弹 150 万发，而兵工厂只能生产 5 万发。

在铁路运输方面，虽然经过几十年的发展，俄国铁路的总长度已达约 6.5 万千米，但许多线路质量低劣，铁轨太轻，路基太差，水塔和交叉点太少，铁路承担不了繁忙的军需和民用物资运输任务，许多货物堆积在车站，无法运到前线或工厂，影响了前线士兵的军需供应、工厂的生产和人民的生活。

在农业方面，本来俄国的农业生产就十分落后，主要是一种广种薄收的掠夺性生产而非集约化生产，每公顷谷物的产量仅及法国的 1/2，德国的 1/3，丹麦的 1/4。第一次世界大战期间，近半数劳动力被征召入伍，约 200 万马匹及其他牲畜被调去军用，农业机器的生产锐减，导致农业生产大幅度下降，播种面积和粮食产量大幅度减少，农村一片萧条，全国粮食紧张，食物价格飞涨，面包店前排起了长长的队伍，全国出现了严重的粮食危机。

早在战前，俄国就成为世界上负债最多的国家。战争期间，沙皇政府为支付庞大的战争费用，大量举借外债，滥发纸币，使得外债猛增，通货膨胀，国家债务由 1913 年的 88 亿卢布增至 1917 年的 500 亿卢布，每年仅支付的利息就达数 10 亿卢布，人民的负担更沉重了。

总之，战争暴露了俄国经济的落后，也加剧了俄国的经济困难，使得企业倒闭，工农业生产下降，物价上涨，粮食和日用品供应紧张，全国经济一片混乱，人民生活在水深火热之中。

六、政治毒瘤：妖僧拉斯普廷

当沙皇俄国在军事上连连败北、经济上濒于崩溃之际，政治上也陷入一片混乱。有谁能想象得到，这时左右沙皇朝政的竟是冒充"先知"的流氓、无赖、盗马贼——拉斯普廷。

拉斯普廷原名格里高利·叶菲莫维奇·诺维赫，"拉斯普廷"是他的绰号，"淫逸浪荡"之意，后来他被冠以此姓，也以此姓而成名。

拉斯普廷于 1869 年出生在萨拉托夫的一个农民家庭里。后因家庭贫困，举家迁至西伯利亚距秋明约 80 千米一片荒无人烟的地方，安家落户，毁林开荒。渐渐地，这里又来了一些移民，逐渐形成村落，取名为波克罗夫斯科耶村。

拉斯普廷从小好逸恶劳，家里人都在干活，只有他冬天躺在热炕上，春天把皮褥子铺在篱笆下面，躺在那里晒太阳。父亲为教训他抽断了几条马缰绳，但他秉性固执，积习难改。后来，家门不幸，连遭横祸，母亲、哥哥、姐姐、父亲相继病故，拉斯普廷从此沦为孤儿，到处流浪，起初干点小偷小摸的营生，后来入伙当了盗马贼。盗马贼的生涯赋予了他魁梧健壮的体魄、凶狠刚强的性格，也使他学到了一星半点治马的医术，这些对他后来发迹不无裨益。几年后，他返回故里，开始冒充"先知"，装神弄鬼，渐渐出名。

1905 年，俄国爆发革命，拉斯普廷也时来运转。沙皇召开关于国家杜马的宣言发表后，一个名为"俄罗斯人民同盟"的组织（又称黑色百人团）派大主教沃斯多尔戈夫到托博尔斯克省拉选票。在波克罗夫斯科耶村，大主教结识了拉斯普廷，认为他是位农民雄辩家，可以很好地为本党宣传，因为让"农民同农民讲话，效果会更好"。于是，大主教把拉斯普廷推荐给"俄罗斯人民同盟"，并把他召到莫斯科。但盟员看不起这位仪表粗俗、衣衫不整、举止猥琐的"神人"，不愿接纳。大主教无奈，便把拉斯普廷包装一番，介绍给莫斯科上流社会，之后又把他带到了圣彼得堡。

在圣彼得堡，拉斯普廷在那些愚蠢昏聩的贵族中如鱼得水。他被一步步向上引荐，最后被引荐给沙皇和皇后。1905 年 11 月 1 日，沙皇尼古拉二世在日记中写道，他结识了托博尔斯克省的圣者格里高利（拉斯普廷）。

拉斯普廷结识沙皇和皇后后，很快博得了他们的信任。皇后亚历山德拉·费奥多尔罗夫娜愚昧无知、迷信固执而又神经质，她认为修士、苦行修士是俄国的精华，她的身边"先知""预言家""救世主"如走马灯般川流不息。她婚后连生 4 个公主，为了生下皇位继承人，她请了无数"先知""神僧""预言家"，为她预言作法。尽管这些人都是骗子，沙皇、皇后也常常发现他们上当受骗了，但他们毫不改悔。也许是他们的虔诚感动了上帝，夫妻俩终于生下了皇太子。美中不足的是，皇太子从小身体孱弱，得了一种怪病，每受创伤便血流不止，群医束手无策，沙皇夫妇便又走上求神问卜之路。说来也巧，自从结识拉斯普廷之后，每当皇太子患病之时，只要拉斯普廷为其祈祷，皇太子便适时痊愈。或许拉斯普廷略施小计，偷偷运用了当年当盗马贼时学到的一点医治人畜创伤出血的秘诀,但皇后全然不知,总以为这是神的旨意,拉斯普廷是神的化身,对他更加崇拜宠幸。沙皇尼古拉二世秉性懦弱,优柔寡断,既无洞察力,又无决断力,对皇后又情爱甚笃,往往听命于皇后,皇后宠幸之人,他焉有不宠幸之理。于是乎,拉斯普廷,一个流氓、无赖、江湖骗子,很快成为沙皇夫妇的座上宾、沙皇宫廷的特殊人物。他称沙皇为"爸爸",称皇后为"妈妈",称皇太子为"小娃娃",沙皇夫妇则称他为"我们的朋友",皇太子亲昵地叫他"格里高利叔叔"。他巧施计谋,竭力让沙皇夫妇及宫廷中人相信他是"先知""圣者""神人",让沙皇夫妇相信,只要有他在,他们就不会大难临头。被革命困扰的沙皇夫妇似乎捞到了一根救命稻草,越来越把他当成生命依托和精神支柱。他给皇太子讲盗马贼的故事,使他倍感新鲜,成天嚷嚷着要"格里高利叔叔"给他讲故事。这就使沙皇夫妇对他越发依赖,越发宠幸,一日不见,如隔三秋,便授予他"沙皇神灯掌灯官"的宫廷头衔,有权自由出入内宫,皇后还亲自打电话给圣彼得堡密探局局长,要求警察局保障拉斯普廷的安全。

但拉斯普廷并不满足于"沙皇神灯掌灯官"的职务,他从小渴望得到的是金钱、美酒、美女,以及凌驾于他人之上的显赫地位。从此,他便利用其在沙皇夫妇身边的特殊地位,通过沙皇夫妇干预朝政。1915年至1916年,他的权力达到顶峰。从国家大计、内阁首相和大臣的任命,到作战方略、军事调动,他几乎无不插手。他把个人好恶说成"神的旨意",传递给皇后,皇后再转告沙皇。沙皇每遇疑难问题,必先征询拉斯普廷,甚至连前线是否发动进攻,什么时候发动进攻,也要依拉斯普廷的"预言"行事。其实,这些所谓的"预言"往往是拉斯普廷酒后或睡梦中的胡言乱语。一次，皇后命令沙皇说："我要把'我们的朋友'在夜梦中得到的使命转达给你。他请你下令，在里加附近开始进攻……"沙皇依命行事，结果造成重大伤亡。沙皇和皇后为获得"神人"的"祝福"，把军队调动等许多军事机密告诉拉斯普廷，拉斯普廷转而泄露给德国间谍，使俄军屡遭损失。俄国总理事务大臣伊凡·戈列梅金戏谑地称拉斯普廷为"问题医院"。在他的干预下，内阁不断更迭。1914 年至 1916 年，内阁首相换了 4 个，内务大臣换了 6 个，外交大臣换了 3 个，陆军大臣换了 4 个。反对他的人、他不满的人通通被撤职或免职，就连沙皇的叔叔尼古拉·尼古拉耶维奇也因反对他而被撤销了俄军总司令的职务。拉斯普廷权倾朝野，门庭若市，巴结者、求助者络绎不绝。对于求助者，他只要为他们写个纸条给有关部门，有关部门便不敢怠慢，迅即办理，他自然也从中捞取不少好处。

对于拉斯普廷的胡作非为，并非无人指摘反对。从皇叔尼古拉·尼古拉耶维奇到皇弟米哈伊尔·亚历山大罗维奇，从内阁首相斯托雷平到国家杜马主席罗将柯，都要求沙皇把拉斯普廷这个骗子赶出宫廷。斯托雷平早在 1909 年就让警察局调查拉斯普廷，把关于拉斯普廷丑行的材料呈递给沙皇，要求把他流放到西伯利亚，但沙皇不允。忠心耿耿的斯托雷平没有料到，他不仅没有扳倒拉斯普廷，后来反而被拉斯普廷及其同伙谋杀。在沙皇夫妇的宠信、庇护下，拉斯普廷气焰嚣张，狂妄至极。他扬言他马上要把杜马解散，把议员通通打发到前线去打仗。他不无真实地吹嘘道："要不是我，皇上、皇后就彻底完了。我不跟他们客气，如果不照我说的办，我马上拍桌子，站起来就走。"正如神父伊利奥多尔抨击的："俄国没有沙皇，俄国没有东正教会最高会议，俄国没有政府，也没有人民的杜马……只有大恶棍拉斯普廷。他是个败类和小偷，他代替了皇上、东正教会最高会议、杜马和我们整个政府。"

拉斯普廷把朝政搞得乌烟瘴气，给国家造成重大损失，引起天怒人怨。1916年11月，国家杜马开会期间，右派领袖普利什凯维奇在一篇演说中痛陈时弊，最后说道："我们必须请求沙皇陛下，把国人从拉斯普廷的统治下解救出来。"全场闻言欢呼。

但是沙皇夫妇这时已鬼迷心窍，愚顽透顶，执意不肯把拉斯普廷赶走。这使那些沙皇制度的忠诚卫士痛心疾首，他们决心采取行动，干掉拉斯普廷，拯救沙皇制度，拯救俄罗斯帝国。1916年年底，尤苏波夫公爵、德米特里·巴甫洛维奇亲王、国家杜马右派领袖普利什凯维奇等一伙君主主义者经过周密策划，制订了暗杀拉斯普廷的详细计划。12月28日，和拉斯普廷颇有私交的尤苏波夫公爵邀请拉斯普廷于次日晚12点到他家会见公爵夫人。拉斯普廷久闻公爵夫人美丽异常，有心结识，便毫不怀疑，欣然应诺。次日晚，尤苏波夫亲赴拉斯普廷官邸，把他接到家里，引进刚刚经过装修的豪华地下室，借口公爵夫人正在接待客人，要拉斯普廷稍候片刻。乘着等候闲聊的机会，尤苏波夫殷勤地请拉斯普廷吃下了含有剧毒氰化钾的点心，喝了加入氰化钾的马德拉酒。但拉斯普廷似乎生命力极强，尽管吃了足以致死的7块毒点心，喝了3杯毒酒，仍未倒地毙命，而是继续在房间里踱来踱去。尤苏波夫颇感诧异，于是，他乘拉斯普廷不备，绕到背后开了一枪，拉斯普廷中弹倒地。但当他前来查看时，拉斯普廷霍地又站了起来，口吐白沫，面目狰狞，呼喊着跑出地下室，冲入庭院。普利什凯维奇立即对他连开两枪，拉斯普廷再次倒地。当尤苏波夫一伙把他拖进房子后，拉斯普廷睁开右眼，重新爬了起来。尤苏波夫又用沉重的哑铃在他的太阳穴上连击几下，他这才倒地不动了。之后，尤苏波夫等人把拉斯普廷的尸体用窗帘包住，抬到车上，扔进了事先察看好的涅瓦河的冰窟窿里。此时已是 12 月 30 日凌晨 5 点钟。

拉斯普廷终于被除掉了。尤苏波夫等人原以为此举割除了沙皇制度的一个毒瘤，挽救了沙皇制度和俄罗斯帝国，殊不知"拉斯普廷事件"表明沙皇制度已到了"癌症晚期"，已全身布满了毒瘤，已腐朽到极点，非任何药物与手术可以挽救。它的死期已经临近，再过两个多月它就将被革命的风暴彻底摧毁、彻底埋葬了。

七、灭顶之灾：帝国在革命风暴中覆灭

1917 年年初，沙皇俄国参加第一次世界大战已经两年多。饱受战争之苦的俄国人民不堪重负，掀起了反对帝国主义战争、反对沙皇制度的新高潮，并演变成一场猛烈的革命风暴。

1 月 22 日，俄国各大城市的工人响应布尔什维克的号召，举行政治罢工，纪念 1905 年革命中"流血星期日"的死难者，拉开了革命的序幕。当天，彼得格勒（1914 年，沙皇政府将圣彼得堡改名为彼得格勒）参加罢工的工人达 14 万。他们在工厂举行集会，然后打着红旗，高唱革命歌曲，上街示威游行。这预示着一场新的革命风暴就要到来了。

2 月 27 日，彼得格勒和莫斯科十几万工人响应布尔什维克的号召，举行了罢工和示威游行。布尔什维克彼得格勒委员会提出的罢工口号是"打倒沙皇君主制度""以战争反对战争""临时革命政府万岁"。

之后，布尔什维克党加强了革命宣传，他们在散发的传单中满怀信心地指出："公开斗争的胜利时刻到了！"号召工人勇敢地起来推翻专制制度，建立民主共和国，实行 8 小时工作制，把所有地主的土地转交给农民。

到了 3 月，首都工人的反抗斗争不断发展。3 月 3 日，普梯洛夫工厂的工人为反对厂方无理解雇工人、要求提高计件工资开始罢工。3 月 8 日，在布尔什维克的宣传鼓动下，彼得格勒的纺织女工和广大妇女举行了大规模示威游行，声援普梯洛夫工厂工人的罢工斗争，许多男工也加入了示威游行队伍。他们打着红旗高呼"打倒战争""面包，面包"等口号，有的还举出了"打倒专制制度"的标语牌。政府出动军警进行阻拦驱赶，游行示威群众便同他们展开英勇搏斗。当天，参加抗议示威的人数超过 12 万。当天晚上，布尔什维克党中央局和彼得格勒委员会举行会议，决定继续罢工和示威游行，加强对士兵的宣传。第二天，彼得格勒工人的罢工运动和示威游行规模进一步扩大，参加者达 20 多万人。布尔什维克党中央俄罗斯局举行会议，决定尽最大努力把士兵吸引到起义人民方面。

3 月 10 日，彼得格勒开始全城政治总罢工，无论是大中企业还是小企业，乃至小店铺、小作坊都停止了工作。参加罢工者达 30 多万人。人们从四面八方涌向市中心，到处是游行示威的队伍，到处是工人集会，到处是"打倒战争""打倒沙皇专制制度"的呐喊声。当时，沙皇尚在莫吉廖夫，对彼得格勒连日来发生的事件一无所知，只在当晚接到彼得格勒军区司令哈巴罗夫拍来的电报后才得知事态的严重性，立即电令哈巴罗夫"于明日将首都的骚乱悉行制止"。哈巴罗夫得令后立即采取行动，张贴禁止集会和示威游行的布告，彼得格勒市中心和交通要道上布满了军警，屋顶和角楼里架起了机关枪，准备血腥镇压示威游行群众。第二天中午，当示威游行群众冲破沙皇军警的封锁，再次来到涅瓦大街时，反动军警果然开枪镇压，当场打死打伤近200人，制造了又一个"流血的星期日"（当天恰好也是星期日）。

沙皇政府的暴行再次暴露了其与人民为敌的丑恶嘴脸，激起了人民的无比愤恨。当晚，布尔什维克党维堡区委员会开会，决定将总罢工转变为武装起义。3月12日（俄历2月27日），起义开始了。工人开始占领工厂，成立战斗队，从警察手中和武器库中夺取武器，向市中心挺进。在布尔什维克的宣传鼓动，以及工人、妇女的影响下，士兵的态度也发生了根本变化，开始掉转枪口反对沙皇制度。早在11日晚上，巴甫洛夫近卫军团后备营的部分士兵就因反对镇压示威游行群众举行了起义。12日早晨6点，沃伦近卫军团教导队士兵起义，杀死教导队队长，打开武器库，夺取了武器。之后，普列奥勃拉任斯科耶军团、立托夫斯克军团等部纷纷起义。一天之内，起义士兵增至6.67万人。起义士兵和工人相会合，夺取了兵工总厂、炮兵总部和彼得保罗要塞，占领了火车站、发电站、军需库，捣毁了警察所，打开了监狱，释放了政治犯。被释放的布尔什维克旋即投入战斗。

面对彼得格勒如火山喷发般的革命，沙皇政府束手无策，陷于瘫痪。奉沙皇之命镇压起义的哈巴罗夫见大势已去，只得率残部撤离彼得格勒。彼得格勒武装起义胜利了。当晚，起义工人根据1905年革命的经验，建立了革命政权——工人代表苏维埃，后改为工人和士兵代表苏维埃。地主资产阶级把持的国家杜马为了防止国家权力落入无产阶级手中，也急急忙忙成立"临时委员会"，宣布接管政权，于3月15日成立了资产阶级临时政府。他们还企图继续保留沙皇制，只想让尼古拉二世逊位，让皇太子继位，由皇弟米哈伊尔摄政，并派临时政府的陆海军部长古奇科夫等人为代表，前往普斯科夫晋见已从莫吉廖夫回到这里的尼古拉二世，请求他逊位。以总参谋长阿列克谢耶夫为首的俄军重要将领也认为尼古拉二世只有逊位才能维持帝制。尼古拉二世无奈，只得同意逊位，同时考虑到皇太子的健康状况，决定由皇弟米哈伊尔继位。3月16日凌晨3点，尼古拉二世签署了逊位诏书，交给古奇科夫带返首都。逊位诏书写道："朕出于良知，认为有义务促使朕的人民获致精诚团结。……今俯遂国家杜马之请求，自俄罗斯国家皇座逊位并交出最高权力。"古奇科夫携带尼古拉二世的逊位诏书返抵彼得格勒后，一下火车便忙不迭地高呼："米哈伊尔皇帝万岁！"这暴露了他们维护帝制的丑恶嘴脸，但这一做法遭到了人民群众的强烈反对。米哈伊尔本人也看到沙皇制度气数已尽，迫不得已，当日即宣布退位。

尼古拉二世逊位后，起初临时政府打算把他们全家送到英国，但遭到苏维埃的坚决反对。后根据苏维埃的强烈要求，临时政府将其全家逮捕，拘禁于彼得格勒附近的沙皇村。是年8月，他们被转移到西伯利亚的托博尔斯克，后又转到叶卡捷琳堡。1918年6月17日，在捷克斯洛伐克军团叛乱并逼近叶卡捷琳堡的紧急情况下，根据乌拉尔省苏维埃的决定，尼古拉二世全家被就地处决。

就这样，统治俄国长达304年的罗曼诺夫王朝被推翻了，统治俄国长达 400 多年的封建专制制度被推翻了，拥有 1.7 亿人口、2000 多万平方千米领土、曾经不可一世的亚欧大帝国——俄罗斯帝国覆灭了。它是被短短几天中发生的一场革命推翻的。因为这场革命发生在俄历 1917 年 2 月，故被称为二月革命。这是继 1905 年革命后在俄国发生的第二次资产阶级民主革命。历经几百年的沙皇专制制度被只有短短几天的革命推翻，是历史发展的必然。当世界历史从 17 世纪就开始进入民主、自由、科学、进步的时代，到 20 世纪已开始进入社会主义新时代的时候，沙皇俄国仍然固守着中世纪的封建专制制度，它显得那样苍老，那样腐朽，那样不合时宜，它已成为阻碍历史车轮前进的绊脚石，迟早要被汹涌澎湃的历史洪流冲垮。第一次世界大战便提供了这样的历史机遇。它给俄国人民带来了深重灾难，激化了俄国的各种矛盾，充分暴露了沙皇制度的腐朽，这就使已拥有数百万工人阶级大军的俄国，马克思主义革命理论开始广泛传播的俄国，资产阶级自由民主思想已深入人心的俄国，一场革命不可避免了。对此，沙皇政府中一些政治嗅觉比较灵敏的人士已感觉到了。2 月 23 日，即革命开始前两星期，国家杜马主席罗将柯就当面禀奏沙皇说："我确信，不出三个星期就会爆发推翻陛下的革命，陛下就不能继续统治了。"事情的发展果然如他所料，这再次证明了这场革命的不可避免性。

当然，这场革命的发生也有其偶然性。其偶然性就在于，末代沙皇尼古拉二世（米哈伊尔没有实际执政，算不上一代沙皇）既没有先祖彼得大帝的雄才大略，也没有其父亚历山大三世的充沛精力和坚强意志，而是一个软弱无能、愚昧固执之辈。同时，革命发生时，他偏偏又不在首都，而远在前线大本营。这就使他既无能力阻止革命爆发，又无能力在革命爆发后迅速镇压，使曾经显赫一时的罗曼诺夫王朝、不可一世的俄罗斯帝国最终断送在他手里。但是，这种偶然性又是沙皇专制制度的本质决定的，是封建君主专制制度使愚昧无能的他继承了皇位，最终导致俄罗斯帝国覆灭。

结束语

俄罗斯从 1721 年改称帝国，到 1917 年 3 月覆灭，实际续存时间为 196 年。1917 年，二月革命后，俄罗斯又经历了半年多的革命阵痛。同年 11 月 7 日（俄历 10 月 25 日），俄国无产阶级再次发动起义，推翻了资产阶级临时政府，建立了苏维埃政权。1922 年，俄罗斯帝国的版图（除已独立的波兰和芬兰）出现了一个崭新的国家——苏维埃社会主义共和国联盟，简称苏联。1991 年年底，苏联的 15 个加盟共和国宣布独立，俄罗斯联邦成为苏联的唯一继承国。

历史的车轮滚滚向前。古往今来，世界文明史上涌现的大大小小的帝国无论曾多么盛极一时，最终都灰飞烟灭，逃脱不了覆灭的命运。这说明帝国的存在并不符合人类追求自由、民主、平等的本性和意愿。历史上的帝国虽然曾对人类文明的交流与发展做出贡献，但也带来过不少灾难。20 世纪给人类造成巨大浩劫的两次世界大战，不就是被那些"帝国"发动的吗？人民需要的是和平、自由、民主、繁荣，人类文明也只有在这种环境中才能更好、更快地弘扬和发展。因此，任何帝国，不管它多么强大，不管它存在了多少年，终将被人民群众推动的历史车轮碾得粉碎。

参考文献

1. 阿宁.克伦斯基等目睹的俄国一九一七年革命［M］.丁祖永，胡汉英，沈法良，译.北京：生活·读书·新知三联书店，1984.

2. 北京大学历史系《沙皇俄国侵略扩张史》编写组.沙皇俄国侵略扩张史：上下［M］.北京：人民出版社，1979.

3. 陈乐民.西方外交思想史［M］.北京：中国社会科学出版社，1995.

4. 陈之骅.苏联历史词典［Z］.长春：吉林文史出版社，1991.

5. 樊亢，宋则行.外国经济史：第一、二、三册［M］.北京：人民出版社，1980—1981.

6. 肯尼迪.大国的兴衰［M］.梁于华，金辅耀，赵祥龄，等译.北京：世界知识出版社，1990.

7. 库罗帕特金.俄国军队与对日战争［M］.林赛，中国社会科学院近代史研究所翻译室，译.北京：商务印书馆，1980.

8. 拉尔夫，勒纳，米查姆，等.世界文明史：上下卷［M］.赵丰，等译.北京：商务印书馆，1998.

9. 伦森.俄国向东方的扩张［M］.杨诗浩，译.北京：商务印书馆，1978.

10. 马夫罗金.俄罗斯统一国家的形成［M］.余大钧，译.北京：商务印书馆，1991.

11. 涅奇金娜.十二月党人［M］.黄其才，贺安保，译.北京：商务印书馆，1989.

12. 诺索夫.苏联简史：第一卷［M］.武汉大学外文系，译.北京：生活·读书·新知三联书店，1977.

13. 帕甫连科.彼得大帝传［M］.斯庸，译.北京：生活·读书·新知三联书店，1982.

14. 潘克拉托娃.苏联通史：第一、二、三卷本［M］.山东大学翻译组，译.北京：生活·读书·新知三联书店，1978—1980.

15. 佩里.西方文明史：上下卷［M］.胡万里，等译.北京：商务印书馆，1993.

16. 斯米尔诺夫，马尼科夫，波季亚波利斯卡娅，等.十七至十八世纪俄国农民战争［M］.张书生，邹如山，郝镇华，译.北京：人民出版社，1983.

17. 斯塔夫里阿诺斯.全球通史——1500年以前的世界［M］.吴象婴，梁赤民，译.上海：上海社会科学院出版社，1988.

18. 孙成木，李显荣，康春林.十月革命史［M］.北京：生活·读书·新知三联书店，1980.

19. 孙成木，刘祖熙，李建.俄国通史简编［M］.北京：人民出版社，1986.

20. 孙成木.俄罗斯文化一千年［M］.北京：东方出版社，1995.

21. 王绳祖.国际关系史：第一至十卷［M］.北京：世界知识出版社，1995.

22. 王钺.往年纪事译注［M］.兰州：甘肃民族出版社，1994.

23. 维特.俄国末代沙皇尼古拉二世［M］.张开，译.北京：新华出版社，1983.

24. 维特.俄国末代沙皇尼古拉二世：续集［M］.张开，译.北京：新华出版社，1985.

25. 吴于廑，齐世荣.世界史［M］.北京：高等教育出版社，1992.

26. 徐景学.俄国征服西伯利亚纪略［M］.哈尔滨：黑龙江人民出版社，1984.

27. 姚海.俄罗斯文化之路［M］.杭州：浙江人民出版社，1992.

28. 尤苏波夫.拉斯普庭之死［M］.侯焕闳，译.北京：商务印书馆，1986.

29. 中国大百科全书出版社《简明不列颠百科全书》编辑部，美国不列颠百科全书公司亚洲出版物发展部.简明不列颠百科全书［M］.北京：中国大百科全书出版社，1985—1986.

30. 中国大百科全书总编辑委员会.中国大百科全书：外国历史Ⅰ、Ⅱ［M］.北京：中国大百科全书出版社，1990.

31. 周一良，吴于廑.世界通史［M］.北京：人民出版社，1972.

32. 佐林，葛罗米柯，等.外交史（五卷本）［M］.武汉大学外文系，北京大学俄语系，大连外国语学院俄语系翻译组，等译.北京：生活·读书·新知三联书店，1979—1982.

33. ALLEN R V, ARMSTRONG T. Russian Settlement in the North［M］. Cambridge：Cambridge University Press，1965.

34. BLUM J. Lord and Peasant in Russia from the Ninth to the Nineteenth Century［M］. Princeton, N. J.：Princeton University Press，1971.

35. FLORINSKY M T. Russia：A History and an Interpretation［M］. New York：Macmillan Company，1953.

36. HAIMSON L H. The Russian Marxists and the Origins of Bolshevism [M]. Cambridge, Mass.: Harvard University Press, 1955.

37. KERNER R J. The Urge to the Sea: The Course of Russian History [M]. Berkeley and Los Angeles: University of California Press, 1942.

38. LENSEN G A. Russia's Eastward Expansion [M]. Englewood Cliffs, N. J.: Prentice-Hall, Inc., 1964.

39. PARES B. A History of Russia [M]. Thirty Bedford Square, London: Jonathan Cape, 1955.

40. SEMYONOV Y. Siberia: Its Conquest and Development [M]. Translated from the German by J. R. Foster. Baltimore: Helicon Press, 1963.

41. SETON-WATSON H. The Russian Empire, 1801—1917 [M]. Oxford: Oxford University Press, 1967.

图书在版编目（CIP）数据

俄罗斯帝国：罗马与蒙古传统的融合体 / 白建才著. —北京：中国
国际广播出版社，2021.12
（世界帝国史话）
ISBN 978-7-5078-4992-9

Ⅰ.①俄…　　Ⅱ.①白…　　Ⅲ.①沙俄－历史　　Ⅳ.①K512.3

中国版本图书馆CIP数据核字（2021）第185638号

俄罗斯帝国：罗马与蒙古传统的融合体

著　　者	白建才
责任编辑	林钰鑫
校　　对	张　娜
设　　计	国广设计室

出版发行	中国国际广播出版社有限公司 ［010-89508207（传真）］
社　　址	北京市丰台区榴乡路88号石榴中心2号楼1701
	邮编：100079
印　　刷	北京九天鸿程印刷有限责任公司

开　　本	710×1000　1/16
字　　数	255千字
印　　张	21.75
版　　次	2021 年 12 月 北京第一版
印　　次	2021 年 12 月 第一次印刷
定　　价	48.00 元